MINISTÈRE DE L'INSTRUCTION PUBLIQUE

MANUEL D'EXERCICES PHYSIQUES ET DE JEUX SCOLAIRES

Ouvrage illustré de 255 figures

PARIS
LIBRAIRIE HACHETTE ET Cie
79, BOULEVARD SAINT-GERMAIN, 79

Prix 1.50

MANUEL
D'EXERCICES PHYSIQUES
ET DE JEUX SCOLAIRES

MINISTÈRE DE L'INSTRUCTION PUBLIQUE

MANUEL D'EXERCICES PHYSIQUES ET DE JEUX SCOLAIRES

Établi conformément aux décisions de la Commission interministérielle instituée par décret de M. le Président de la République du 22 décembre 1904 pour l'unification des méthodes dans les écoles, les gymnases et le régiment.

Ouvrage illustré de 255 figures.

PARIS
LIBRAIRIE HACHETTE ET Cie
79, BOULEVARD SAINT-GERMAIN, 79

1910

DOCUMENTS OFFICIELS

CRÉATION DE LA COMMISSION INTERMINISTÉRIELLE POUR L'UNIFICATION DES MÉTHODES DE GYMNASTIQUE

MINISTÈRE DE LA GUERRE

RAPPORT

AU PRÉSIDENT DE LA RÉPUBLIQUE FRANÇAISE SUR L'UNIFICATION DES MÉTHODES DE GYMNASTIQUE

Paris, le 22 décembre 1904.

Monsieur le Président,

Les procédés d'éducation physique usités actuellement dans l'armée, dans l'Université et dans les sociétés de gymnastique présentent entre eux des divergences notables. Il importe, en vue d'une bonne préparation des jeunes gens au service militaire, d'unifier ces procédés et de mettre de la suite et de la méthode dans cette partie si importante de notre éducation nationale.

En conséquence, après m'être mis d'accord à ce sujet avec M. le Ministre de l'Intérieur et M. le Ministre de l'Instruction publique, j'ai l'honneur de vous proposer de vouloir bien instituer une commission chargée d'unifier les bases de l'enseignement de la gymnastique dans l'armée, dans l'Université et dans les sociétés civiles de gymnastique.

Veuillez agréer, Monsieur le Président, l'hommage de mon respectueux dévouement.

Le ministre de la Guerre,
Maurice Berteaux.

DÉCRET

INSTITUANT UNE COMMISSION INTERMINISTÉRIELLE D'ÉDUCATION PHYSIQUE

Le Président de la République française,

Décrète :

ARTICLE PREMIER. — Il est institué à Paris une Commission destinée à unifier les procédés d'éducation physique actuellement en usage dans l'armée, dans l'Université et dans les sociétés civiles de gymnastique.

Cette Commission est rattachée au ministère de la Guerre.

ART. 2. — La Commission est composée de la manière suivante :

Un général, président ;

Quatre membres de chacun des ministères de la Guerre et de l'Instruction publique et quatre délégués de l'*Union des Sociétés de gymnastique de France*, désignés respectivement par le ministre de la Guerre, le ministre de l'Instruction publique et le ministre de l'Intérieur.

ART. 3. — La Commission arrêtera un plan général d'éducation physique qui lui servira ensuite de base commune pour l'établissement des manuels de l'instruction publique et des sociétés de gymnastique.

ART. 4. — Les résultats des travaux seront transmis au ministère de la Guerre par le président de la Commission.

ART. 5. — Le ministre de la Guerre, le ministre de l'Instruction publique et le ministre de l'Intérieur sont chargés de l'exécution du présent décret.

Fait à Paris, le 22 décembre 1904.

Par le Président de la République,
EMILE LOUBET.

Le ministre de la Guerre,
MAURICE BERTEAUX.

Le ministre de l'Instruction publique et des Beaux-Arts,
J. CHAUMIÉ.

Le ministre de l'Intérieur et des Cultes,
E. COMBES.

COMPOSITION DE LA COMMISSION

Par décret du 22 décembre 1904, le Président de la République, sur la proposition du ministre de la Guerre instituait une Commission interministérielle, destinée à unifier les procédés d'éducation physique actuellement en usage dans l'armée, dans l'Université et dans les sociétés civiles de gymnastique.

Président.

M. le général Castex, directeur de l'infanterie, remplacé le 14 juillet 1905, après sa promotion, par le général Mercier-Milon, qui venait de lui succéder comme directeur.

Membres.

1° Ministère de la Guerre :

M. le commandant Blandin, commandant l'École normale de gymnastique et d'escrime, remplacé le 15 janvier 1905, après sa promotion, par le commandant Coste, son successeur à la tête de l'Ecole ;

M. le commandant Duponchel, du 89e régiment d'infanterie ;

M. le capitaine Harmand, du 42e régiment d'infanterie ;

M. le docteur Dettling, médecin-major de 2e classe, professeur d'anatomie à l'Ecole normale de gymnastique.

2° Ministère de l'Intérieur :

M. Charles Cazalet, président de l'Union des Sociétés de gymnastique de France ;

M. le docteur Lachaud, député, membre d'honneur de l'Union ;

M. Paul Christmann, professeur, membre du comité de permanence ;

M. A.-C. Hausser, président d'honneur de la Ligue girondine d'éducation physique.

3° Ministère de l'Instruction publique :

M. Bonnaric, inspecteur de l'Académie de Paris ;

M. le lieutement-colonel Dérué, inspecteur général des Sociétés d'éducation physique de la ville de Paris ;

M. Demeny, professeur de physiologie appliquée à l'Ecole normale de gymnastique et d'escrime ;

M. Sandoz, professeur de gymnastique au lycée Buffon ;

M. Racine, professeur d'éducation physique de la ville de Paris.

Secrétaire-rapporteur.

M. le capitaine Converset, attaché au 2e bureau de la direction de l'infanterie, au ministère de la Guerre.

COMPTE RENDU DES TRAVAUX DE LA COMMISSION INTERMINISTÉRIELLE DE GYMNASTIQUE

Paris, le 23 juillet 1906.

Le général Mercier-Milon, membre du Comité technique d'état-major, à M. le Ministre de la Guerre.

Aux termes de l'article 4 du décret du 22 décembre 1904, qui a constitué une Commission interministérielle pour l'unification des méthodes de gymnastique, les résultats des travaux de cette Commission doivent être transmis au ministre de la Guerre par son président. Appelé, par décision ministérielle du 14 juillet 1905, à remplacer, comme président de ladite Commission, M. le général Castex, que je venais de remplacer également comme directeur de l'infanterie, j'ai l'honneur de vous adresser, ci-après, un compte rendu des travaux dont il s'agit, compte rendu auquel se trouvent annexés :

1° Un rapport établi, au nom de la Commission, par son secrétaire, M. le capitaine Converset, du 2e bureau de la direction de l'infanterie, qu'elle a spécialement désigné à cet effet, rapport qui résume les procès-verbaux des différentes séances ;

2° Les deux projets de Manuels de gymnastique que présente la Commission, l'un pour les établissements de l'instruction publique, et l'autre pour les Sociétés de gymnastique : le rapport explique en détail dans quelles conditions ces deux documents ont été rédigés, pourquoi ils ont été préparés sous forme de projets, et pourquoi la Commission, qui considère sa mission comme terminée, s'est séparée avant d'avoir achevé leur mise au point.

Le présent compte rendu est spécialement destiné, Monsieur le Ministre, à bien vous éclairer, non seulement sur les travaux de la Commission — ce que fait déjà le rapport ci-joint — mais aussi et surtout sur l'immensité de la tâche qu'il reste à entreprendre pour empêcher que ses efforts ne restent stériles, non pas au point de vue de l'unification des méthodes de gymnastique qui va se trouver réalisée mais au point de vue supérieur du relèvement de la race française : question capitale, qui domine tout le débat, qui n'a cessé de planer au-dessus de toutes les discussions et controverses, et qui, visiblement, constituait la préoccupation maîtresse de tous ses membres.

Comme on l'a fait remarquer dans le rapport ci-joint, la Commission avait une mission très nettement délimitée par les articles 1 et 3 du décret qui l'a instituée, savoir : unifier les procédés d'éducation physique actuellement en usage dans l'armée, dans l'Université et dans les Sociétés civiles de gymnastique ; et, à cet effet, arrêter un plan d'éducation physique, destiné à servir ensuite de base commune pour l'établissement des Manuels de l'instruction publique et des Sociétés de gymnastique.

La Commission, abstraction faite des études et travaux confiés aux différentes sous-commissions qu'elle a dû constituer, a consacré quatorze séances à l'accomplissement de cette tâche qui, même ainsi précisée et limitée, n'était pas sans offrir d'assez sérieuses difficultés. Si, en effet, les méthodes d'éducation physique doivent évidemment reposer sur des principes uniques, dans une même nation, on ne peut cependant pas fondre dans le même moule, ni soumettre à des règles ou moyens d'exécution absolument identiques au point de vue de l'enseignement de la gymnastique, des éléments aussi variés — par l'organisation et la constitution des milieux auxquels ils appartiennent — que le sont les soldats des diverses armes, les élèves des divers établissements d'instruction publique et les enfants, jeunes gens ou hommes mûrs faisant volontairement partie des Sociétés de gymnastique.

La Commission, après de longues discussions, espère être arrivée à donner à ce problème une solution, sinon parfaite, du moins aussi satisfaisante que possible. L'expérience ne tardera pas à indiquer si son œuvre a besoin de subir quelques retouches ; mais, suivant toute probabilité, ces retouches ne porteront que sur des points de détail, laissant les principes intacts, autant que le permettra l'évolution, toujours possible, des données de la physiologie, c'est-à-dire d'une science qui, pas plus que les autres sciences expérimentales, ne saurait avoir la prétention d'être immuable.

Dès le début de ses opérations (4e et 5e séances, des 8 et 10 juillet 1905, présidées par M. le Dr Lachaud, député, en l'absence de M. le général Castex, qui venait d'être promu général de division et n'avait pas encore été remplacé), la Commission s'est trouvée entraînée, par la force des choses, à sortir, pour ainsi dire, du cadre qui lui était tracé, en adoptant une série de vœux qui visaient surtout l'avenir, c'est-à-dire l'application future des méthodes unifiées qu'elle était spécialement chargée d'établir. Elle avait senti, en effet, qu'on n'arriverait à rien si, ces méthodes une fois établies, on ne parvenait pas à en assurer l'application en imposant d'abord et avant tout l'enseignement de la gymnastique là où il doit être imposé, c'est-à-dire dans toutes les écoles qui relèvent du ministère de l'Instruction publique et, accessoirement, dans certaines écoles spéciales relevant d'autres ministères. Et c'est parce qu'elle a compris qu'elle n'était plus là, à proprement parler, dans son domaine spécial, qu'elle a présenté ses desiderata sous forme de vœux, à l'adresse des ministères compétents. Mais, si l'on estimait qu'elle a réellement outrepassé ainsi ses attributions, on ne saurait pourtant lui en faire un grief, attendu qu'elle a mis par là même, on peut le dire, le doigt sur la plaie. Au contraire, il conviendrait plutôt de rendre hommage à M. le député Lachaud, qui, s'étant déjà fait depuis longtemps, surtout au Parlement, l'un des apôtres les plus ardents, les plus convaincus et les plus écoutés de l'éducation physique en France, a poursuivi, au sein même de la Commission, par la présentation des vœux dont il est le principal inspirateur, le but qu'il a assigné à ses efforts patriotiques : l'introduction de la gymnastique, d'une manière absolument effective, et non plus ou moins superficielle et accessoire comme aujourd'hui, dans notre enseignement public à tous les degrés.

Malheureusement, si la Commission s'est trouvée d'accord avec M. le député Lachaud, en juillet 1905, non seulement pour réclamer que l'éducation physique fît partie intégrante de l'enseignement des enfants des deux sexes, mais encore pour demander, à titre de sanction, qu'une « épreuve sur l'éducation physique, au point de vue théorique et pratique », fût *imposée dans tous les examens de l'enseignement primaire et secondaire*, elle est revenue en partie sur sa manière de voir, au moins en ce qui concerne le second point, la question des sanctions, dans une de ses dernières séances (30 mai 1906) qui fut présidée en mon absence par M. Charles Cazalet, président de l'Union des Sociétés de gymnastique de France et à laquelle n'assistait pas M. le député Lachaud.

Les hésitations qui se sont manifestées ainsi, au sein de la Commission, sur cette question si importante des « sanctions », tendent précisément à prouver qu'elle n'était peut-être pas suffisamment qualifiée pour la résoudre, n'ayant pas été spécialement chargée de l'examiner. Pour entrer dans la voie qu'elle avait d'abord indiquée très nettement et qu'elle ne signale plus maintenant qu'avec une certaine réserve, il faudra, de toute nécessité, une intervention énergique et prolongée des pouvoirs publics ; et, pour préparer cette intervention, je crois, en ce qui me concerne, qu'il faudrait faire appel à une Commission plus importante, parlementaire ou extra-parlementaire, qui prendrait comme point de départ le travail de la Commission interministérielle, dont la tâche est remplie, et qui aurait pour mission principale de faire pénétrer dans nos mœurs et dans notre vie publique, par tous les moyens possibles, le goût et la pratique de l'éducation physique. Il n'est pas exagéré de dire, comme je le faisais ci-dessus, qu'il reste à entreprendre une tâche immense : l'avenir du pays, et, si l'on peut ainsi parler, son existence même, dépendent de la façon dont cette tâche sera conduite. Les renseignements statistiques qui figurent en tête du travail ci-joint d'une des sous-commissions, et qui ont été recueillis par M. le député Lachaud, ne sauraient laisser subsister aucun doute à cet égard : notre race est menacée d'une déchéance fatale si l'on ne parvient pas, par un vigoureux effort, à faire sentir à tous la nécessité absolue d'imposer à la jeunesse l'éducation physique, comme on est arrivé à lui imposer l'instruction, en la rendant obligatoire.

Mais, si l'on est obligé de constater que la Commission interministérielle est restée, pour ainsi dire, à l'entrée du chemin, faute de se sentir suffisamment outillée et armée pour le parcourir en entier, il n'en faut pas moins reconnaître qu'elle a bien jalonné la direction. Et, en l'état actuel, on peut déjà gagner du terrain, sans crainte de s'égarer, en mettant à profit les indications qu'elle a cru pouvoir donner, dans ses vœux, pour préparer le passage de la théorie à la pratique. Elle a, en effet, arrêté en quelque sorte la théorie de l'éducation physique par l'unification des méthodes d'enseignement de la gymnastique ; mais il ne dépendait pas d'elle d'obtenir que toute la jeunesse française mît ces méthodes en pratique, d'une façon continue et suivie, même lorsqu'on disposera de tout le personnel enseignant qui est nécessaire et qu'on est loin d'avoir.

Il n'est pas inutile, d'ailleurs, de faire remarquer en passant, ne fût-ce que pour ne pas se bercer d'illusions, qu'on ne saurait se flatter d'arriver à réaliser, pour la totalité des classes à incorporer chaque année dans notre armée, une préparation qui soit à peu près complète et uniforme au point de vue de l'enseignement de la gymnastique. La presque totalité des enfants de la campagne n'aura jamais subi qu'une préparation rudimentaire pendant le peu de temps qu'elle passe dans les écoles ; il en sera de même, et pour la même raison, en ce qui concerne une grande partie des enfants appartenant à la classe ouvrière ; et il en sera de même, mais pour d'autres raisons, en ce qui concerne un grand nombre d'enfants appartenant aux classes riches ou seulement aisées. Ce n'est qu'à partir du jour où les Sociétés de gymnastique se seront multipliées à l'infini et seront fréquentées assidûment par les enfants ou jeunes gens de toutes les classes sociales, qu'on pourra considérer l'armée comme ne recevant plus, suivant l'expression du général Chanzy[1], que des *hommes* tout près à être transformés en *soldats* vraiment dignes de ce nom ; cela, c'est le but qu'on aperçoit au loin, très loin, qu'on n'atteindra peut-être jamais, mais dont il faut pourtant se rapprocher toujours de plus en plus.

Les conclusions et propositions qui suivent ont précisément pour objet de permettre de faire quelques pas en avant et de montrer, en s'appuyant sur les vœux de la Commission, ce qui peut être fait, dès maintenant, dans les différentes directions et par les divers ministères intéressés, soit isolément, soit en combinant leurs efforts.

1° Constituer une grande commission, qui pourrait s'appeler « Commission de l'éducation physique en France », et qui serait appelée à fonctionner dans des conditions analogues à celles où fonctionna, il y a quelques années, la Commission présidée par M. le député Ribot et qui entreprit la réforme de l'enseignement. Cette grande commission, où l'élément militaire devrait, naturellement, être représenté par quelques officiers s'étant plus ou moins spécialisés dans l'enseignement ou la pratique de la gymnastique, de l'escrime et des sports, serait présidée par une haute personnalité du monde scientifique et devrait comprendre des parlementaires en assez grand nombre, pour pouvoir mieux faire sentir son action sur les pouvoirs publics. La tâche principale à confier à la

1. Paroles prononcées à Reims, en 1882, par le général Chanzy, à la fête fédérale de l'Union des Sociétés de gymnastique de France : « Faites-nous des *hommes*, nous en ferons des *soldats* » et qui sont devenues l'épigraphe de l'union.

commission consisterait à déterminer les conditions dans lesquelles l'éducation physique pourrait être rendue obligatoire en France. Cette tâche devant être très longue à accomplir, il conviendrait de l'entreprendre le plus tôt possible. Il semble qu'il doive appartenir au ministre de la Guerre, comme conséquence des travaux de la Commission interministérielle de gymnastique constituée en 1904, de provoquer auprès du Gouvernement la constitution de la grande Commission dont il s'agit, laquelle paraît devoir relever plutôt du ministère de l'Intérieur que du ministère de la Guerre en raison du caractère bien plus social que militaire des questions à résoudre.

2° Etudier les moyens de donner satisfaction aussi prompte et aussi complète que possible au 9e vœu de la Commission (formation dans les corps de troupe, et particulièrement dans les corps d'infanterie, du personnel qui sera spécialement chargé, après être passé autant que possible par l'Ecole normale de Joinville, de donner plus tard l'enseignement de la gymnastique, soit dans les établissements d'instruction publique, soit dans les Sociétés de gymnastique proprement dites). Là aussi, la tâche sera longue, et il est urgent de l'entreprendre, parce que l'insuffisance numérique du personnel capable d'enseigner est l'un des principaux et des premiers obstacles à surmonter.

3° Communiquer immédiatement le projet de Manuel de gymnastique à soumettre à l'approbation du ministre de l'Instruction publique. Entamer en même temps les négociations avec le département de l'Instruction publique, en vue :

a) De l'application de ce Manuel dans les divers établissements des deux sexes ;

b) De l'organisation du contrôle demandé par la Commission dans son 2e vœu ;

c) De l'adoption des mesures spécifiées dans les 3e, 4e, 5e et 7e vœux.

4° Entrer également en relations avec le ministre du Commerce, en vue de l'adoption des mesures spécifiées dans les 6e et 7e vœux.

5° Provoquer, auprès du Gouvernement, l'adoption des mesures prévues dans le 8e vœu, pour encourager les Sociétés privées qui s'occupent de l'éducation physique (Sociétés de gymnastique, Sociétés de préparation et d'instruction militaire, etc.).

Signé : MERCIER-MILON.

VOEUX ADOPTÉS

PAR LA

COMMISSION INTERMINISTÉRIELLE DE GYMNASTIQUE

Dans ses séances du 8 juillet 1905 et du 30 mai 1906.

1er Voeu

L'éducation physique fait partie de l'enseignement.

2e Voeu

Dans les établissements d'enseignement secondaire, il sera formé une commission, comprenant des officiers, chargée de contrôler les conditions dans lesquelles l'éducation physique est organisée pour tous les élèves. Seront seuls exempts des exercices pratiques, ceux qu'une infirmité, dûment constatée par un certificat délivré par le médecin de l'établissement, empêchera de pratiquer ces exercices.

Les notes obtenues par chaque élève dans les leçons d'éducation physique seront inscrites sur le livret scolaire.

3e Voeu

Une sanction sera établie, ou sera rendue plus précise, dans les examens de l'enseignement primaire :

1° Au certificat d'études primaires, épreuves d'exercices physiques appropriés à l'âge des élèves, conformément au programme général ;

2° Le concours d'admission aux écoles normales comportera un examen théorique et pratique portant sur l'éducation physique ;

3° A la sortie de l'École normale, le futur instituteur devra posséder le certificat d'aptitude à l'enseignement des exercices physiques.

4e Voeu

Au lieu de faire des leçons d'éducation physique insignifiantes, l'emploi du temps sera réparti de telle sorte que tous les élèves devront assister, chaque jour, à une séance d'exercices physiques.

Les récréations ne pourront en aucun cas compter comme leçon d'éducation physique.

Le nombre des professeurs chargés de l'éducation physique sera augmenté dans la proportion nécessaire. Ces professeurs devront, pour exercer, être munis d'un brevet spécial ; l'instituteur sera spécialement chargé du cours d'éducation physique dans les écoles primaires.

Il est bien entendu qu'il ne sera porté aucune atteinte à la situation des professeurs spéciaux partout où leur concours sera possible et utile.

5e Vœu

Les mêmes dispositions, mais appropriées à leur sexe, seront appliquées aux jeunes filles de l'enseignement secondaire et de l'enseignement primaire.

6e Vœu

Pour les écoles pratiques d'industrie, pour les écoles des arts et métiers, pour les écoles préparatoires du commerce et de l'industrie, nous demandons à M. le Ministre du Commerce de bien vouloir accepter le programme d'éducation physique unifié; de le faire appliquer, en tenant compte des conditions spéciales qui résultent de la pratique quotidienne du travail manuel et en lui donnant des sanctions analogues à celles qui sont demandées à M. le Ministre de l'Instruction publique.

7e Vœu

A l'heure actuelle, pour être admis dans une école de l'Etat, il y a bien un semblant d'examen d'éducation physique ; mais le coefficient de cet examen est tellement faible que les concurrents s'en désintéressent et ne font rien comme entraînement du corps. Nous demandons que le coefficient de l'examen physique soit sensiblement augmenté pour le concours d'admission dans les écoles de l'Etat. La Commission émet, en outre, le vœu que, dans ces écoles, aussi bien civiles que militaires, les exercices physiques soient régulièrement et rigoureusement pratiqués.

8e Vœu

La Commission demande au Gouvernement d'encourager par tous les moyens à sa disposition les sociétés d'initiative privée qui, par leur enseignement d'éducation physique, contribuent à l'amélioration de la race en fortifiant la jeunesse.

9e Vœu

Enfin nous arrivons au dernier désir à exprimer. Notre vœu s'adresse plus particulièrement à M. le Ministre de la Guerre.

Pour arriver au but que nous nous proposons, il faut que nous nous procurions un nombre suffisant de professeurs instruits et préparés au rôle considérable qu'ils doivent jouer. Il serait impossible d'arriver d'emblée à doter chaque commune, chaque école, d'un éducateur physique. Mais la transformation, bien que lente, peut se faire facilement, grâce à la loi sur le service militaire de deux ans.

Chaque année, le tiers des élèves instituteurs sortiront de l'Ecole normale et passeront à la caserne. Un millier d'instituteurs environ seront donc incorporés annuellement.

En arrivant au régiment, ces jeunes gens, étant déjà pourvus du certificat d'aptitude à l'enseignement de la gymnastique, seront tout désignés pour être poussés un peu plus à fond dans l'instruction qu'ils auront reçue. Cela permettra de faire ensuite de l'instituteur un instructeur pour les soldats du régiment.

Rien n'empêchera dès lors, à la sortie du régiment, que l'instituteur, qui a été l'instructeur militaire, ne devienne l'instructeur civil des enfants de son école ; de cette façon, il aidera d'une manière directe à la grande œuvre qu'il s'agit d'entreprendre.

Nous émettons donc auprès de M. le Ministre de la Guerre, comme dernier vœu, le vif désir que l'autorité militaire profite du passage des instituteurs sous les drapeaux pour développer et perfectionner chez eux, d'une façon toute particulière, les aptitudes et les connaissances qui sont indispensables à un éducateur physique.

Cette organisation, de l'enseignement de la gymnastique aux instituteurs soldats, aura la grande utilité de rendre plus facilement réalisable l'intention exprimée par le Parlement dans l'article 94 de la loi du 21 mars 1905.

Il importe en effet que, plus le service militaire sera réduit, plus la préparation à ce service soit sérieusement organisée.

PRÉPARATION ET RÉDACTION DU MANUEL DE L'INSTRUCTION PUBLIQUE

La Commission interministérielle devait se borner à établir un avant-projet de nouveau Manuel pour les établissements d'instruction publique.

Les considérations générales qui précèdent le présent *Manuel d'exercices physiques et de jeux scolaires* ont été adoptées par la Commission interministérielle, ainsi que le plan détaillé du travail.

Une Commission nommée par M. le Ministre de l'Instruction publique par arrêté du 14 novembre 1907 a été chargée de la rédaction du Manuel. Elle était composée comme suit :

Président : M. Bonnaric, inspecteur de l'Académie de Paris;

Membres : MM. G. Demeny, colonel Dérué, G. Racine et Sandoz.

MANUEL
D'EXERCICES PHYSIQUES
ET DE JEUX SCOLAIRES

CONSIDÉRATIONS GÉNÉRALES
SUR L'ÉDUCATION PHYSIQUE
ARRÊTÉES PAR LA COMMISSION INTERMINISTÉRIELLE

BUT DE L'ÉDUCATION PHYSIQUE

1. — L'éducation physique a pour objet de perfectionner l'homme et de l'améliorer par la pratique d'exercices méthodiques de jeux et de sports.

Bien dirigée, elle entretient la santé, favorise le développement normal de l'enfant, accroît l'énergie physique et morale de l'adulte, maintient cette énergie jusque dans l'âge avancé, rend adroit, fortifie le caractère et affermit la volonté.

En résumé, elle augmente la valeur générale de l'homme tant au point de vue individuel qu'au point de vue social.

2. — Le but de l'éducation physique est double : donner l'énergie et apprendre à utiliser au mieux cette énergie ; de là deux grandes classes d'exercice :

a. *Les exercices de développement*, c'est-à-dire de perfectionnement physique, qui assouplissent et développent harmonieusement le corps, luttent contre les mauvaises conditions d'hygiène créées par les milieux sociaux et leurs exigences, et établissent ainsi un équilibre salutaire entre l'activité physique et l'activité intellectuelle ;

b. *Les exercices d'application*, les jeux et les sports qui familiarisent l'homme avec des pratiques trouvant leur application dans la vie.

3. — A ces deux buts inséparables correspond un ensemble de moyens propres à obtenir des résultats utiles dans le plus court délai possible.

Ces moyens sont subordonnés à des règles d'hygiène auxquelles l'instructeur devra se conformer afin d'obtenir les meilleurs résultats de son enseignement et même afin d'éviter des accidents.

4. — Les exercices de la gymnastique doivent être mis pour les deux sexes à la portée des faibles qui, plus que d'autres, ont besoin de s'améliorer.

Afin de faciliter l'enseignement des exercices et aussi pour développer le goût de l'effort individuel, ces exercices doivent être exécutés en même temps par un grand nombre de jeunes gens qui, sur l'indication de l'instructeur, s'exerceront d'abord individuellement avec la plus grande correction, et qui, ensuite, feront collectivement et au commandement de l'instructeur les mouvements qu'ils connaissent bien.

5. — Chaque séance quotidienne d'exercice doit produire un effet *hygiénique*, un effet *correctif*, un résultat *économique* et un effet *moral*.

6. — *L'effet hygiénique* est le plus important, il contribue à améliorer la santé et aboutit à l'augmentation de la résistance à la fatigue ; il se traduit par une suractivité des grandes fonctions organiques, en particulier de la circulation et de la respiration, il s'obtient par des exercices s'adressant à un nombre considérable de muscles à la fois et nécessitant une dépense d'énergie notable en un temps restreint. Cependant les exercices trop violents ou trop précipités sont à éviter ; ils causent l'essoufflement et les palpitations du cœur, indices de troubles respiratoires et circulatoires. Les exercices gradués et progressifs, les repos opportuns de quelques instants et les exercices spéciaux dits respiratoires pourront atténuer ces inconvénients et éviteront ainsi des accidents. La marche, la course, les jeux et les récréations de plein air sont les plus favorables pour produire l'effet hygiénique, et donner la santé et la résistance à la fatigue, parce qu'ils ont un retentissement général sur l'organisme. Quand, au contraire, on se borne à faire travailler un nombre restreint de muscles, même en faisant des efforts énergiques, cet effet général ne se produit pas ; aussi un exercice localisé ne saurait-il en aucun cas être substitué à un exercice généralisé pour obtenir l'effet hygiénique.

7. — *L'effet correctif* de l'exercice s'obtient par des attitudes actives de redressement et par des mouvements bien déterminés ; les uns et les autres s'adressent plus

particulièrement aux muscles faibles du dos et de l'abdomen, et ont pour but de lutter contre les mauvaises attitudes scolaires ou professionnelles. Les attitudes et les mouvements sont combinés de façon à agir dans une même leçon sur toutes les parties du corps, soit successivement, soit simultanément. Au lieu de rechercher un développement musculaire excessif, il est préférable de rétablir l'équilibre entre les groupes musculaires antagonistes par des exercices appropriés qui redressent la colonne vertébrale, fixent l'épaule, amplifient la cage thoracique et fortifient les parois de l'abdomen sans exagérer la courbure des reins. Une règle générale à suivre est de maintenir dans tous les exercices de développement la rectitude du tronc, et de conserver, en exécutant les mouvements de bras, les coudes et les mains dans le plan des épaules. Afin de donner à chaque mouvement plus de précision et d'efficacité, les parties du corps que l'on veut plus particulièrement exercer sont rendues pour ainsi dire indépendantes et prennent appui pour se mouvoir sur les autres parties immobilisées autant qu'il est possible par des contractions statiques. Il est indispensable d'exercer également les deux parties du corps.

8. — L'adresse et la souplesse sont la conséquence de la meilleure utilisation de notre force musculaire dans les applications; de là un *résultat économique* qui se traduit par un maximum de rendement en travail utile avec le minimum de fatigue.

Ce résultat est obtenu par l'éducation de nos mouvements; on doit s'efforcer d'effectuer tout travail sans gaspiller ses forces dans des contractions superflues ou dans des efforts supérieurs aux résistances que nous avons à vaincre. Cette mesure dans nos efforts est une des conditions les plus importantes de la résistance à la fatigue.

Il est nécessaire de rechercher dès le début une exécution aussi parfaite que possible. La complication des mouvements, leur vitesse viendront ensuite. Cependant il faut veiller à ne pas compliquer ni précipiter les mouvements sans utilité. Il y a, pour chacun d'eux, une cadence favorable au travail et qui permet de continuer longtemps celui-ci. Le soin et l'attention qu'on apporte dans la bonne exécution des exercices priment à ce point de vue le nombre d'heures d'application ; on devra même cesser tout travail dès que la fatigue et la raideur se manifesteront.

Pour éduquer nos mouvements et les centres nerveux qui les commandent, on devra pratiquer les équilibres, compliquer peu à peu les exercices et les rendre plus difficiles ; cependant il ne faut pas confondre les exercices difficiles d'une utilité reconnue dans la pratique de la vie comme ceux qui ont trait au sauvetage par exemple, avec les exercices difficiles de pure fantaisie et sans application utile.

9. — *L'effet moral* de l'exercice est obtenu en suscitant l'effort personnel.

Les exercices d'audace mettent en action la volonté et les qualités viriles. La direction de l'activité vers un but noble et élevé, moralise et fortifie. La gaieté et l'entrain obtenus par un bon instructeur contribuent avec la variété des mouvements à la santé morale et par suite à un effet hygiénique plus intense. Faire aimer l'exercice c'est assurer sa vulgarisation et augmenter la somme de ses bienfaits.

L'effet moral grandit aussi beaucoup par l'exécution collective des exercices, et, en particulier, des jeux et des sports, car la nécessité et l'obligation pour chaque exécutant de conformer ses efforts et de soumettre sa volonté au but commun développent au plus haut point les sentiments de discipline, de camaraderie, de solidarité et même d'abnégation et de sacrifice.

PLAN DE L'ENSEIGNEMENT

10. — Un enseignement complet comprend :

1° La gymnastique de développement ;

2° La gymnastique d'application avec les jeux libres et les sports.

La gymnastique de développement vise le perfectionnement du sujet et le prépare à l'application.

La gymnastique d'application enseigne spécialement à utiliser ses forces ; les jeux et les sports donnent libre cours à l'initiative et développent l'esprit de solidarité et de discipline volontaire.

La gymnastique de développement et la gymnastique d'application s'enseignent dans des leçons graduées et avec des moyens aussi variés que possible pour intéresser les élèves. Les jeux et les sports doivent, dans des séances spéciales, être dirigés et surveillés par un instructeur compétent pour éviter les excès.

11. — En raison de ce que les effets bienfaisants des exercices doivent être complets et bien définis, la leçon sera nécessairement composée d'après un plan invariable et nettement défini, malgré la variété des éléments qui la constituent. Mais s'il n'y a qu'un plan de leçon il y a une infinité de manières de la composer ; on devra, en

effet, la modifier suivant les sujets auxquels on s'adresse, suivant les circonstances de temps et de lieux, les conditions atmosphériques et aussi suivant le matériel dont on dispose.

12. — Une même séance comprend toujours des mouvements variés généralisant l'exercice à toutes les parties du corps. Elle ne doit en aucun cas être limitée à l'exécution de mouvements de même nature. Autant que possible une séance doit contenir des séries de mouvements destinés à activer la circulation du sang et la respiration, à développer harmonieusement le système musculaire, à remédier aux mauvaises attitudes, à fixer l'épaule, à dilater la cage thoracique, à redresser les courbures exagérées de la colonne vertébrale et à renforcer les parois abdominales : ce sera le but de la gymnastique de développement. On y fera entrer également des exercices qui donnent l'adresse, la souplesse et l'indépendance des mouvements, perfectionnent les allures normales et ont une utilité pratique dans la vie sociale et militaire : ce sera le but de la gymnastique d'application.

13. — La leçon doit être complète et utile, graduée, intéressante et dirigée avec ordre et énergie.

14. — Elle doit comprendre une suite d'exercices provoquant les effets indiqués précédemment. On commencera par des exercices assez doux ; puis, quand le corps sera mis en train, viendront les exercices plus énergiques, séparés par quelques repos.

On amènera ainsi progressivement le corps à des efforts croissants, puis on diminuera l'énergie de ces efforts de façon à cesser le travail quand le calme s'est rétabli dans l'organisme. Les exercices successifs, dans une même leçon, doivent, en principe, intéresser les régions du corps différentes.

Les exercices respiratoires indiqués à la fin de la leçon s'exécutent également dans le cours de cette leçon si la violence d'un exercice les rend utiles.

15. — Le tableau suivant indique les divisions principales de la leçon. Pour mettre de l'ordre dans les exercices ils ont été réunis, suivant le but particulier qu'ils visent, dans des *séries* subdivisées elles-mêmes en *groupes*. Dans ces groupes et dans ces séries, les exercices sont classés *numériquement* d'après la *difficulté* de leur exécution et l'*intensité* de leurs effets. Ce classement, basé sur l'effet principal des exercices, n'a et ne peut avoir rien d'absolu. Il sert de guide à l'instructeur pour le choix des exercices et leur place dans la leçon.

Le plan de la leçon sera le suivant :

PLAN GÉNÉRAL DE LA LEÇON DE GYMNASTIQUE

NATURE DES EXERCICES	BUT, EFFETS A OBTENIR
Première série (mise en train).	
Marche, évolutions et exercices d'ordre.	Effet général modéré. Éducation du rythme.
Deuxième série.	
Mouvements des membres supérieurs et inférieurs dans des attitudes variées.	Développement symétrique du corps. Rectification des mauvaises attitudes. Ampliation du thorax, Indépendance des mouvements.
Exercices d'équilibre. Exercices de lancer. Oppositions et luttes à deux. Boxe.	Acquérir le sens de l'équilibre et combattre le vertige.
Troisième série (alterner avec la 2e).	
Suspensions par les mains, appuis et balancements avec ou sans progression.	Ampliation plus marquée du thorax. Souplesse du corps.
Quatrième série.	
Courses. Sautillements. Danses. Jeux impliquant l'action de courir.	Effet général plus violent sur la respiration et la circulation. Effet hygiénique plus intense. Applications utiles.
Cinquième série.	
Mouvements du tronc : flexion, extension, mouvements latéraux et torsion avec ou sans engins.	Exercices s'adressant plus spécialement aux muscles du dos et de l'abdomen et ayant pour effet d'effacer les épaules, de les fixer, d'ouvrir la poitrine et d'effacer le ventre.
Sixième série.	
Sauts variés de pied ferme et avec élan. Jeux gymnastiques impliquant le saut.	Dépense maxima d'énergie. Effet hygiénique intense. Application pratique aux sauts d'obstacles.
Septième série (passage au repos).	
Exercices respiratoires. Marches lentes.	Combattre l'essoufflement et les palpitations et apprendre à respirer.

OBSERVATIONS RELATIVES A L'ENSEIGNEMENT DES EXERCICES

16. — La leçon de gymnastique doit être quotidienne. Pour les motifs indiqués plus haut elle est collective, sa durée est proportionnée à l'âge, à l'entraînement et au nombre des sujets, dont chacun doit exécuter tous les exercices qui la composent. La gradation des exercices doit être établie sur la dépense d'énergie physique qu'ils demandent, sur le degré d'attention qu'ils nécessitent et la fatigue qu'ils provoquent.

L'âge des sujets n'indique pas toujours leur degré de développement ni de résistance; il faudra donc tenir compte de leur état physique pour les grouper.

17. — Il a été dit (§ 14) que l'intensité des exercices croissait du commencement jusqu'aux deux tiers de la leçon environ pour diminuer progressivement jusqu'à la fin.

Dans la suite des leçons on augmentera toujours un peu cette intensité en choisissant des mouvements plus énergiques ou plus difficiles.

L'effet d'un exercice dépend de l'intensité des contractions musculaires qu'il provoque et de l'amplitude des mouvements articulaires, de leur cadence et de leur répétition.

Certains exercices comme le grimper, les poids lourds, la lutte, fatiguent, parce que sans provoquer une grande somme de travail, ils la demandent sous forme de contractions musculaires très énergiques. D'autres, comme la course, sont l'occasion d'une dépense beaucoup plus considérable en raison du temps pendant lequel on peut continuer l'exercice. Il faut se garder de confondre ces deux genres d'exercices qui ont chacun leurs effets utiles et leurs inconvénients. Pour exécuter un travail de longue haleine, il faut savoir ménager ses forces, surtout ne pas se presser au début; il faut aussi couper son activité par des temps de repos bien placés et bien proportionnés aux périodes de travail.

Avec ces deux précautions qui consistent à rythmer les mouvements et à interrompre le travail dès que la fatigue apparaît, on pourra reprendre celui-ci et continuer ainsi longtemps. Au contraire, on serait bien vite épuisé si on voulait l'exécuter tout d'une traite.

Dans les exercices de développement on utilisera les mouvements lents et les attitudes soutenues où les muscles à développer seront maintenus contractés et raccourcis au maximum dans le cas où, par exemple, on peut combattre par des efforts d'extension prolongée et de grande amplitude les inconvénients des attitudes fléchies si habituelles.

Dans les exercices vifs, le rythme des mouvements des jambes, des bras et du tronc sera en rapport avec l'importance des parties du corps à déplacer et avec les effets à obtenir; plus lente pour le tronc et les jambes que pour les bras, la cadence deviendra très vive dans les exercices d'application comme la course, les sauts, les coups de pied et les coups de poing.

18. — On portera une grande attention sur la respiration, qui devra être, autant que possible, profonde et large, même au cours d'exercices violents, tels que la course de résistance.

L'inspiration et l'expiration se feront de préférence par le nez. Pendant les exercices d'une certaine durée, comme la course, on apprendra aux élèves à respirer pour éviter l'essoufflement et les troubles de la circulation.

Le chant, selon son caractère, son rythme et son mode d'exécution, est un excellent exercice respiratoire, mais il ne peut s'allier à l'exécution de tous les mouvements gymnastiques, surtout à ceux de la tête et du tronc, il accompagne très bien, au contraire, les marches ainsi que les exercices d'ordre.

19. — Pour que son enseignement soit donné avec fruit, il est indispensable que l'instructeur prépare d'avance le programme des leçons en tenant compte des éléments dont il dispose (temps, matériel, etc.) et qu'il prenne au préalable toutes les dispositions relatives à la préparation du matériel et à la formation des classes. La durée des séances étant limitée, il doit, pour éviter toute perte de temps, préparer sa leçon dans tous ses détails.

20. — Le même programme peut servir pour une série de leçons; la gradation des programmes successifs est assurée en passant, dans chaque série, d'un exercice à un autre. Si, pour une autre raison quelconque, la leçon de gymnastique doit être écourtée, elle doit néanmoins produire les principaux effets indiqués, et, pour cela, l'instructeur a soin de choisir et de classer les exercices qui la composent en se conformant, autant que possible, aux principes énoncés ci-dessus.

21. — La natation, les grands jeux et les sports, les grandes courses avec ou sans obstacles, la boxe, la canne, la lutte, l'escrime, etc., font l'objet de séances spéciales. Ces séances pourront exceptionnellement remplacer la leçon, mais celle-ci doit toujours rester la base de l'enseignement, surtout pour les enfants et les adoles-

cents. Les règles particulières relatives à chacun de ces exercices précisent les conditions dans lesquelles ils doivent être exécutés, mais leur exécution doit rester soumise aux principes généraux posés ci-dessus. Ils doivent être pratiqués avec modération, en évitant avec soin tout excès et toute spécialisation ; on ne doit s'y livrer qu'à un âge fixé dans le programme général d'éducation physique et après s'y être préparé par la pratique méthodique des exercices correspondants.

PRÉCAUTIONS HYGIÉNIQUES [1]

22. Vêtements. — On ne peut exiger de tous les sujets (ce qui serait pourtant préférable) d'avoir un vêtement spécial de gymnastique ; mais on doit veiller à ce qu'ils ne gardent pas pendant les exercices le costume de ville.

Le vêtement sera adapté à la saison et à la température ; il sera suffisamment large pour ne pas gêner les mouvements et ne serrera, en particulier, ni le cou, ni la poitrine, ni la racine des membres. Le vêtement à conseiller se composerait avantageusement d'une veste, d'un pantalon et de chaussures sans talons, le tout en toile blanche, d'un tricot de laine en hiver et de coton en été.

A défaut de vêtement spécial, il est recommandé aux élèves, avant la leçon de gymnastique ou la séance de jeux libres et sports, de se débarrasser de leur faux-col, de leur cravate et, toutes les fois que la température le permettra, de leur veste, pour travailler en bras de chemise.

La ceinture élastique est préférable à la ceinture large et rigide ; en aucun cas la ceinture ne doit être serrée, sous peine d'entraver le jeu des dernières côtes et, par suite, de gêner la respiration.

23. Heure des leçons. — Les leçons ne pourront en aucun cas être prises sur le temps consacré aux récréations ; elles ne se feront jamais à jeun, pas plus que les séances de jeux et de sports. Elles ne commenceront que deux heures au moins après les deux repas principaux, elles cesseront au moins un quart d'heure avant ces repas, parce qu'il est dangereux de manger abondamment aussitôt après un exercice intense.

24. Emplacement pour la leçon. — Les préaux fermés

1. Il est recommandé d'enseigner ces précautions à tous les jeunes gens.

et les salles de classe sont des lieux impropres aux exercices de gymnastique. Dans le cas où, très provisoirement, il serait nécessaire de les utiliser, il est indispensable de renouveler l'air avant et après la leçon et de veiller à ce que la température ne soit pas trop élevée; on maintiendra les fenêtres ouvertes en évitant les courants d'air. Dans les lieux fermés on ne couvrira pas le sol de sciure de bois, de tan, de sable, ni d'aucune substance friable ; celles-ci ont l'inconvénient de se répandre en poussière dans l'atmosphère. Le sol planchéié restera complètement nu ; il suffira de l'arroser légèrement avant les exercices.

La leçon doit se donner, autant que possible, dans la cour, à l'air libre. En cas de mauvais temps seulement, elle aura lieu sous les préaux couverts ou fermés et à défaut dans les salles de classe. Les scories écrasées ou graviers agglomérés par compression sont à recommander pour constituer le sol de la cour et des emplacements d'exercices en raison des jeux auxquels les élèves doivent se livrer. Pour les exercices de saut on ménagera, dans la cour, un emplacement restreint couvert de sable meuble servant à amortir les chutes ; ou bien dans les préaux, on pourra se servir de matelas ; mais le mieux serait d'habituer dès le début les élèves à exécuter des sauts sur un sol non préparé.

Il faut éviter d'entourer les cours de trottoirs à angles vifs qui peuvent rendre les chutes dangereuses.

25. Conditions atmosphériques. — La composition de la leçon variera suivant la saison et la température du jour. En hiver, il faut prendre des précautions contre le refroidissement ; on ne donnera au cours de la leçon que les explications verbales absolument indispensables ; on évitera l'immobilité des élèves dans une atmosphère froide ou sur un sol humide ainsi que les mouvements sur place ; on fera exécuter des exercices énergiques et généraux pour réchauffer le corps. En été, on évitera de faire des exercices en plein soleil ou pendant les trop fortes chaleurs. On évitera avec soin les insolations et les inconvénients de la chaleur : la leçon de gymnastique sera donnée de préférence à l'ombre, ou bien on tournera le dos au soleil, le travail n'aura pas la même énergie et sera coupé de repos plus fréquents.

La transpiration n'est à redouter en aucune saison, à condition de prendre les précautions nécessaires pour ne pas se refroidir après la leçon : il faut changer de vêtements ou se couvrir davantage, ne pas rester immobile et éviter le vent ou les courants d'air. Quand on a chaud, il est dangereux de boire froid ou hâtivement à la suite d'un exercice.

26. Propreté corporelle. — Le bon fonctionnement de la peau a son importance quand on s'adonne à l'exercice ; toutes les fois que ce sera possible, la séance de gymnastique sera utilement suivie d'une ablution d'eau froide avec friction à sec. Les bains chauds ou bains-douches chaudes sont nécessaires pour entretenir la propreté de la peau.

MATÉRIEL

27. — Il est mauvais de transformer les préaux en gymnases et de les encombrer d'appareils ou de matériel quelconque, car le bénéfice que les élèves retirent de la leçon dépend beaucoup plus de la valeur pédagogique du maître que de la multiplicité et de la complexité des agrès.

Les appareils usités dans l'école doivent être, autant que possible, choisis parmi ceux qui permettent un travail collectif. Ils doivent avoir un but bien déterminé et répondre, d'une part, aux nécessités du développement de l'enfant et à la recherche de l'adresse et de l'agilité; d'autre part, ils doivent familiariser les élèves avec des pratiques qui trouvent leur application dans la vie. Ils doivent pouvoir se régler facilement suivant la nature du mouvement à exécuter ou suivant la taille des élèves.

Dans toutes les écoles, même les plus petites, il faut créer ou installer un matériel qui permette de développer l'éducation physique de la jeunesse. C'est là une obligation pour quiconque veut favoriser le développement de la race.

Au cas où un matériel spécial ne pourrait absolument pas être installé, il sera toujours possible au professeur d'utiliser différents matériaux ou différentes particularités locales qu'il aura à sa disposition pour faire exécuter à ses élèves des exercices intéressants.

PERSONNEL ENSEIGNANT

28. — Il est indispensable que les instructeurs soient éclairés sur le plan de la leçon de gymnastique, sur les résultats qu'ils doivent obtenir dans leur enseignement et sur les moyens dont ils disposent; le maître doit aussi

démontrer les exercices, les exécuter, les décomposer, aider l'élève et le retenir dans ses chutes, surveiller ses attitudes et les rectifier constamment. Son exemple, son entrain ont une influence sérieuse sur l'enseignement qu'il donne. L'attention de ses élèves est maintenue par son attitude personnelle et par l'intérêt et l'attrait qu'il donne à ses leçons.

L'instructeur doit s'efforcer d'obtenir avec l'ensemble des jeunes gens qui lui sont confiés, un rendement moyen aussi élevé que possible. Tout enseignement visant à faire des virtuoses avec les jeunes gens les mieux doués doit être proscrit, car il ne saurait être donné qu'au détriment des faibles qui ont le plus besoin de se développer.

PROGRAMME GÉNÉRAL
D'ÉDUCATION PHYSIQUE

POUR LES ÉTABLISSEMENTS D'ENSEIGNEMENT PRIMAIRE ET D'ENSEIGNEMENT SECONDAIRE PUBLICS

PROGRESSION ET COMPOSITION DE LA LEÇON

Le plan de la leçon a été explicitement indiqué à la page 6 des considérations générales. *Pour réaliser une leçon, il suffit de prendre deux ou plusieurs exercices dans chacune des séries et de les exécuter successivement dans l'ordre des séries.*

On choisira des exercices de plus en *plus avancés* au fur et à mesure que les élèves seront *plus âgés.*

Chaque série comprend des groupes d'exercices *différents.* Pour donner de la *variété* à l'enseignement et le rendre ainsi attrayant, le professeur choisira des exercices dans des *groupes différents* suivant les cas et les circonstances. La leçon sera toujours *complète,* c'est-à-dire qu'on n'exécutera *jamais* dans une séance des exercices tirés seulement d'une seule série.

Les exercices sont indiqués pour chaque âge. A un âge plus avancé correspond des exercices nouveaux *plus énergiques, plus difficiles* et *plus pratiques.* Pour chaque âge, sauf pour les jeunes élèves de six à neuf ans, il n'a été indiqué que ces mouvements, *mais il est sous-entendu qu'on devra revenir constamment sur les exercices des âges précédents.*

Les exercices réservés aux garçons sont indiqués par un astérisque

DU ROLE DU MAITRE ET DES MESURES D'ORDRE

Le maître démontre l'exercice, en commande et en surveille l'exécution, prévoit les accidents et les évite.

Son rôle marque la place qu'il doit occuper : *démonstrateur* et *commandant,* il doit être vu et entendu de tous ses élèves ; *surveillant,* il doit pouvoir juger d'un coup d'œil de la valeur de l'ensemble, rectifier les fautes particulières et s'assurer la confiance des élèves par la sollicitude dont il les entoure.

Pour les exercices d'ensemble, il occupera le sommet d'un triangle équilatéral, dont sa section formera la base. Il se portera quelquefois sur les flancs et par derrière pour veiller à l'alignement et à la bonne exécution, adressera à voix basse aux intéressés quelques paroles d'encouragement, ou leur renouvelera brièvement ses recommandations. Pour les sauts, il se tiendra toujours au point d'arrivée dans une position qui lui permette l'usage alternatif ou simultané des mains pour aider l'élève ou le préserver des chocs douloureux et des dangers d'une mauvaise chute.

Aux appareils, il accompagnera l'élève dans ses progressions pour l'aider et lui éviter les chutes involontaires, soit en l'arrêtant lorsqu'il le voit fatigué, soit en le saisissant par un bras ou par la ceinture avant son arrivée sur le sol ; dans les mouvements sans progression, debout à sa droite ou à sa gauche, il le soutiendra et lui donnera la sensation du mouvement à exécuter en intervenant à propos comme aide, presque à l'insu de l'élève.

Si la vigilance du maître doit s'exercer sur plusieurs groupes surveillés par des moniteurs, il restera de préférence près de celui qui exécute des mouvements difficiles et où la maladresse pourrait avoir des suites fâcheuses; pendant ce temps, les autres groupes se livreront à des exercices qui ne nécessitent pas absolument son concours.

En résumé, le maître se portera toujours où sa présence est utile; la pratique, l'expérience et la conscience de sa responsabilité morale seront en ce point ses meilleures conseillères.

On évitera les pertes de temps en détachant des rangs à tour de rôle quelques élèves qui s'exerceront aux appareils d'appui et de suspension sous la surveillance du maître ou d'un auxiliaire (instituteur adjoint ou moniteur choisi parmi les plus grands élèves). Il est bien entendu que le maître sera toujours présent aux exercices qui offrent quelque danger.

CADENCE DES MOUVEMENTS

La cadence est le nombre des mouvements exécutés en une minute.

Le rythme d'un exercice se compose de temps égaux et quelquefois inégaux.

La cadence des mouvements varie avec la taille des élèves et la partie du corps mise en jeu.

Pour les élèves des classes supérieures, on prendra la cadence 120 à la minute dans les flexions et extensions des bras et des jambes. Quand on fera des mouvements les bras et jambes étendus, cette cadence sera de 90 pour les membres supérieurs et de 60 pour les membres inférieurs. Les mouvements du tronc seront encore plus lents, 30 à la minute. Ces cadences pourront être plus vives dans les classes inférieures où la taille des élèves est plus petite.

Dans les mouvements d'extension, l'amplitude doit être complète et le mouvement arrêté à fin de course pendant un certain temps, afin de prolonger la contraction des muscles extenseurs dans leur plus complet raccourcissement possible et obtenir ainsi tout l'effet désiré. Aucune attitude ne sera maintenue plus de trois secondes.

DES COMMANDEMENTS

Les mouvements de gymnastique sont exécutés au commandement du maître.

Les commandements pour les exercices d'assouplissement, sont :

Attention ! pour avertir et se mettre en station droite.

Commencez ! pour exécuter le mouvement.

Cessez ! pour s'arrêter.

En position ! — Pour prendre les attitudes.

Fixe ! — Pour les quitter.

Repos ! — Pour cesser de maintenir le corps dans la position de garde à vous.

Les commandements peuvent être faits au sifflet, dès que les élèves sont bien exercés ; un coup prolongé signifie : Attention ! un coup bref, le suit et indique : Commencez !

Deux coups : Cessez l'exercice !

De même, En position ! s'indique comme Commencez.

Pour les exercices à la barre double, aux cordes ou perches par paires, aux échelles jumelles, qui se font à 4, 8 ou 16 élèves à la fois, les élèves sont numérotés et placés en ordre vis-à-vis de l'appareil.

On commandera :

En place ! pour se porter rapidement à l'appareil.

En position ! pour prendre la position initiale.

Fixe! Pour se placer debout.

Les élèves retournent à leur rang et sont remplacés par d'autres au commandement de *En place!*

Pour les sauts avec élan les élèves sont placés de 6 à 10 mètres des poteaux par 4, 6 ou 8 devant la corde, cette corde peut être remplacée avantageusement par un fil de caoutchouc tendu entre les deux poteaux du sautoir.

On commandera :

En position! pour placer le pied gauche en arrière et fléchir légèrement les bras et le tronc.

Partez! pour prendre l'élan nécessaire.

Ces commandements sont répétés pour chaque groupe d'élèves. — Les enfants qui ont franchi l'obstacle se placent d'eux-mêmes en ordre de l'autre côté du sautoir, face à ceux qui restent; les élèves du 2e groupe se placent à leur tour derrière ceux du 1er groupe et ainsi les sauteurs se succèdent sans interruption.

Ne pas perdre de vue l'indication essentielle suivante :

L'âge des sujets n'indique pas toujours leur degré de développement ni de résistance; il faudra donc tenir compte de leur état physique pour les grouper.

RÉPARTITION DES EXERCICES D'APRÈS L'AGE DES ÉLÈVES

A. — Enfants des écoles maternelles, primaires, primaires supérieures, des collèges et lycées (de 4 a 13 ans).

Écoles maternelles.

Pour les élèves de 4 à 6 ans des écoles maternelles, on se contentera des évolutions enfantines, rondes et marches accompagnées ou non de chants ; quelques attitudes correctives ; jeux libres; jeux réglés; mouvements d'imitation; exercices sur le mobilier scolaire; exercices respiratoires.

De 6 a 9 ans.

1. Premiers exercices d'ordre : marches, évolutions.
2. Exercices correctifs (mouvements des membres et équilibres sur le sol).

3, 4. Courses sous forme de jeux, jeux récréatifs.

5. Exercices du tronc (mouvements simples).

6. Sautillements ; sauts à pieds joints.
7. Exercices respiratoires.

De 9 a 11 ans.

1. Exercices d'ordre, marches, évolutions.
2. Exercices correctifs (mouvements des membres et équilibres sur le sol).
3. Exercices de suspension par les mains avec appui sur le sol (corps incliné).
   Équilibres sur la poutre.
4. Petites courses sous forme de jeux ; jeux réglés.
5. Exercices du tronc (avec différentes attitudes des bras) et sur les bancs.
6. Sauts avec élan.
7. Exercices respiratoires.

De 11 a 13 ans.

1. Exercices d'ordre : marches, évolutions.
2. Exercices correctifs (mouvements combinés des membres ; équilibres sur le sol).
   Exercices avec barres de bois, avec haltères et poids de 300 grammes à 1 kilogramme*.
   Préliminaires de la boxe*. Exercices de lancer.
3. Suspensions et appuis, grimper aux échelles, à deux perches*.
   Équilibres sur la poutre.
4. Jeux avec petites courses, jeux divers, danses (filles).
5. Exercices du tronc, plus intenses sur les bancs et avec points d'appui. Luttes et oppositions deux à deux.
6. Sauts avec élan, hauteur, longueur, sauts à la corde (filles). Vindas.
7. Exercices respiratoires.

B. — Exercices pour les adolescents (garçons et filles) de plus de 13 ans.

Ces exercices comprennent ceux déjà décrits (A) et ceux indiqués ci-après.

Garçons de 13 a 16 ans. Filles de 13 a 15 ans.

1. Exercices d'ordre, évolutions.
2. Exercices correctifs (mouvements combinés et équilibres sur le sol).
   Exercices avec barres de 2 à 3* kilogrammes ; avec haltères de 1 à 2* kilogrammes ; avec massues.

* Les astérisques indiquent les exercices réservés aux garçons.

Boxe*, canne (coups, parades, leçons).
Lancer du ballon (avec le poing et le pied gauche et droit).
3. Suspension bras étendus, bras fléchis; appui bras étendus. Progressions et balancements.
Grimper (corde, perche, échelle).
Equilibres sur la poutre.
4. Courses de vélocité graduées (maximum : filles, 30 mètres; garçons, 80 mètres).
Courses de fond (maximum : 3 minutes). Jeux.
5. Exercices du tronc plus intenses; luttes de traction et de répulsion à la corde.
6. Sauts en profondeur*, sauts avec élan, sauts avec appui des mains et sauts de barrière*.
7. Exercices respiratoires.
Grands jeux de plein air. Natation, bicyclette, tir; promenades de 10 à 20* kilomètres.

JEUNES GENS DE 16 ANS ET AU-DESSUS. JEUNES FILLES DE 15 ANS ET AU-DESSUS.

1. Exercices d'ordre, évolutions, école du soldat*.
2. Exercices correctifs, équilibres sur le sol (mouvements combinés).
Exercices avec barres de 2 à 4* kilogrammes, avec fusils*.
Exercices avec haltères de 2 à 3* kilogrammes et avec massues.
Lancer du poids*, du disque*, du javelot*.
Boxe* et canne (coups, parades, leçons).
3. Suspensions et appuis, balancements, rétablissements* à divers agrès.
Grimper aux cordes, aux perches avec et sans l'aide des jambes*.
Escalade d'un mur.
4. Danses, jeux, courses de fond* (maximum : 5 minutes).
Pour les jeunes filles : danses gymnastiques.
5. Exercices du tronc avec barre, fusil*, haltères de 2 à 3* kilogrammes.
Lever de pierres*, de barres à sphères.
6. Sauts à la perche*, saut du cheval.
7. Exercices respiratoires :
Exercices individuels :
Assauts de boxe*, canne*.
Escrime*, équitation*.
Canotage, patinage.
Cross-country*.

* *Les astérisques indiquent les exercices réservés aux garçons.*

PREMIÈRE PARTIE

EXERCICES POUR LES ÉLÈVES DE 6 A 13 ANS

EXERCICES
DE LA PREMIÈRE SÉRIE

Marches. Évolutions. Exercices d'ordre.

1er GROUPE : **Marches.**
2e GROUPE : **Évolutions.**
3e GROUPE : **Exercices d'ordre.**
A. École du soldat.
B. Formations. Rassemblements.

1er GROUPE

MARCHES

Élèves de 6 à 13 ans.

1. — MARCHE AU PAS ALLONGÉ AVEC GRAND BALANCEMENT DES BRAS.

2. — MARCHE AU PAS RACCOURCI ET VIF (PAS DE CHASSEURS).

3. — MARCHE SUR LA POINTE DES PIEDS, PUIS SUR LES TALONS.

4. — MARCHE AVEC ÉLÉVATION DES GENOUX.

5. — MARCHE EN ARRIÈRE.

6. — MARCHE AU PAS GYMNASTIQUE.

7. — MARCHE ACCROUPIE.

2e GROUPE

ÉVOLUTIONS

Élèves de 6 à 13 ans.

8. — Rondes diverses et évolutions enfantines organisées par les maitres et maitresses.

9. — Marche des gymnastes :

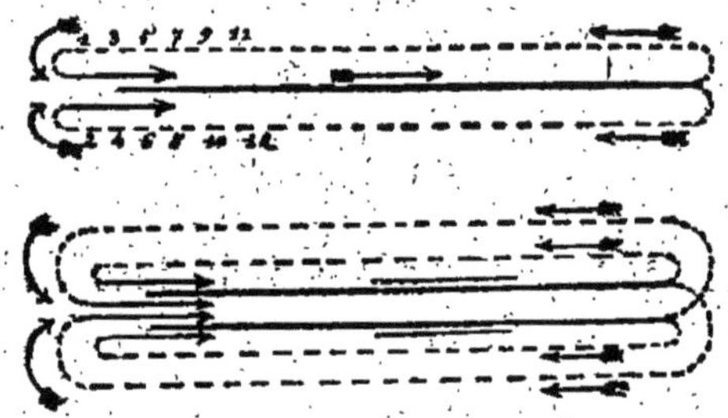

10. — Marche serpentine :

11. — Marche en spirale :

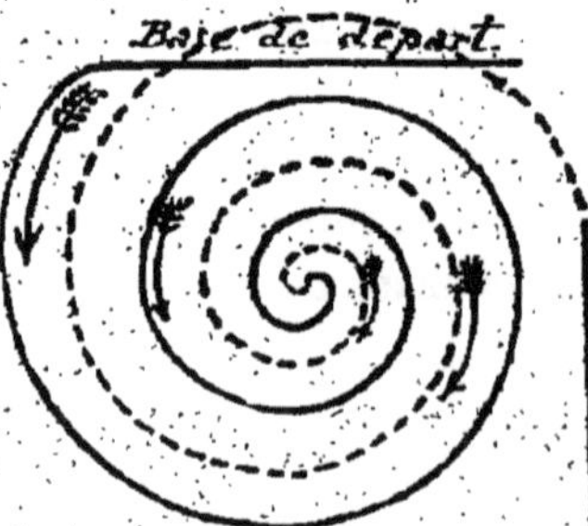

Le professeur commande : A droite (ou à gauche). Formez la spirale. Marche!

Plusieurs marches peuvent se combiner avec des attitudes des bras, exemple : marcher sur la pointe des pieds avec mains à la nuque.

12. — Marches en cercles.

Les élèves étant en marche sur un rang, numérotés par 4, le professeur commande :

En cercle à gauche. — Marche!

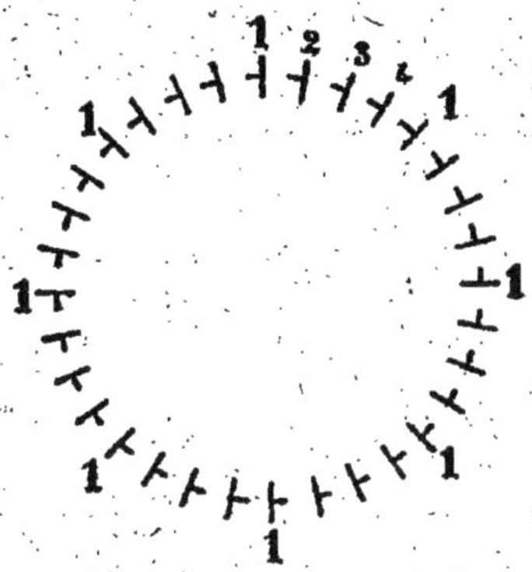

Les élèves étant en cercle, les uns derrière les autres, le flanc gauche [1] vers le centre et divisés en 3, 4, 5, etc., sections de 6 à 7 élèves.

Commandement :

(Formez les) Cercles intérieurs. — Marche! ou : (Formez les) Cercles extérieurs. — Marche!

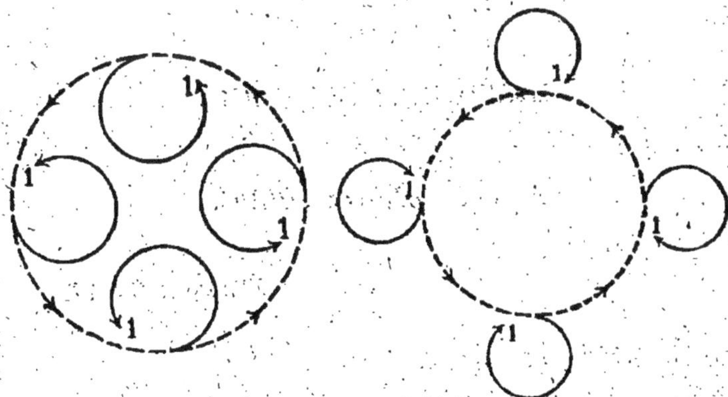

Au commandement : Marche! les nos 1 font décrire à leur section le cercle ou les cercles indiqués jusqu'à ce qu'ils reçoivent l'ordre de changer de direction ou de s'arrêter.

1. Tous les exercices sont indiqués pour commencer du côté gauche, ils devront naturellement être exécutés ensuite symétriquement du côté droit.

13. — Marche en étoile.

Les élèves étant en cercle, le flanc gauche vers le centre et numérotés par 4, le professeur commande :

Halte ! puis : Nos 2, 3 et 4 à la gauche du n° 1. — Marche !

Au commandement : Marche ! les nos 2, 3 et 4 de chaque section vont se ranger rapidement à la gauche du n° 1 ;

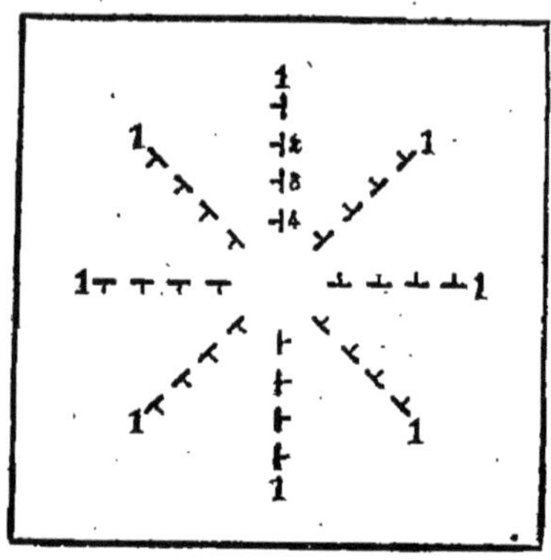

les rangs ainsi formés peuvent continuer à marcher en étoile.

3e GROUPE

EXERCICES D'ORDRE[1]

A. — *École du soldat.*

Élèves de 6 à 11 ans.

14. — Station droite. Repos.

15. — A droite. A gauche.

16. — Demi a droite, a gauche.

17. — Pas cadencé.

18. — Pas gymnastique.

19. — Marquer et changer le pas.

1. Pour l'explication de ces exercices d'ordre, se reporter au règlement du 3 décembre 1904 sur les manœuvres de l'infanterie.

Élèves de 11 à 13 ans.

20. — Demi-tour a droite.

21. — Demi-tour a droite, en marchant.

22. — A droite, a gauche, en marchant.

23. — Changement de direction, a droite, a gauche.

B. — *Formations. Rassemblements.*

Élèves de 6 à 11 ans.

Formations.

24. — Formation en ligne sur 1 ou plusieurs rangs.

25. — Rompre et rassembler.

26. — Formation en colonne par 2.

27. — Formation en colonne par 4.

Mouvements en ligne.

28. — Alignement en ligne sur 1 ou 2 rangs.

Élèves de 11 à 13 ans.

29. — Marche oblique.

30. — Face a droite, a gauche.

31. — Passer de la formation en ligne a la formation en colonne.

Mouvements en colonne.

32. — La section étant en ligne sur 2 rangs, se former en colonne par 4.

a. En avant du front.
b. A droite, à gauche.

33. — La section étant en colonne par 4, se former en ligne sur 2 rangs.

a. En avant.
b. Face à gauche, à droite.

34. — La section étant en colonne par 4, se former en colonne par 2 et réciproquement.

Formation des distances.

Il est utile de varier la manière de prendre les distances afin d'éviter la monotonie.

1re *Manière*. — Les élèves étant placés sur 1, 2 ou 4 rangs, le professeur commande :

Pour la petite distance... En position!

Fléchir le bras droit en portant la main vers l'élève de droite.

Vers la gauche. Marche... Fixe!

Se porter par de petits pas rapides vers la gauche ou la droite, étendre le bras droit, les doigts près de l'épaule du voisin et tourner la tête vers l'élève qui sert de base.

2e *Manière*. — Pour la grande distance... En position!

Fléchir les deux bras, paumes en avant, coudes en bas.

Vers la gauche. Marche... Fixe!

Se porter par des pas rapides vers la gauche ou la droite, étendre les bras horizontalement, paumes vers le sol, les doigts touchant ceux du voisin.

3e *Manière*. — Pour prendre plus rapidement les mêmes distances, au début de la leçon si le temps est froid, ou après un jeu, une course, etc.

Le professeur commande :

A petites distances... Rassemblement... Fixe!

A grandes distances... Rassemblement... Fixe!

Les élèves se rassemblent et se placent de suite à la distance indiquée, un ou deux bras étendus.

Lorsque la place fait défaut, le professeur, après avoir fait prendre la demi-distance, commande un demi à droite ou un demi à gauche et les élèves peuvent ainsi exécuter tous les exercices.

4e *Manière*. — Les élèves étant placés sur un seul rang et numérotés de 1 à 4 ou 1 à 6. Le professeur commande :

En arrière par 4 (ou par 6), à vos postes!... Fixe!

Au commandement de *A vos postes!* le n° 1 ne bouge pas ; le n° 2 se porte rapidement en arrière du n° 1 à 1 mètre ou 1 m. 80, le n° 3 se porte à 1 mètre ou 1 m. 80 derrière le n° 2, et le n° 4 à la même distance derrière le n° 3. Les nos 2, 3 et 4 couvrent exactement sur le n° 1, puis tournent la tête à droite jusqu'au commandement de *Fixe!*

Sur un rang... Rassemblement!

Se rassembler rapidement sur un seul rang et s'aligner main gauche sur la hanche.

5e *Manière.* — Les élèves étant placés sur un rang et numérotés de 1 à 4.

(Si les élèves sont sur 2 rangs, le second rang doit se porter en arrière à la distance de 4 pas.)

Le professeur commande :

En avant, prenez les distances... Marche!

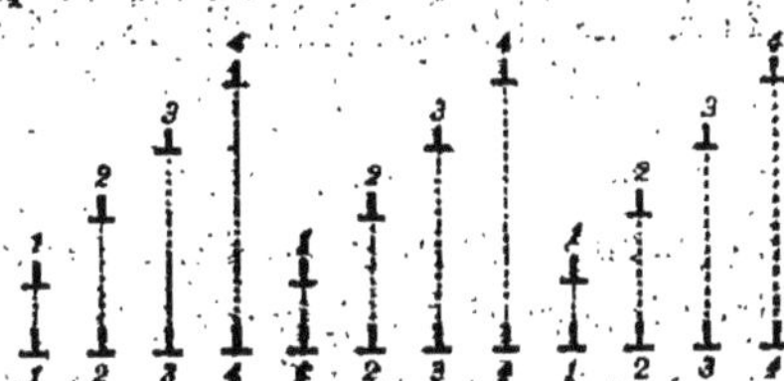

Le no 1 fait un pas en avant, le no 2 fait deux pas, le no 3 trois pas, le no 4 quatre pas.

Par cette formation pas un élève n'échappe à la vigilance du maître; de plus elle permet de placer un grand nombre d'élèves dans un endroit très restreint.

6e *Manière.* — Les élèves étant placés sur 1 ou sur 2 rangs, numérotés par 4, le professeur commande :

A droite par 4... Droite!

On fait ensuite prendre les distances (2e ou 3e manière).

7e *Manière.* — Les élèves étant placés sur un ou plusieurs rangs, le professeur peut faire prendre les distances sur la droite, sur la gauche ou sur le centre à un ou plusieurs pas, au pas gymnastique.

Dans ce cas le professeur commande :

Sur le centre... à (1, 2, 3) pas, prenez les distances... Marche!

A ce commandement les élèves font un à droite ou un à gauche et se portent rapidement à la distance indiquée, sans étendre les bras; ils conservent la tête tournée vers l'élève qui sert de base, jusqu'au commandement de *Fixe!*

8e *Manière.* — Les élèves étant en cercle sur un rang et numérotés par trois.

Le professeur commande :

A gauche... gauche! no 1 un pas en avant, no 3 un pas en arrière... Marche!

Le professeur se place au centre.

EXERCICES

DE LA DEUXIÈME SÉRIE

Mouvements des membres supérieurs et inférieurs dans des attitudes variées. Exercices d'équilibre. Exercices de lancer. Oppositions et Luttes deux à deux. Boxe.

1er GROUPE : **Exercices correctifs et d'assouplissement (mains libres).**

A. Attitudes initiales.

B. Mouvements des membres supérieurs.

C. Fentes.

D. Stations sur un pied.

E. Flexions des membres inférieurs et mouvements dans la station accroupie.

F. Mouvements dissymétriques.

2e GROUPE : **Exercices avec barres.**

3e GROUPE : **Exercices avec haltères.**

4e GROUPE : **Exercices de lancer.**

5e GROUPE : **Exercices de résistance ou d'opposition deux à deux.**

A. Exercices de résistance, les mains libres.

B. Exercices de résistance avec barres à sphères et cordes à poignées.

C. Luttes deux à deux.

D. Luttes avec cordes à poignées.

* 6e GROUPE : **Boxe.**

A. Exercices préparatoires.

B. Coups de poing, coups de pied et leurs parades.

1er GROUPE

EXERCICES CORRECTIFS ET D'ASSOUPLISSEMENT (MAINS LIBRES)

A. — Attitudes initiales

Élèves de 6 à 13 ans.

35. — STATION DROITE OU POSITION DE GARDE A VOUS.

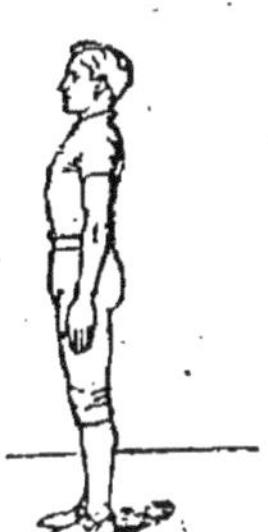

Les talons réunis, les pieds ouverts à 60 degrés, la tête, le corps et le cou droits, le menton rapproché du cou, les épaules effacées, le ventre rentré sans effort, les bras pendant naturellement, les doigts étendus et joints.

36. — MAINS AUX HANCHES.

La paume des mains sur le bord supérieur des hanches, les doigts joints et, en avant, les pouces en arrière, les épaules bien effacées sans porter les coudes trop en arrière.

37. — MAINS AUX ÉPAULES.

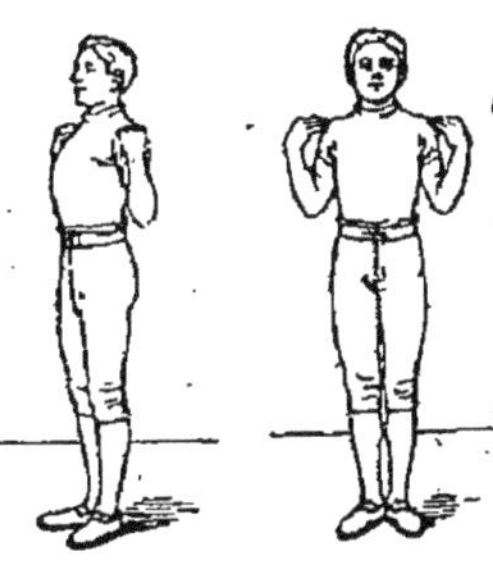

Les mains et avant-bras fléchis, les coudes dans le plan des épaules et abaissés, les doigts arrondis et leurs extrémités touchant le moignon de l'épaule sans raideur, les épaules effacées.

38. — MAINS A LA NUQUE.

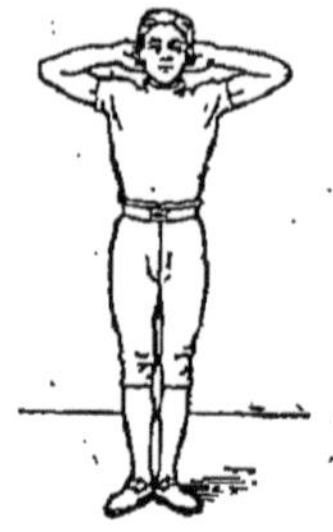

Les mains appuyées contre la nuque, paumes en avant, les coudes en arrière, la tête droite et résistant à la pression des mains.

39. — MAINS A LA POITRINE.

Les avant-bras fléchis et horizontaux, les coudes en arrière le plus possible, les mains étendues, doigts joints, paumes dirigées vers le sol, les pouces touchant presque la poitrine.

Les attitudes initiales (exercices 36, 37, 38 et 39) ne sont prises qu'étant en station droite correcte; on peut même pour plus de certitude demander à l'élève de porter les épaules le plus possible en arrière, au commandement préparatoire, et les maintenir en arrière pendant l'exécution.

Exemple : Mains à la poitrine ! (*fixer les épaules en arrière*).

En position ! (*prendre la position indiquée*).

En raison de l'importance de ces cinq positions, le professeur devra veiller à ce qu'elles soient prises correctement même par les plus jeunes élèves; quand l'exécution est parfaite les courbures cervicale et lombaire sont diminuées, le ventre rentré mais sans être creusé.

L'attitude 36 sert pour l'exécution des mouvements simples des jambes et du tronc; l'attitude 37 sert de position de départ à l'extension des bras; l'attitude 38 peut être maintenue pendant les positions de station sur une jambe, les flexions des jambes et dans les mouvements du tronc; l'attitude 39 sert de départ à l'extension latérale des avant-bras.

La respiration doit rester libre et profonde pendant les attitudes.

B. — *Mouvements des membres supérieurs.*

Position de départ : Station droite.

Élèves de 6 à 9 ans.

40. — ÉLÉVATION DES BRAS A LA POSITION HORIZONTALE [1].

1. Élever les bras étendus en avant jusqu'à la position horizontale, les paumes des mains se faisant face; garder la position.

2. Revenir à la position de départ.

Cadence 90.

41. — ÉLÉVATION DES BRAS A LA POSITION VERTICALE.

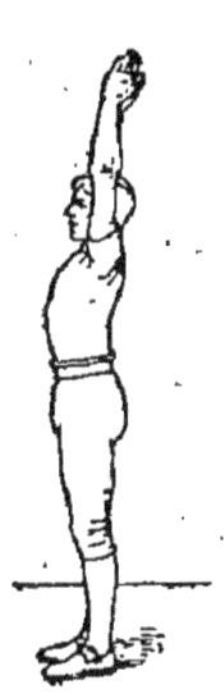

1. Élever les bras étendus en avant jusqu'à la position verticale, les paumes des mains se faisant face.

2. Revenir à la position de départ.

L'enfant a tendance à s'enseller et à porter le ventre en avant, à incliner la tête en avant ou en arrière; y remédier dès le début en lui demandant d'exécuter l'extension complète du corps et des bras.

Cadence 90.

42. — ÉLÉVATION LATÉRALE DES BRAS A LA POSITION HORIZONTALE (PAUMES EN DESSOUS).

1. Élever les bras étendus latéralement, paumes vers le sol.

2. Revenir à la position de départ.

Veiller à faire effacer le ventre; les bras doivent être maintenus à la position horizontale et le plus possible en arrière, le menton près du cou.

Cadence 90.

1. Pour les commandements se reporter page 15.

43. — Élévation des bras a la position latérale (paumes en dessus).

1. Élever les bras étendus latéralement, paumes vers le sol.

2. Rotation des bras en tournant les paumes en haut.

3. Revenir à la position de départ.

Cadence 90.

44. — Élévation des bras a la position horizontale, puis verticale et écartement latéral.

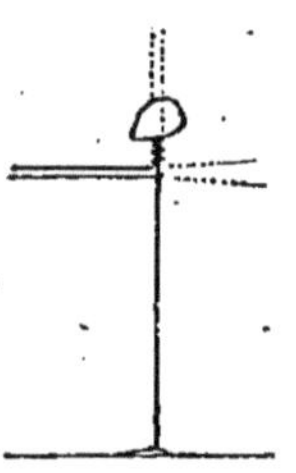

1. Élever les bras étendus jusqu'à la position horizontale.

2. Les élever jusqu'à la position verticale.

3. Les écarter latéralement, paumes en dessus.

4. Revenir à la position de départ.

Ce mouvement doit se faire sans brusquerie avec souplesse.

Cadence 90.

45. — Extension des bras a la position verticale.

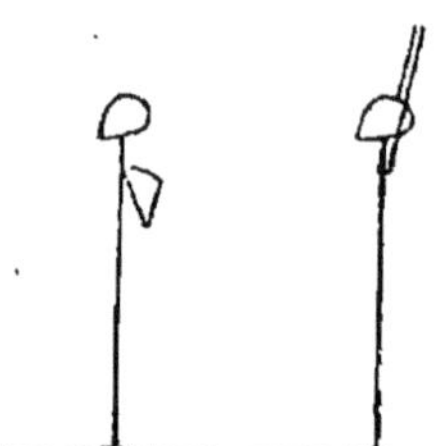

Mains aux épaules. — En position !

1. Étendre vivement les bras, les paumes en dedans, tête droite.

2. Reprendre la position initiale, les mains et les bras dans le plan des épaules.

Le même mouvement peut s'exécuter dans les positions horizontale, verticale et latérale.

Cadence 120.

46. — Extension latérale des avant-bras.

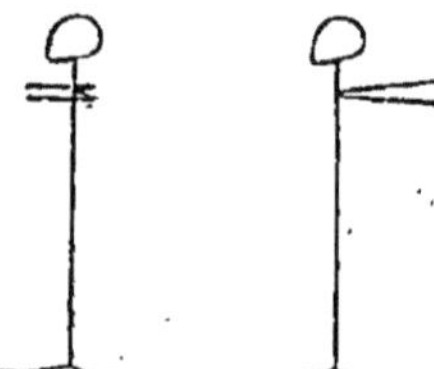

Mains à la poitrine. — En position !

1. Étendre les avant-bras horizontalement.

2. Reprendre la position initiale.

Pendant ce mouvement les coudes ne doivent pas bouger; ils doivent rester fixés en arrière le plus possible et à hauteur des épaules.

Cadence 120.

Élèves de 9 à 13 ans.

47. — ABDUCTION DES BRAS EN ARRIÈRE.

1. Porter les bras étendus en arrière, épaules effacées, paumes se faisant face.

2. Revenir à la position de départ.

Cadence 90.

48. — ÉLÉVATION ALTERNATIVE DES BRAS A LA POSITION VERTICALE.

1. Élever le bras gauche étendu jusqu'à la position verticale en portant le droit en abduction en arrière.

2. Abaisser le bras gauche en élevant le droit.

Ne pas pencher le corps du côté du bras abaissé; conserver l'attitude droite le bras élevé touchant presque l'oreille.

Continuer le mouvement jusqu'au commandement de Cessez! puis commander Fixe! pour reprendre la station droite.

Cadence 90.

49. — MAINS AUX HANCHES. MAINS A LA NUQUE.

Mains sur les hanches. — En position!

1. Porter les mains à la nuque, conserver la position du corps.

2. Revenir mains aux hanches.

Répéter 3 à 6 fois jusqu'au commandement de Cessez!

Cadence 60.

C. — *Fentes.*

Cadence 60.

Élèves de 6 à 9 ans.

50. — Fente en avant tendue.

Mains aux hanches. — En position!

1. Porter en avant le pied gauche à une longueur d'un demi-pas, c'est-à-dire à 40, 50, 60 centimètres suivant la longueur des jambes, les jambes étendues.

2. Rassembler en arrière.

Même mouvement de la jambe droite.

51. — Fente latérale tendue.

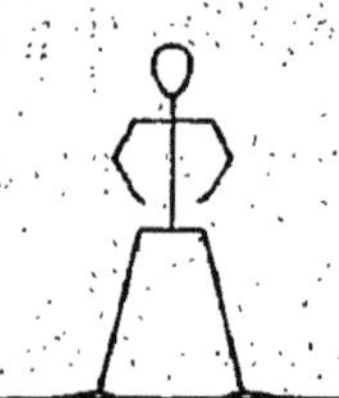

Mains aux hanches. — En position!

1. Porter le pied gauche vers la gauche (40, 50, 60 centimètres suivant la longueur des jambes), les jambes restant étendues.

2. Rassembler en rapportant le pied gauche contre le droit.

Même mouvement de la jambe droite.

52. — Fente en arrière tendue.

Mains aux hanches. — En position!

1. Porter le pied gauche en arrière à la longueur d'un demi-pas, les jambes restant étendues.

2. Rassembler en avant.

Même mouvement de la jambe droite.

53. — Fente en avant tendue, talon arrière levé.

Mains aux hanches. — En position!

1. Porter en avant la jambe gauche étendue, ainsi que tout le poids du corps, le talon droit levé, la pointe au sol.

2. Rassembler en arrière, talons serrés.

Même mouvement de la jambe droite.

Les attitudes des membres supérieurs peuvent se combiner avec les fentes. Exemples :

54. — Fente latérale tendue avec extension verticale des bras.

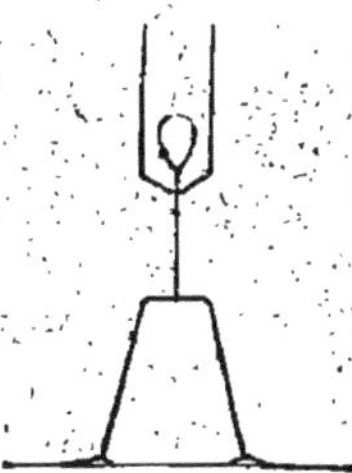

Mains aux épaules. — En position !

1. Porter le pied gauche vers la gauche, à 40, 50, 60 centimètres suivant la longueur des jambes, sans fléchir les jambes et étendre vivement les bras à la position verticale, tête droite.

2. Rassembler en rapportant le pied gauche contre le droit et en reprenant la position initiale des bras, les mains et les bras dans le plan des épaules.

Même mouvement à droite.

55. — Fente en avant tendue, talon arrière levé avec extension latérale des avant-bras.

Mains à la poitrine. — En position !

1. Porter en avant la jambe gauche étendue, le talon droit levé la pointe au sol en étendant vivement les avant-bras horizontalement dans le plan des épaules et le plus en arrière possible.

2. Rassembler en arrière, talons joints en reprenant la position initiale des bras.

Même mouvement à droite.

Élèves de 9 à 11 ans.

56. — Fente en avant fléchie.

Mains aux hanches. — En position !

1. Porter en avant la jambe gauche fléchie, l'autre restant étendue, le tronc incliné en avant dans le prolongement de la jambe étendue.

2. Rassembler en arrière.

Même mouvement de la jambe droite.

57. — Fente latérale fléchie.

Mains aux hanches. — En position!

1. Porter la jambe gauche fléchie vers la gauche, le genou ouvert, l'autre jambe restant étendue, le tronc incliné à gauche dans le prolongement de la jambe étendue.

2. Rassembler en rapportant le pied gauche contre le droit.

Même mouvement de la jambe droite.

58. — Fente en arrière fléchie.

Mains aux hanches. — En position!

1. Porter en arrière la jambe gauche fléchie, l'autre restant étendue, le tronc incliné dans le prolongement de la jambe étendue.

2. Rassembler en avant.

Même mouvement de la jambe droite.

On peut également faire exécuter les fentes obliques en avant ou en arrière.

Dans toutes les fentes la jambe doit être assez fléchie pour que le genou vienne au-dessus de la pointe du pied ; sauf indication contraire, le pied qui ne s'est pas déplacé reste à plat sur le sol.

Élèves de 11 à 13 ans.

59. — Fente d'escrime.

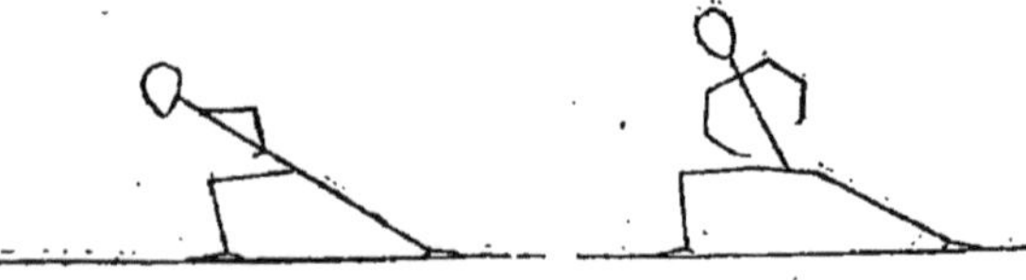

Mains sur les hanches. — En position!

1. Faire un demi à droite et porter vivement en avant la jambe gauche fléchie en se fendant le plus possible, le tronc incliné dans le prolongement de la jambe étendue, épaule droite effacée.

2. Rassembler en arrière en faisant un demi à gauche.

Même mouvement de la jambe droite.

Ce mouvement s'exécute aussi sans faire demi à droite.

60. — Fente en avant fléchie, talon arrière levé.

Mains sur les hanches. — En position !

1. Porter en avant la jambe gauche fléchie, la jambe droite étendue, le talon levé, le tronc incliné en avant dans le prolongement de la jambe étendue.

2. Rassembler en arrière talons à terre.

Même mouvement de la jambe droite.

Les fentes fléchies avec attitudes des bras sont indiquées dans les mouvements du tronc (5e série, page 98).

D. — *Stations sur un pied.*

Cadence 60.

Élèves de 6 à 9 ans.

61. — Élevation en avant la jambe étendue.

Mains aux hanches. — En position !

1. Élever en avant la jambe gauche étendue, le pied en extension.

2. Replacer le pied à terre.

Même mouvement de la jambe droite.

62. — Élévation latérale de la jambe étendue.

Mains aux hanches. — En position !

1. Élever latéralement la jambe gauche étendue, le pied en extension.

2. Replacer le pied à terre.

Même mouvement de la jambe droite.

63. — Porter en arrière la jambe étendue.

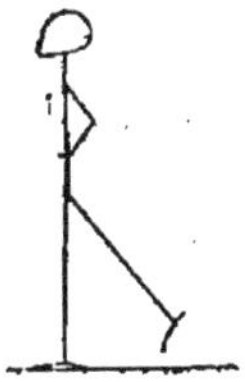

Mains aux hanches. — En position !

1. Porter en arrière la jambe gauche étendue, le pied en extension.

2. Replacer le pied à terre.

Même mouvement de la jambe droite.

64. — ÉLÉVATION DE LA CUISSE EN AVANT, JAMBE FLÉCHIE, PUIS EXTENSION ET FLEXION DE LA JAMBE.

Mains aux hanches. — En position !

1. Élever le genou en avant, cuisse horizontale, jambe fléchie, pointe du pied baissée.
2. Étendre la jambe.
3. Fléchir la jambe (position 1).
4. Replacer le pied à terre.

Même mouvement de la jambe droite.

Élèves de 9 à 11 ans.

65. — ÉLÉVATION DE LA CUISSE EN AVANT, JAMBE FLÉCHIE, PUIS EXTENSION DE LA CUISSE ET DE LA JAMBE EN ARRIÈRE.

Mains sur les hanches. — En position !

1. Élever le genou gauche en avant le plus haut possible, la jambe fléchie pointe du pied baissée.
2. Abaisser le genou, le porter en arrière et étendre la jambe dans le prolongement de la cuisse.
3. Revenir à la position du temps 1.
4. Placer le pied à terre.

Même mouvement de la jambe droite.

66. — Élévation des jambes avec mouvements des bras.

Exécuter les exercices 61, 62 et 63 :

Avec élévation des bras à la position horizontale.

Avec élévation des bras à la position latérale.

Avec élévation des bras à la position verticale.

Élèves de 11 à 13 ans.

67. — Élévation des cuisses avec attitude des bras.

Faire exécuter l'exercice 64 en prenant l'attitude mains

à la nuque, le nº 65 avec les mains aux épaules, puis extension et flexion des bras.

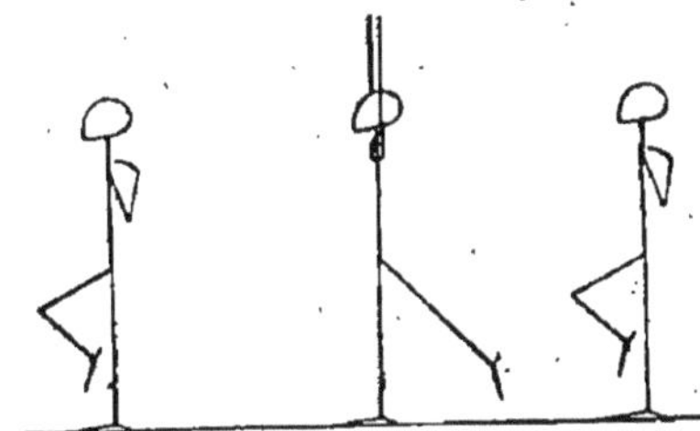

68. — Abduction latérale de la cuisse, jambe fléchie.

Mains sur les hanches, jambe gauche fléchie en avant. — En position !

1. Porter lentement le genou gauche le plus en dehors possible, le tronc restant immobile.

2. Revenir lentement à la position de départ.

Commander Fixe ! et même mouvement de la jambe droite.

***69.** — Élévation latérale de la cuisse, jambe fléchie, extension et flexion de la jambe.

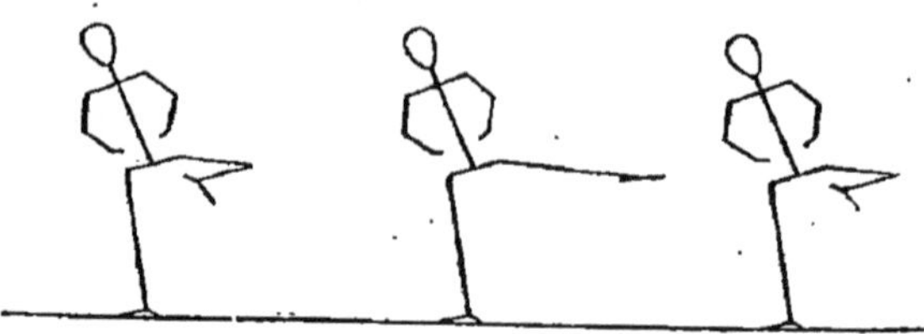

Mains sur les hanches. — **En position !**

1. Élever le genou gauche de côté le plus haut possible jambe fléchie, le pied étendu.

2. Étendre la jambe latéralement.

3. Ramener la jambe à la position du temps 1.

4. Replacer le pied à terre.

Même mouvement de la jambe droite.

Ce mouvement est destiné aux garçons ; quand ceux-ci sont assez exercés ils peuvent faire plusieurs extensions et flexions avant de reposer le pied à terre, ou même garder la jambe étendue 4 temps, et se préparer ainsi aux coups de pieds de la boxe française.

E. — Flexion des membres inférieurs et mouvements dans la station accroupie.

Élèves de 6 à 9 ans.

70. — Demi-flexion des membres inférieurs.

Mains aux hanches. — En position !

1. S'élever sur la pointe des pieds, talons joints, puis s'abaisser, corps droit, en écartant les genoux, les jambes à demi fléchies.

2. Se relever corps droit.

Cadence 30.

71. — Flexion des membres inférieurs, genoux écartés.

Mains aux hanches. — En position !

1. S'élever sur la pointe des pieds, talons joints, puis s'abaisser, le corps droit, en écartant les genoux et en fléchissant les jambes (*ne pas se reposer sur les mollets*).

2. Se relever le corps droit.

Cadence 30.

Élèves de 9 à 11 ans.

72. — Demi-flexion des membres inférieurs dans la station écartée.

Fente latérale tendue, mains sur les hanches. — En position !

1. S'élever sur la pointe des pieds.
2. Demi-flexion des jambes, genoux en dehors.
3. Extension des jambes talons levés.
4. Poser les talons à terre.

Cadence 60.

73. — Flexion des membres inférieurs, mains a la nuque.

Mains à la nuque. — En position !

1. S'élever sur la pointe des pieds talons joints, puis s'abaisser corps droit, coudes en arrière, en écartant les genoux et en fléchissant les jambes.

2. Se relever corps droit, coudes en arrière.

Cadence 30.

Élèves de 11 à 13 ans.

74. — Flexion des membres inférieurs avec élévation des bras a la position horizontale, verticale et latérale.

1. S'élever sur la pointe des pieds, talons joints, puis s'abaisser, corps droit, en écartant les genoux, en fléchissant les jambes et en portant les bras étendus en avant à la position horizontale.
2. Élever les bras jusqu'à la position verticale.
3. Les écarter latéralement paumes en dessus.
4. Se relever en abaissant les bras et poser les talons à terre.

Cadence 30.

75. — Préparation au saut (impulsion).

Bras étendus verticalement mains ouvertes, pieds joints. — En position !

1. Fléchir vivement les membres inférieurs, genoux joints en abaissant les bras étendus pour les porter en abduction en arrière.
2. Se relever immédiatement en élevant les bras vigoureusement à la position verticale de départ.

Répéter plusieurs fois l'exercice.

Cadence 60.

76. — Préparation au saut (chute).

Pieds joints. — En position !

1. Fléchir vivement les membres inférieurs en lançant les bras étendus à la position verticale.
2. Se relever vivement en abaissant les bras.

Répéter plusieurs fois.

Cadence 60.

77. — Mains a la nuque, mains aux hanches, dans la station accroupie.

Mains aux hanches. — En position !

1. S'élever sur la pointe des pieds, talons joints, puis s'abaisser, corps droit, en écartant les genoux et en fléchissant les jambes.

2. Porter les mains à la nuque, dans le plan latéral, le corps restant bien droit, coudes en arrière.

3. Revenir mains sur les hanches.

Répéter plusieurs fois l'exercice.

4. Se relever corps droit.

Cadence 60 à la minute pour le mouvement des bras et 30 pour le mouvement des jambes.

78. — Extension et flexion des bras dans la station accroupie.

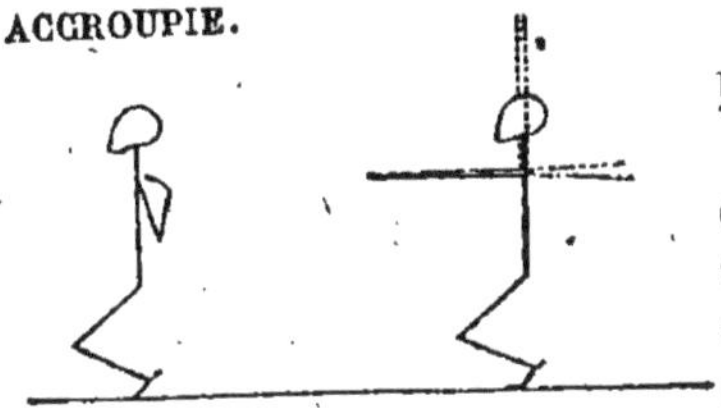

Mains aux épaules. — En position !

1. S'élever sur la pointe des pieds, talons joints puis s'abaisser, corps droit, en écartant les genoux et en fléchissant les jambes.

2. Étendre vivement les bras à la position horizontale.

3. Revenir mains aux épaules.

4. Étendre vivement les bras à la position verticale.

5. Revenir mains aux épaules.

6. Étendre vivement les bras à la position latérale, paumes dessous.

7. Revenir mains aux épaules.

8. Se relever corps droit.

Même cadence qu'à l'exercice précédent.

F. — *Mouvements dissymétriques.*

(Cadences lentes d'abord, vives ensuite.)

Ces mouvements demandent à l'élève, au début surtout, beaucoup d'attention.

On en exécutera un seul à chaque leçon après les mouvements correctifs de la deuxième série et on le répétera plusieurs leçons de suite.

Quand ce mouvement sera devenu familier à l'élève, on passera à l'exercice suivant.

Pour bien faire comprendre le mouvement, le professeur le démontre lentement et l'exécute en même temps que les élèves (*leur faisant face il doit exécuter le mouvement du côté opposé*).

Élèves de 6 à 9 ans.

Tous les mouvements des doigts et des poignets, dont il est inutile de faire la description, sont à faire dès l'âge de 6 ans.

79. — Circumduction des bras étendus devant le corps.

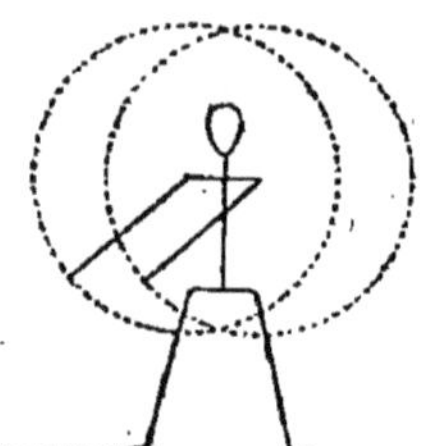

Les deux bras placés horizontalement à droite, les abaisser; les porter à gauche, puis en haut à droite; continuer à faire décrire à chaque bras un cercle, en les maintenant parallèles dans le plan latéral du corps.

Même mouvement du côté opposé.

Veiller au bras le plus faible, le gauche généralement, qui décrit un cercle de moindre étendue ; dans ce cas faire exécuter le mouvement avec ce seul bras. Si l'élève croise ses bras devant le corps, ou ne les laisse pas étendus, faire exécuter le mouvement un bras après l'autre.

80. — Circumduction des bras opposés d'avant en arrière.

Fente gauche en avant. Bras étendus : le gauche en avant, le droit en arrière. — En position !

Élever le bras gauche en haut pendant que le droit s'abaisse et continuer à décrire un cercle avec chaque bras, dans le plan antéro-postérieur.

Le bras en arrière a toujours tendance à se fléchir. Le bassin doit rester fixe.

Même mouvement, le bras en avant commençant son cercle par le bas, pour effectuer sa circumduction d'arrière en avant.

Élèves de 9 à 13 ans.

81. — Circumduction simultanée des bras, l'une d'avant en arrière, l'autre d'arrière en avant.

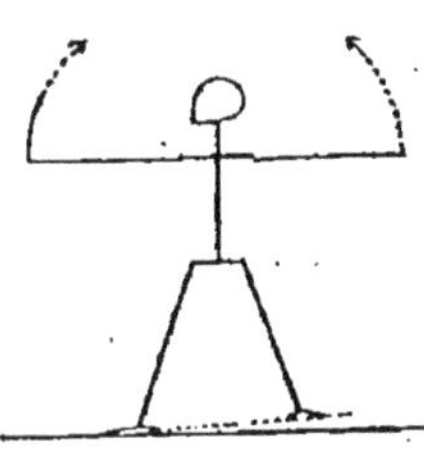

Bras étendus parallèles et opposés, le gauche en avant, le droit en arrière, paumes des mains tournées à droite, fente gauche en avant. — En position!

Élev les deux bras à la position verticale, les abaisser: le droit en avant, le gauche en arrière; continuer à décrire un cercle avec chaque bras, tournant en sens opposé.

Le bras en arrière a toujours tendance à se fléchir. Le bassin doit rester fixe.

82. — Cercle des mains en sens opposé.

Les deux mains à hauteur des yeux, coudes élevés. — En position!

Abaisser les mains l'une venant vers le corps, l'autre s'en éloignant; continuer à décrire un cercle avec chaque main tournant en sens opposé et se croisant en haut et en bas.

Ce mouvement se fait d'abord avec un seul bras, ensuite lentement avec les deux bras; il se fait avec une grande souplesse.

83. — Élévation du bras gauche à la position horizontale, puis verticale; écartement latéral; le bras droit exécutant le même mouvement avec un temps de retard.

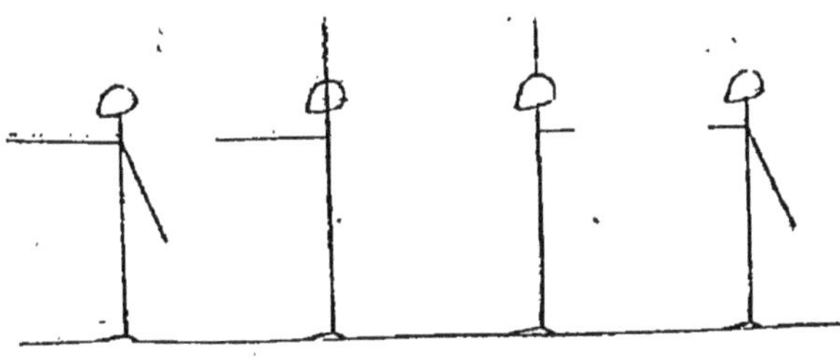

1. Élever le bras gauche étendu à la position horizontale.
2. Élever le bras gauche étendu à la position verticale et le droit à la position horizontale.

3. Abaisser le bras gauche à la position latérale et élever le droit à la position verticale.

4. Abaisser le bras gauche et abaisser le droit à la position latérale.

1. Élever le bras gauche à la position horizontale et abaisser le droit ;

Continuer ainsi l'exercice.

84. — Flexion et extension du bras gauche, le bras droit exécutant le même mouvement avec un temps de retard.

1. Fléchir le bras gauche, la main à l'épaule gauche.

2. Étendre verticalement le bras gauche et porter la main droite à l'épaule droite.

3. Fléchir le bras gauche, main à l'épaule et étendre verticalement le bras droit.

4. Abaisser le bras gauche et fléchir le bras droit, main à l'épaule.

1. Fléchir le bras gauche, la main à l'épaule et abaisser le bras droit ;

Continuer l'exercice.

On donne à l'enfant un point de repère, pour ce dernier exercice, en lui indiquant qu'il a toujours une main à l'épaule, jamais deux, ce qu'il a plutôt tendance à faire.

Les exercices ci-dessus ne sont cités qu'à titre d'exemple, il y en aurait beaucoup d'autres dans le même genre ; on pourrait aussi compliquer l'exercice en adoptant une cadence différente pour chaque bras.

2e GROUPE

EXERCICES AVEC BARRES

Cadence 90.

Élèves de 11 à 13 ans.

Ces exercices se font avec cannes en fer, barres à sphères variant de :

300 grammes à 1 kilog. pour les élèves de 11 à 13 ans;
1 kilog. à 2 kilog. pour les jeunes filles de 13 à 15 ans;
1 kilog. à 3 kilog. pour les garçons de 13 à 16 ans;
3 kilog. à 4 kilog. pour les garçons au-dessus de 16 ans.
La longueur de la barre varie de 1 m. 30 à 1 m. 50.

Nota. — Les exercices avec barres ont de bons effets, à condition d'être exécutés suivant certaines indications : ils apportent un peu de variété dans la leçon.

Néanmoins, en raison du poids des barres, les mouvements du tronc demandent un effort musculaire plus grand que les mêmes exercices à mains libres ; aussi les attitudes, corps penché, bras étendus dans le prolongement du tronc, devront être maintenues peu de temps.

Distances. — Pour l'exécution des exercices avec barres, il faut d'assez grandes distances ; on pourra, pour la formation, se servir de la quatrième manière : En arrière par 4... à vos postes ! ; de la cinquième manière : En avant prenez les distances... Marche ! ; ou de la septième manière : Sur le centre à (3, 4) pas prenez les distances... Marche !

Position de la barre. — La barre étant tenue par la main droite et posée à terre contre la pointe du pied droit, le professeur commande :

Barres devant le corps. — En position.

A ce commandement, compter 1 pour saisir la barre avec la main gauche au-dessus de la main droite, et 2 pour la faire glisser dans la main droite et la placer horizontalement contre les cuisses (la distance entre les deux mains doit correspondre à la longueur du bras).

Le mouvement : Barres devant le corps, se fait également lorsque la barre est à la position du port d'arme ; on compte 1 pour saisir la barre avec la main gauche à hauteur de l'épaule droite, la paume de la main tournée en avant, et 2 pour abaisser la barre.

85. — ÉLÉVATION VERTICALE DES BRAS, FLEXION ET EXTENSION.

1. Élever verticalement les bras étendus. (*La barre doit rester horizontale.*)

2. Fléchir les avant-bras et descendre la barre derrière le cou sans toucher le corps. (*Porter les bras en arrière le plus possible sans s'enseller.*)

3. Étendre les bras comme au temps 1.
4. Abaisser les bras.

Dans cet exercice les mains doivent s'ouvrir de façon à ne pas serrer la barre; pour étendre les bras à la position 3, ne pas faire le mouvement brusquement.

86. — ÉLÉVATION VERTICALE ET ALTERNATIVE DES BRAS.

1. Élever le bras gauche étendu à la position verticale, la main droite à hauteur de l'épaule gauche, le coude levé. (*La main élevée est seule ouverte.*)

2. Abaisser les bras.

3, 4. Même mouvement à droite.

Cet exercice se fait aussi en élevant le bras de côté à la position latérale, ou à la position oblique en haut.

87. — DESCENDRE LA BARRE DERRIÈRE L'ÉPAULE.

1. Élever les bras étendus jusqu'à la position verticale.

2. Descendre la barre à gauche derrière la tête et l'épaule gauche sans toucher le corps, la main gauche ouverte glissant le long de la barre, le bras gauche oblique vers le bas, la main droite au-dessus de l'épaule droite près de l'oreille.

Porter les bras en arrière le plus possible, la main abaissée seule ouverte.

3. Comme au temps 1.
4. Comme au temps 2, mais côté contraire.
5. Comme au temps 1.
6. Abaisser les bras.

88. — ÉLEVER LA BARRE OBLIQUEMENT EN HAUT.

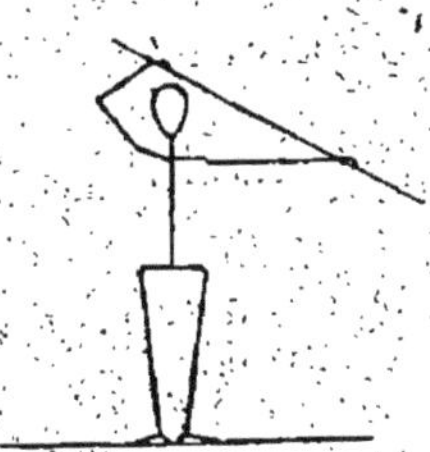

1. Élever le bras droit fléchi, coude en dehors, la main à 0 m. 20 au-dessus de la tête, et le bras gauche étendu de côté horizontalement, la main ouverte.

2. Abaisser les bras, à la position de départ.

3, 4. Même mouvement à droite.

89. — DESCENDRE LA BARRE DERRIÈRE LE CORPS.

Les bras écartés. — En position!

A ce mouvement, les élèves déplacent les mains d'environ 0 m.20 de chaque côté.

1. Élever la barre au-dessus de la tête les bras étendus ; la barre horizontale.

2. La descendre derrière le corps, sans l'y appuyer et sans fléchir les bras.

Dans cette position la barre est légèrement maintenue entre le pouce et l'index, les bras portés assez loin du dos ; le professeur doit pouvoir retirer la barre des mains et la replacer sans que l'élève change la position de ses bras.

3. Ramener la barre au-dessus de la tête, bras étendus.

4. Abaisser les bras en avant.

90. — PASSER LA BARRE AUTOUR DU CORPS.

Les bras écartés. — En position!

1. Porter la barre verticale à gauche, bras droit fléchi au-dessus de la tête, coude en arrière.

Porter les épaules le plus possible en arrière ; ne pas avancer la hanche droite.

2. Descendre la barre derrière le corps, sans l'y appuyer.

3. Porter la barre verticale à droite en élevant le bras gauche fléchi au-dessus de la tête.

4. Abaisser les bras en avant.

5 à 8. Exécuter le mouvement en sens inverse.

Tous ces mouvements peuvent se combiner avec les fentes, les stations sur un pied et les stations accroupies. Exemples :

La fente en avant oblique ou latérale avec les exercices 85, 86, 87, 88 et 89.

La station sur un pied avec les exercices 85 et 86.

La station accroupie avec les exercices 85 et 89.

3e GROUPE

EXERCICES AVEC HALTÈRES

Élèves de 11 à 13 ans.

Elèves de 11 à 13 ans, haltères de 300 grammes à 1 kilo.
Elèves de 13 à 16 ans, haltères de 1 à 2 kilos.
Elèves de 16 ans et au-dessus, haltères de 2 à 3 kilos.

Les haltères sont des poids additionnels dont on charge les membres supérieurs; ils ont pour effet d'augmenter la résistance dans le sens de la pesanteur; on doit en user avec ménagement et un dosage convenable.

Il ne faut pas pousser ces mouvements jusqu'à la fatigue; il faut de même éviter de maintenir certaines attitudes inclinées avec bras étendus dans le prolongement du tronc.

Ces mouvements se feront toujours sans saccades et lentement et seront exécutés par les filles avec modération.

91. — Flexion de l'avant-bras.

Mains en supination, un haltère à chaque main.

1. Fléchir l'avant-bras sur le bras, paume de la main vers le bras.

2. Revenir à la position initiale paume en avant.

Répéter plusieurs fois, puis faire le même exercice, mains en pronation.

92. — Extension verticale des bras.

Bras fléchis, mains à hauteur des épaules. — En position!

1. Extension verticale des bras.

2. Revenir à la position initiale.

93. — Élévation des bras étendus a la position verticale.

1. Élever en avant les bras étendus jusqu'à la position verticale.

2. Abaisser les bras.

Le même exercice se fait aussi en élevant les bras de côté; marquer un arrêt dans la position latérale au temps 2, puis, au temps 3, abaisser les bras.

94. — Flexion des membres inférieurs avec élévation des bras a la position verticale.

1. Élever le corps sur la pointe des pieds, talons joints, puis l'abaisser en écartant les genoux, en fléchissant les jambes et en élevant les bras en avant à la position verticale.

2. Se relever corps droit en abaissant les bras de côté.

95. — CIRCUMDUCTION DES BRAS SE CROISANT DEVANT LE CORPS.

Fente latérale, mains contre les cuisses. — En position !

Décrire avec chaque main un cercle complet en portant les bras en dehors et en les croisant en haut et en bas.

Le mouvement se fait lentement et se répète plusieurs fois.

On peut aussi le faire en croisant les bras en bas et en dedans au départ.

Le mouvement peut encore se faire alternativement.

4e GROUPE

EXERCICES DE LANCER

Élèves de 11 à 13 ans.

Les élèves se font face sur deux rangs à 5 mètres de distance; ils sont à 1 mètre d'écartement.

96. — LANCER LA BALLE ALTERNATIVEMENT DES DEUX MAINS.

Les élèves ayant une balle dans chaque main, ceux du 1er rang lancent la balle de la main droite, vers ceux du 2e rang qui la reçoivent de la main opposée et ainsi de suite.

97. — LANCER LA BALLE DE LA MAIN DROITE, L'ATTRAPER DANS LES DEUX MAINS ET LA LANCER ENSUITE DE LA MAIN GAUCHE.

98. — TOUCHER UN BUT.

Un rang d'élèves est disposé face à un mur, les bras en croix. Ces élèves servent de cibles vivantes ; l'autre rang lance au commandement une balle en visant à la tête avec la main droite, puis l'autre balle de la main gauche en visant le corps.

Les élèves changent de place et ceux qui ont servi de cibles attaquent à leur tour. Les balles sont assez légères pour qu'on ne puisse se faire aucun mal.

Le lancer du ballon se fait avec le pied, puis avec le poing.

Le lancer du boulet est un exercice réservé aux élèves au-dessus de 13 ans.

5e GROUPE

EXERCICES DE RÉSISTANCE OU D'OPPOSITION DEUX A DEUX

Élèves de 11 à 13 ans.

Le but de ces exercices est de faire contracter les muscles d'une façon continue en leur opposant une résistance qui consiste en une pression ou une traction exercée par un autre élève; la contraction musculaire doit être concentrique et excentrique ; c'est-à-dire que le muscle doit se contracter en se raccourcissant, puis en s'allongeant; au début du mouvement, le muscle doit être complètement étiré ou complètement raccourci et on le fera travailler pendant toute la phase de son raccourcissement ou de son allongement dans toute sa longueur.

Il y a lieu de proportionner la résistance à la force de l'élève; une trop grande résistance rendrait les mouvements impossibles ou dangereux; cette résistance peut être accentuée soit par la pression, soit en augmentant la longueur du levier sur lequel elle agit,

Aussi ces exercices sont-ils réservés aux élèves de plus de 11 ans.

Chaque élève remplira alternativement le rôle d'adversaire actif et d'adversaire opposant ou passif.

Les élèves se placent comme il est indiqué et exécutent l'exercice au commandement de *Commencez!* une fois l'exercice terminé, le professeur commande *Fixe!* puis *Changez!* pour placer le deuxième rang à la place du premier.

Ces exercices offrent l'avantage de localiser la contraction musculaire, de la graduer et de la diriger au gré du maître; ils se prêtent parfaitement à l'élongation des muscles et corrigent ainsi les mauvais effets des mouvements ou des efforts statiques dans lesquels les muscles sont constamment raccourcis.

Les exercices d'opposition ou de résistance peuvent se faire :

Les mains libres (tractions et poussées).
Avec cordes à poignées (tractions).
Avec barres à sphères (tractions et poussées).

A. — *Exercices de résistance les mains libres.*

Les élèves sont placés par taille sur deux rangs.

Pour faciliter les commandements, les élèves du 1er rang seront appelés nos 1 et ceux du 2e rang nos 2. Le 1er rang remplira le premier le rôle actif et le 2e rang celui d'adversaire passif ou mieux d'opposant, et réciproquement.

99. — Résistance a l'extension de la tête et du cou.

En position : Élève no 1. Fente gauche tendue en avant, mains aux hanches, tête abaissée.

Elève no 2, placé à gauche du no 1. Main gauche sur la poitrine du no 1 et main droite faisant pression sur la nuque.

Mouvement à faire par le no 1 : Redresser lentement la tête.

100. — Résistance a la flexion de l'avant-bras.

En position : Élève no 1. Face au no 2, fente gauche tendue en avant, main droite sur la hanche, bras gauche étendu horizontalement.

Élève no 2. Fente gauche tendue en avant, saisir la main gauche du no 1 et résister.

Mouvement à faire par le no 1 : Traction de façon à étendre le bras de l'opposant.

L'opposant a ensuite le rôle actif; l'exercice se répète de l'autre bras.

101. — Résistance a l'extension de l'avant-bras.

En position : Élève no 1. Fente latérale tendue, main droite sur la hanche, bras gauche fléchi, coude levé, main fermée.

Élève no 2, placé derrière le no 1. Fente gauche en avant, main droite prenant en dessous le biceps et main gauche posée sur la main gauche du no 1.

Mouvement à faire par le no 1 : Extension et flexion de l'avant-bras.

Mouvement à faire par le no 2 : Faire pression sur l'avant-bras du no 1.

102. — RÉSISTANCE A L'ÉLÉVATION DES BRAS.

En position : Élève n° 1. Fente latérale tendue, bras étendus le long du corps.

Élève n° 2. Fente tendue en avant, pied gauche entre les pieds du n° 1, mains posées sur les bras du n° 1.

Mouvement à faire par le n° 1 : Élévation latérale des bras jusqu'à la position verticale, puis abaissement des bras en résistant à la pression.

Mouvement à faire par le n° 2 : Résister à l'élévation des bras du n° 1 en appuyant, puis continuer à faire pression pour forcer les bras à s'abaisser.

On peut aussi faire le mouvement inverse : résistance à l'abaissement des bras ; les mains du n° 2 doivent être placées en dessous et résister au mouvement d'abaissement du n° 1.

103. — RÉSISTANCE A L'ÉCARTEMENT LATÉRAL DES BRAS.

En position : Élève n° 1. Fente gauche tendue en avant, bras étendus horizontalement en avant.

Élève n° 2. Fente gauche tendue en avant, mains appuyées sur l'avant-bras du n° 1.

Mouvement à faire par le n° 1 : Écartement latéral des bras en arrière, puis rapprochement des bras en avant en résistant à la pression.

Mouvement à faire par le n° 2 : Résister au mouvement du n° 1, puis continuer à faire pression sur les bras du n° 1 pour les amener à la position de départ.

Suivant la force de l'élève n° 1, les mains du n° 2 se placent sur les avant-bras, les poignets ou les mains du n° 1.

104. — RÉSISTANCE A L'ADDUCTION ET A L'ABDUCTION DES MEMBRES INFÉRIEURS.

En position : Élève n° 1. Assis sur le sol, jambes écartées de façon à permettre au n° 2 de placer ses jambes.

Élève n° 2. Assis sur le sol, face au n° 1, jambes étendues et réunies, pieds placés entre et au-dessus des chevilles du n° 1.

Mouvement à faire par le n° 1 : Maintenir serrées les jambes du n° 2 un certain temps, puis céder peu à peu.

Mouvement à faire par le n° 2. Chercher à écarter les jambes du n° 1, résistant à sa pression.

Les jambes des deux élèves doivent rester étendues.

Les six exercices décrits plus haut peuvent servir d'exemples, il est facile d'en combiner d'autres du même genre.

B. — *Exercices de résistance avec barres à sphères et cordes à poignées.*

Les exercices précédents peuvent presque tous se faire avec des barres à sphères ou des cordes à poignées ; par exemple :

105. — Résistance a la flexion de l'avant-bras au moyen d'une corde a poignées.

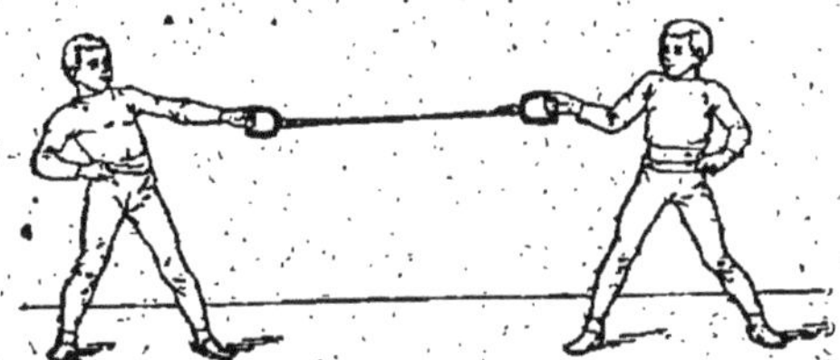

Les élèves sont placés assez loin pour que la corde soit tendue, l'élève n° 1 ayant le bras étendu et le n° 2 le bras fléchi.

Ce mouvement peut se faire des deux bras simultanément.

106. — Résistance a l'élévation des bras au moyen de deux cordes a poignées.

Les élèves se font face assez loin pour que la corde soit tendue, les bras du n° 1 étant étendus horizontalement, le n° 2 ayant les bras abaissés; le n° 1 élève ses bras jusqu'à la position verticale pendant que le n° 2 résiste, puis le n° 1 abaisse les bras en résistant à la traction du n° 2.

107. — RÉSISTANCE A L'ÉCARTEMENT LATÉRAL DES BRAS AU MOYEN DE DEUX BARRES A SPHÈRES.

Les élèves sont placés l'un derrière l'autre, bras étendus en avant, tenant les barres horizontalement par la boule; le n° 1 écarte latéralement les bras en arrière, puis les ramène en avant en résistant à la pression; le n° 2 résiste, puis, une fois les bras à la position latérale, continue à faire pression sur les bras du n° 1 pour le forcer à revenir à la position de départ.

C. — *Luttes deux à deux.*

Les luttes deux à deux s'exécutent au commandement.

Ce sont simplement des mouvements d'opposition dans lesquels un des élèves exerce sur son adversaire une résistance proportionnée à sa force comme on l'a vu précédemment.

Ce sont aussi de véritables luttes et alors chaque élève cherchera à l'emporter sur son adversaire et à lui faire lâcher pied.

Les luttes peuvent se faire avec les mains sans intermédiaire, mais il vaut mieux pour les oppositions se servir de barres de bois rigides ou de cordes terminées par des poignées. Il est indispensable que l'un des élèves oppose à son adversaire une résistance convenable, qui a pour but de susciter chez lui des efforts musculaires énergiques; mais il faut se garder de brusquer les mouvements ou de les rendre impossibles par une résistance trop considérable. La continuité et l'amplitude dans le mouvement sont indispensables à obtenir.

Les barres à sphères permettent de transmettre une traction et une poussée; les cordes ne peuvent servir qu'aux tractions et seront constamment tendues.

En général, les adversaires se font face ou se tournent le dos en position fendue.

Les élèves commencent les mouvements au commandement de *Luttez!*

108. — LUTTE DES POIGNETS.

Les élèves face à face se tiennent le poignet gauche de la main droite et de la main libre saisissent le poignet droit de leur adversaire.

Ils cherchent ensuite à se déplacer mutuellement par des efforts dans tous les sens.

109. — Lutte des mains.

Les élèves placés face à face et fendus de la jambe droite se donnent la main droite et font des efforts en tous sens pour se déplacer mutuellement.

La même lutte se fera ensuite de la main gauche en fente gauche.

110. — Lutte des avant-bras.

Les élèves face à face, fente en avant, engagent les phalanges ou les poignets des deux mains et font des efforts pour s'attirer l'un vers l'autre.

111. — Lutte des épaules.

Les élèves face à face se prennent par les épaules et se poussent mutuellement.

112. — Lutte avec batons.

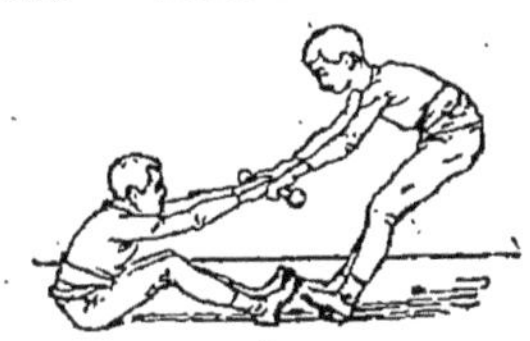

Les semelles appuyées contre celles de son adversaire, chercher à le soulever du sol en tirant sur le bâton tenu à la main les bras étendus.

D. — *Luttes avec cordes à poignées.*

113. — Lutte de coté.

La corde doit être toujours tendue.

114. — Lutte accroupie.

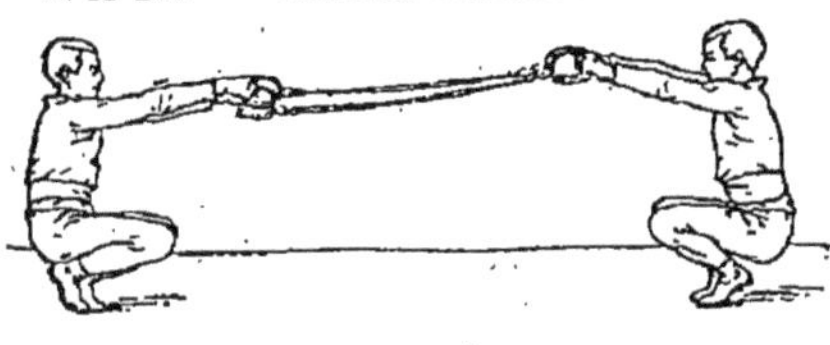

La traction doit être très douce.

115. — LUTTE A LA CORDE DE TRACTION.

Les élèves sont divisés en deux groupes d'égale force; ils sont placés les uns derrière les autres dans chaque groupe et tirent sur la corde en sens opposé.

On pourra lutter dans une direction oblique, en faisant passer la corde sur une poulie placée à certaine hauteur du sol.

En remplaçant la corde par une perche on pourra exécuter une lutte de répulsion.

Les luttes avec barres dans lesquelles les élèves se font face et poussent l'un vers l'autre, ne sont pas mentionnées ici; elles sont du reste à éviter pour les jeunes gens ne se tenant pas correctement.

* 6° GROUPE.

BOXE[1]

Élèves de 11 à 13 ans.

A. — *Exercices préparatoires.*

116. — POSITION DE LA GARDE.

Commander : Mise en garde. — En garde!

Faire un demi à droite sur le talon gauche, la tête restant droite. Porter le pied droit à environ 0 m. 50 en arrière, le talon droit derrière le talon gauche, les pieds en équerre, les jambes légèrement fléchies, le corps d'aplomb et un peu effacé.

Fermer en même temps les poings et les élever à la position de la garde, le poing gauche à hauteur du menton, le poing droit à hauteur du coude et détaché du corps.

1. Il ne s'agit pas ici de boxe proprement dite, mais d'exercices gymnastiques tirés de la boxe.

La garde est prise à gauche d'après les mêmes principes.

Pour revenir à la station droite : pivoter sur le talon gauche en rassemblant en avant.

Commander : Attention. — Fixe!

Exécuter le changement de garde soit en avant, soit en arrière. Suivant le cas, l'homme porte le pied qui est en arrière en avant de l'autre, ou le pied qui est en avant derrière l'autre, en changeant en même temps la garde des bras.

Commander : Changement de garde, en avant (ou en arrière). — En garde!

117. — PRÉPARATION AUX COUPS DE POING.

En position!

A ce commandement retirer le poing droit, l'épaule et le coude en arrière, le poing à hauteur du mamelon droit; étendre le bras gauche en avant à hauteur de figure, en étendant la jambe droite, la jambe gauche fléchie, le corps penché en avant.

Attention. — Commencez!

1. Lancer vigoureusement le poing droit à hauteur de figure en avançant l'épaule droite en effaçant la gauche, en retirant le coude gauche en arrière, talon de derrière levé.

2. Exécuter le même exercice du bras gauche.

On peut ainsi donner 6, 10 ou 20 coups de poing de suite.

118. — PRÉPARATION AUX COUPS DE PIED BAS.

Mains sur les hanches. — En position!

1. Porter vivement la jambe droite le plus loin possible en avant, la jambe étendue, la pointe du pied dirigée en avant et à droite, la jambe gauche fléchie, le corps incliné en arrière.

2. Revenir à la station droite.

3 et 4. Mêmes mouvements de la jambe gauche.

119. — Préparation aux coups de pied de flanc (Voir l'exercice n° 69).

B. — *Coups de poing, coups de pied et leurs parades.*

Tous les exercices qui suivent sont décrits pour la garde à droite ; ils s'exécutent de la même manière dans la garde à gauche.

Les parades seront enseignées lorsque les coups sont correctement exécutés. Deux élèves sont alors opposés l'un à l'autre ; l'un porte le coup *sans violence*, l'autre le pare. S'il est nécessaire, l'élève fait en même temps que la parade une retraite en arrière en sursautant sur le pied qui est en avant.

Pour apprendre aux élèves à bien diriger les coups et à frapper sans retenir, il est utile de les placer par deux, l'un frappant sur les mains de l'autre qui résiste au choc.

Les deux rangs se faisant face : 1er rang, en garde ; 2e rang, fente fléchie en avant.

Au commandement de Commencez !

1er rang : frapper alternativement du bras arrière et du bras avant sur les mains des élèves du 2e rang.

2e rang : avant-bras fléchis, coudes au corps, paume de la main vers l'adversaire doigts en haut, l'autre main tenant le poignet, résister au choc sans bouger.

120. — Coup de poing du bras arrière.

En garde.

1. Retirer le poing droit, l'épaule et le coude en arrière, le coude baissé, le poing à hauteur du mamelon droit.

2. Lancer vigoureusement le poing à hauteur de figure (ou de poitrine) en étendant la jambe droite, le talon levé, la jambe gauche fléchie. Retirer en même temps le poing gauche comme il vient d'être indiqué pour le droit.

3. Reprendre la garde.

Commander : Commencez!.. puis Cessez!

121. — Coup de poing du bras avant.

En garde.

1. Retirer le poing gauche comme il a été dit pour le poing droit à l'exercice précédent.

2. Porter le coup à la hauteur de figure (ou de poitrine) en retirant le poing droit comme il vient d'être indiqué pour le poing gauche.

3. Reprendre la garde.

122. — Parades du coup de poing.

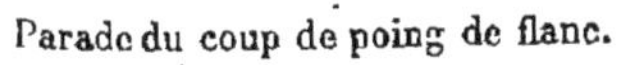

Parade du coup de poing de flanc.

Parade du coup de poing de figure.

En garde.

Parer par une simple opposition de l'un ou l'autre bras faite vers la droite ou vers la gauche en élevant ou en abaissant le bras, le haut du corps en arrière, la jambe droite fléchie, la jambe gauche tendue.

Observation. — Amener progressivement les élèves à donner les coups de poing en un seul temps.

Pour les coups et parades, les élèves étant sur 4 rangs, les 1er et 3e font demi-tour et se rapprochent à 0 m. 20 des 2e et 4e rangs pour les coups de poing et à 0 m. 40 pour les coups de pied.

123. — Coup de poing du bras avant (ou arrière) en se fendant.

En garde.

Porter la jambe gauche à environ 0 m. 35 en avant en donnant le coup et reprendre la garde,

124. — Coup de poing du bras avant (ou arrière) en marchant.

En garde.

Amener vivement le talon droit près du gauche ; ramener en même temps le poing à la position d'attaque, se fendre vigoureusement de la jambe gauche et donner le coup en utilisant la vitesse acquise ; reprendre la garde à l'endroit primitif en substituant le pied gauche au pied droit.

Faire exécuter les coups de poing en se fendant et en marchant lorsque les élèves donnent très correctement les coups de poing de pied ferme.

125. — Coup de pied bas.

En garde.

1. Porter vivement la jambe droite le plus loin possible en avant, la jambe étendue, la pointe du pied dirigée en avant et à droite, la jambe gauche fléchie, le corps incliné en arrière, les bras en arrière abaissés de chaque côté du corps.

2. Reprendre la garde.

126. — Parade du coup de pied bas.

En garde (voir figure ci-dessus).

Fléchir la jambe gauche en élevant légèrement le genou, le corps en équilibre sur la jambe droite.

127. — COUP DE PIED DE POINTE.

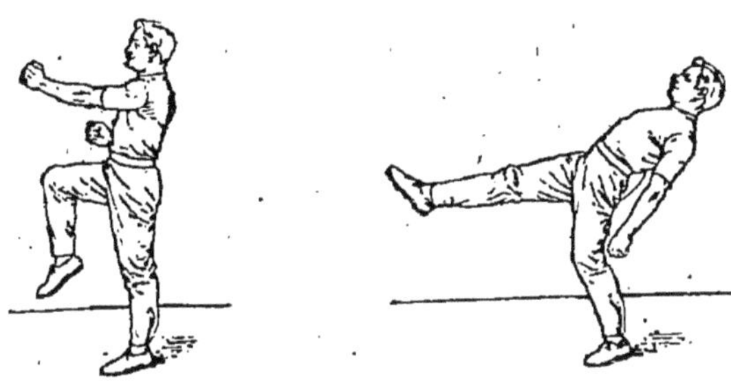

En garde.

1. Élever la jambe droite fléchie.

2. Porter le coup le plus haut possible en étendant vivement la jambe, les bras tendus de chaque côté du corps, la jambe d'appui légèrement fléchie, le corps incliné en arrière, les yeux suivant le mouvement du pied.

3. Revenir à la position du temps 1.

4. Reprendre la garde.

Pour parer ce coup, faire une retraite rapide du corps en baissant les bras.

128. — COUP DE PIED CHASSÉ DE LA JAMBE AVANT.

En garde.

1. Élever le genou gauche et le ramener vers le corps la jambe et le pied fléchis; changer en même temps la garde des bras, le bras droit en arrière.

2. Porter le coup par une extension vive de la cuisse et

de la jambe en fléchissant légèrement la jambe d'appui.

3. Revenir à la position du temps 1.

4. Reprendre la garde.

Donner le coup de pied chassé de la jambe avant (ou arrière) à différentes hauteurs : poitrine, abdomen, cuisse, jambe.

129. — Parade du coup de pied chassé.

En garde.

Parer avec la main droite qui repousse le pied de l'adversaire.

Si le coup est donné à hauteur de jambe, parer comme pour le coup de pied bas.

Observation. — Amener progressivement les élèves à donner les coups de pied en un seul temps.

130. — Coup de pied bas (de pointe — de flanc — chassé de la jambe arrière) en avançant.

En garde.

Porter le pied gauche à environ 0 m. 35 en avant, dans la même direction; donner le coup de pied et reprendre la garde à l'endroit primitif.

131. — Coup de pied de la jambe avant en marchant.

En garde.

Porter le pied droit à hauteur et à gauche du pied gauche.

Donner aussitôt le coup de pied et reprendre la garde à l'endroit primitif en sursautant sur le pied droit.

Faire exécuter les coups de pied en avançant et en marchant lorsque les élèves donnent très correctement les coups de pied sur place.

132. — Coup de pied de flanc.

En garde.

1. Faire face à gauche en pivotant sur le talon gauche et la pointe du pied droit, les jambes tendues, les bras suivant le mouvement du corps, la tête restant droite, de façon à ne pas quitter des yeux son adversaire.

2. Elever la jambe droite fléchie en avant, la cuisse dans la direction de l'adversaire, le pied étendu sur la jambe.

3. Porter le coup par une extension rapide de la jambe, la pointe du pied dirigée vers le flanc, la poitrine ou la figure de l'adversaire, les yeux suivant le mouvement de la jambe, la jambe gauche tendue, les bras restant à leur position, le corps légèrement incliné à gauche.

4. Revenir à la position du temps 2.

5. Reprendre la garde en pivotant à droite sur la pointe du pied gauche.

133. — PARADE DU COUP DE PIED DE FLANC.

En garde.

Parer avec la main gauche qui repousse la jambe de l'adversaire ; on peut parer également par changement de garde ou en sursautant en arrière.

134. — COUP DE PIED CHASSÉ DE LA JAMBE ARRIÈRE.

En garde.

Même mouvement que pour le coup de pied de flanc, mais aux temps 2 et 4 le genou est ramené vers le corps et le pied est fléchi sur la jambe. Au temps 3 le coup est porté avec le talon par une extension de la cuisse et de la jambe, en fléchissant légèrement la jambe d'appui.

Dans le coup chassé à la poitrine les deux jambes sont étendues.

EXERCICES

DE LA TROISIÈME SÉRIE

Suspensions par les mains. Appuis et balancements avec ou sans progression.

1er GROUPE : **Exercices sur la poutre.**

2e GROUPE : **Suspensions et appuis.**

- *A*. Échelles jumelles.
- *B*. Barres horizontales.
- *C*. Exercices avec appui.

3e GROUPE : **Exercices de grimper.**

- *A*. Échelle inclinée.
- *B*. Échelle de corde.
- *C*. Perches et cordes lisses par paires.
- *D*. Mât vertical.

4e GROUPE : **Cadre mobile (facultatif).**

1er GROUPE

EXERCICES SUR LA POUTRE

Élèves de 9 à 11 ans.

135. — SE METTRE À CHEVAL SUR LA POUTRE.

La poutre étant placée à environ 0 m. 60 du sol, l'élève la saisit avec les mains, porte le poids de son corps en appuyant le ventre sur la poutre, puis lève une jambe pour se mettre à cheval.

Progression. — Lorsque l'élève se mettra à cheval facilement, on élèvera la poutre de 0 m. 10 à 0 m. 20

136. — S'ASSEOIR SUR LA POUTRE.

Se placer à l'appui tendu sur les mains face à la poutre, puis tourner le corps à droite ou à gauche et s'asseoir entre les bras.

Progression. — Une fois bien familiarisé avec cet exercice l'élève s'assoira : 1° en dehors du bras gauche ou droit ; 2° en partant de terre, en sautant.

137. — SE TENIR DEBOUT SUR LA POUTRE.

L'élève se place debout sur la poutre, la jambe gauche en avant, les pieds distants l'un de l'autre de la longueur d'un demi-pied, les genoux légèrement fléchis, les pointes des pieds dirigées vers l'avant : le poids du corps reposant sur la jambe placée en arrière ; les bras demi-tendus latéralement servent de balanciers, le corps droit sans raideur.

On reprend son équilibre en fléchissant légèrement les genoux et par les mouvements des hanches, de la tête et des bras ; au besoin même en élevant une jambe. Si l'équilibre se perd malgré ces mouvements, sauter à terre.

On se place en équilibre sur la poutre par les moyens suivants : 1° la poutre ne dépassant pas la hauteur du genou, monter sur l'appareil en plaçant les pieds alternativement sans l'aide des mains ; 2° par un saut direct.

138. — PROGRESSER A CHEVAL EN AVANT.

L'élève se met à cheval sur la poutre, place les mains en avant près des cuisses, les pouces en dessus, les doigts en dehors; il soulève le corps en s'appuyant sur les mains, les jambes pendant naturellement et se porte en avant pour s'asseoir les cuisses touchant les poignets.

Il continue de la même façon.
Cet exercice doit être rythmé.

139. — PROGRESSER A CHEVAL EN ARRIÈRE.

L'élève se met à cheval sur la poutre, place les mains près des cuisses, les pouces en dessus, les doigts en dehors, balance les jambes en avant puis en arrière, et, se soulevant sur les poignets, porte par une forte impulsion des bras le corps en arrière ; il rapproche immédiatement les mains des cuisses et continue cet exercice, qui doit être rythmé comme le précédent.

140. — S'ASSEOIR SUR LA POUTRE ET PROGRESSER LATÉRALEMENT.

Pour progresser vers la gauche, l'élève s'assied sur la poutre, place la main droite près de la cuisse droite, les doigts en avant, et la main gauche à environ 16 centimètres à gauche : il soulève le corps sur les bras et le rapproche de la main gauche, s'assied, replace la main droite près de la cuisse droite et ainsi de suite.

Pour progresser vers la droite, il fait les actes inverses.

Cet exercice doit être rythmé.

Dans les exercices avec progression sur la poutre, les élèves doivent être séparés par une distance d'un mètre environ.

141. — ÉTANT DEBOUT, MARCHER EN AVANT.

L'élève marche avec souplesse en portant successivement le pied placé en arrière à la longueur d'un petit pas vers l'avant, les jarrets souples, le corps droit sans raideur.

Le professeur habitue les élèves à marcher lentement d'abord, puis accélère progressivement le pas. Cette marche doit être rythmée. Ne pas précipiter la marche ; pour reprendre l'équilibre il est préférable de ralentir, ou même de s'arrêter.

142. — ÉTANT DEBOUT, MARCHER DE COTÉ.

L'élève se place debout et transversalement sur la poutre, les talons réunis, la pointe des pieds un peu ouverte, les bras souples.

En marchant, l'élève porte le pied droit vers la droite, ramène le pied gauche à côté du droit, repart du pied droit et continue ainsi.

Il marche vers la gauche d'après les mêmes principes.

143. — ÉTANT DEBOUT : MARCHER A RECULONS.

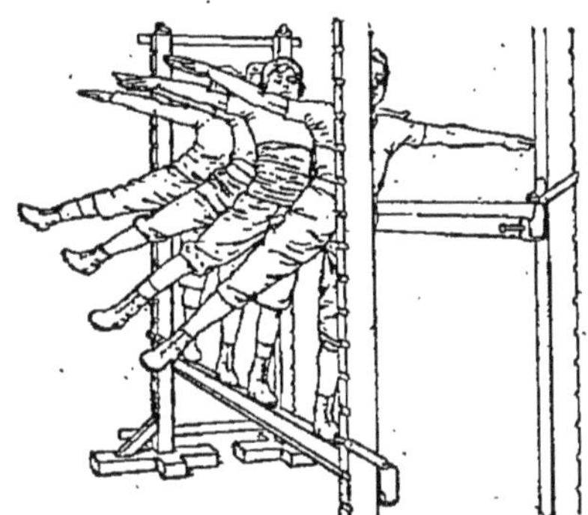

La marche à reculons s'exécute par les moyens inverses décrits au 141e exercice :

Les exercices debout seront exécutés d'abord aux barres mobiles; une barre près du sol servant de poutre, l'autre placée à hauteur de ceinture servant de point d'appui pour y poser une main, en cas de perte de l'équilibre.

Ils peuvent être exécutés simultanément par plusieurs élèves à la fois.

Élèves de 11 à 13 ans.

Pour les élèves de 11 à 13 ans la barre servant d'appui sera retirée.

144. — ÉTANT DEBOUT, MARCHER ET SAUTER EN AVANT.

Marcher comme il est indiqué au 141e exercice. Sauter en avant à droite et ensuite à gauche de la poutre en se conformant aux indications du saut en profondeur.

145. — ÉTANT DEBOUT, MARCHER, FAIRE FACE EN ARRIÈRE.

Marcher comme il est indiqué, s'arrêter, faire face en arrière en tournant lentement à droite et ensuite à gauche et en pivotant sur la plante des pieds, les talons légèrement soulevés.

146. — MARCHER DEBOUT, S'ARRÊTER, SE PLACER A CHEVAL ET SE REMETTRE DEBOUT.

L'élève marche sur la poutre comme il est indiqué au 141e exercice; il s'arrête, place le pied qui est en arrière contre le talon de celui qui est en avant, fléchit les membres inférieurs, place les mains sur la poutre, près des pieds, les doigts en dehors, porte tout le poids du corps sur les poignets, en avançant un peu la tête, laisse glisser lentement et simultanément les pieds de chaque côté de la poutre et se place à cheval.

Pour se remettre debout, l'élève place les mains sur la poutre, près des cuisses, balance une ou deux fois les jambes en arrière, reporte les pieds sur la poutre, dans la position indiquée, et se remet debout.

2e GROUPE

SUSPENSIONS ET APPUIS

A. — *Échelles jumelles.*

Élèves de 9 à 11 ans.

Exercices les pieds sur le sol.

147. — Flexion et extension alternative des jambes.

Placer les mains sur les échelons à hauteur de la tête, bras demi-fléchis.

1. Fléchir la cuisse, la pointe du pied dirigée vers le sol.

2. Étendre la jambe obliquement en avant, la cuisse dans la direction de la jambe.

3. Reprendre la position du 1er temps.

4. Poser le pied à terre à côté de l'autre.

Pendant l'exécution de cet exercice, le corps doit rester d'aplomb, les hanches ne se déplaçant latéralement que le moins possible, la tête droite et dégagée des épaules.

148. — Élévation de la jambe étendue.

1. Élever lentement la jambe étendue obliquement en avant, la pointe du pied dirigée vers l'avant.

2. Poser le pied à terre à côté de l'autre, la jambe restant toujours étendue.

L'attitude du corps sera comme celle de l'exercice précédent.

149. — Circumduction de la cuisse la jambe étendue.

1. Élever lentement et obliquement la jambe étendue en avant, la pointe du pied dirigée vers l'avant.

2. Porter la jambe de côté.

3. Continuer le mouvement en arrière.

4. Reprendre la position initiale.

Remarque. — Pendant l'exécution de cet exercice, la jambe d'appui doit rester étendue et le corps, comme au 147e exercice, doit rester d'aplomb.

150. — Flexion des membres inférieurs.

Les mains sur les échelons à hauteur de la tête.

1. Fléchir lentement les jambes, genoux écartés en s'aidant des bras.

2. Se relever lentement en fléchissant les bras, le corps restant droit.

151. — SAUTILLEMENTS LATÉRAUX.

Les mains sur les échelons à hauteur des épaules, les bras demi-tendus. Sautiller en écartant et en réunissant successivement les jambes ; retomber sur la plante des pieds, aussi bien lorsque les jambes sont écartées que lorsqu'elles sont réunies.

Dans cet exercice l'élève doit s'aider des bras par des tractions successives coïncidant avec les sautillements.

152. — SAUTILLEMENTS D'AVANT EN ARRIÈRE.

Sautiller avec fente simultanée des jambes, en avant et en arrière, en retombant sur la plante des pieds.

Même remarque qu'à l'exercice précédent.

Élèves de 11 à 13 ans.

153. — DANSE ACCROUPIE EN ÉTENDANT ALTERNATIVEMENT LES JAMBES EN AVANT.

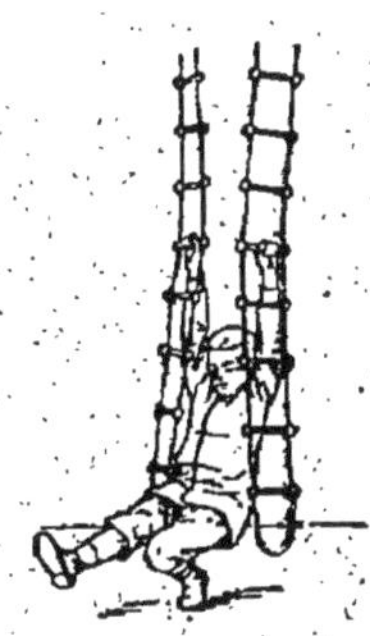

Placer les mains sur les échelons à hauteur des épaules.

1. Fléchir les jambes en étendant les bras.

2. Étendre une jambe en avant. Exécuter une danse sur place en portant alternativement en avant une jambe étendue et en fléchissant la jambe opposée. Fléchir et étendre successivement les bras pour s'aider.

154. — LES MAINS AUX ÉCHELONS A HAUTEUR DES ÉPAULES, LAISSER TOMBER LENTEMENT LE CORPS EN ARRIÈRE.

1. Se laisser tomber lentement en arrière en allongeant les bras, le corps bien étendu.

2. Revenir à la position initiale en fléchissant les bras.

Progression. — Exécuter cet exercice en plaçant les mains sur un échelon de plus en plus bas, sans dépasser la hauteur de ceinture.

155. — LES MAINS AUX ÉCHELONS A HAUTEUR DES ÉPAULES, FLÉCHIR LES BRAS.

Étant dans la position de l'exercice 154, exécuter une traction des bras en amenant les épaules près des mains, le corps restant droit et pivotant sur les talons. Étendre lentement les bras pour reprendre la position initiale.

Même progression qu'à l'exercice précédent.

156. — LES MAINS AUX ÉCHELONS A HAUTEUR DE LA TÊTE, SE LAISSER TOMBER LENTEMENT EN AVANT.

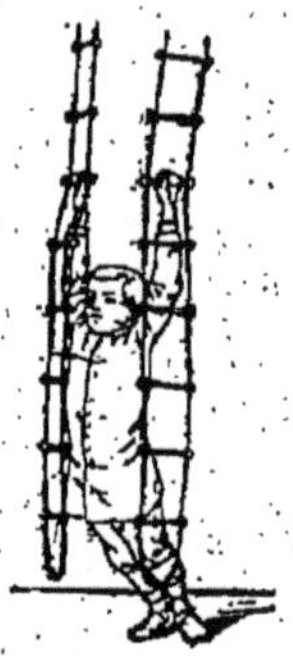

1. Se laisser tomber lentement en avant en étendant les bras et en maintenant le corps dans l'extension.

2. Revenir à la position initiale en fléchissant les bras.

Combiner les exercices 154 et 156 en se laissant tomber le corps étendu, en avant et en arrière.

157. — LES MAINS AUX ÉCHELONS A HAUTEUR DE LA TÊTE, SE LAISSER TOMBER LENTEMENT DE COTÉ.

1. Se laisser tomber lentement et latéralement, le corps étendu en étendant les bras.

2. Revenir à la station verticale par une traction des bras.

Combiner les exercices 154, 156 *et* 157.

Exercices les pieds ne touchant plus le sol.

158. — SUSPENSION ALLONGÉE, FLEXION ET EXTENSION ALTERNATIVES DES JAMBES.

1. Fléchir lentement une cuisse, le genou aussi élevé que possible, la jambe verticale, la pointe du pied dirigée vers le sol.

2. Étendre lentement la jambe en avant à la position horizontale, la pointe du pied dirigée vers l'avant.

3. Reprendre la position du 1er temps.

4. Étendre la jambe en la plaçant à côté de l'autre.

159. — SUSPENSION ALLONGÉE, ÉLÉVATION HORIZONTALE DE LA JAMBE ÉTENDUE.

1. Élever lentement une jambe étendue, jusqu'à l'horizontale, la pointe du pied dirigée vers l'avant, l'autre jambe restant verticale et immobile.

2. Reprendre lentement la position initiale.

160. — SUSPENSION ALLONGÉE, FLEXION ET EXTENSION SIMULTANÉE DES JAMBES

1. Fléchir lentement les cuisses, les genoux joints aussi élevés que possible, les jambes verticales, la pointe des pieds dirigée vers le sol.

2. Étendre les jambes en avant, la pointe des pieds dirigée vers l'avant.

3. Reprendre la position du temps 1.

4. Revenir à la position initiale.

161. — SUSPENSION ALLONGÉE, ÉLÉVATION HORIZONTALE ET SIMULTANÉE DES JAMBES ÉTENDUES.

Même mouvement qu'au 159e exercice, les deux jambes à la fois, les bras restant étendus.

162. — SUSPENSION ALLONGÉE, BALANCER LES JAMBES D'AVANT EN ARRIÈRE.

Faire osciller les jambes d'avant en arrière, sans fléchir les bras, les jambes restant tendues et jointes.

Le mouvement commencera par une petite oscillation, puis augmentera graduellement à chaque balancement, jusqu'à ce que les pieds viennent près des mains. Terminer l'exercice en diminuant graduellement l'étendue du balancement, jusqu'à son arrêt avant de quitter l'appareil.

Avant de commencer l'exercice il faut avoir soin de relever le bout inférieur des échelles et de le passer dans les cordes au-dessus de l'échelon tenu par l'élève.

163. — LES PIEDS SUR DES ÉCHELONS INFÉRIEURS, MAINS A

HAUTEUR DES ÉPAULES; ÉCARTER LENTEMENT LES JAMBES EN RÉSISTANT AVEC LES BRAS.

Ecarter lentement les jambes, les mains restant près des épaules ; revenir à la position initiale, en faisant effort des jambes et en tirant sur les bras.

B. — *Barres horizontales.*

Élèves de 9 à 11 ans.

Positions initiales.

164. — SUSPENSION INCLINÉE FACE A LA BARRE, BRAS ÉTENDUS.

Étant face à la barre et à un demi-pas de distance :

1. Placer les mains écartées de la largeur des épaules sur la barre.

2. Étendre le corps et les jambes sous l'engin, dans une position oblique, les bras étendus verticalement, les talons réunis sur le sol, le regard dirigé obliquement vers le haut.

Revenir à la station droite en s'aidant des bras.

Progression. — La barre placée à hauteur des épaules est descendue progressivement à la hauteur des hanches.

165. — SUSPENSION ALLONGÉE, PIEDS AU SOL.

1. Se placer devant la barre comme il est indiqué dans l'exercice précédent.

2. Etendre le corps et les jambes en arrière dans une position oblique, les bras étendus verticalement, les pieds joints, la pointe reposant sur le sol, la tête droite.

Revenir à la station droite en s'aidant des bras.

Progression. — La barre placée à hauteur du sommet de la tête, est descendue progressivement à la hauteur des épaules.

166. — SUSPENSION ALLONGÉE A UNE BARRE SANS TOUCHER LE SOL, PAUMES DES MAINS TOURNÉES VERS L'AVANT; OU A DEUX BARRES, PAUMES TOURNÉES EN DEDANS.

Se suspendre par les mains, les membres supérieurs bien étendus, les membres inférieurs réunis, sans effort, la tête en extension.

Dans la suspension à une barre, les mains doivent être placées à un écartement légèrement supérieur à celui des épaules.

167. — SUSPENSION ALLONGÉE A UNE BARRE, PAUMES DES MAINS TOURNÉES VERS L'ARRIÈRE.

Même exercice qu'au numéro précédent, mais en saisissant la barre, paumes des mains tournées vers l'arrière.

168. — SUSPENSION TRANSVERSALE, LE CORPS DANS LA DIRECTION DE LA BARRE.

Prendre la suspension allongée en plaçant une main de chaque côté de l'engin; la position du corps comme il est indiqué au 166e exercice.

169. — APPUI TENDU SUR UNE OU SUR DEUX BARRES.

Dans l'appui tendu à une barre le corps repose sur les mains et les cuisses, les membres supérieurs étendus, la colonne vertébrale et les membres inférieurs en extension, la tête droite.

Dans l'appui tendu à deux barres le corps repose sur les mains, les membres supérieurs étendus, la tête droite, les épaules effacées, la colonne vertébrale et les membres inférieurs en extension.

Barres à hauteur des épaules.

170. — SUSPENSION INCLINÉE FACE A LA BARRE : FLEXION ET EXTENSION ALTERNATIVE DES JAMBES.

Prendre la position indiquée au n° 164.

1. Fléchir la cuisse sur le tronc, jambe fléchie, pied étendu.
2. Extension de la jambe obliquement en avant.
3. Revenir à la position du temps 1.
4. Poser le talon à terre à côté de l'autre.

Ne pas déranger l'attitude générale du corps pendant l'exécution de l'exercice.

171. — SUSPENSION INCLINÉE : ÉLÉVATION DE LA JAMBE ÉTENDUE.

1. Élever une jambe étendue aussi haut que possible.
2. Poser lentement le talon à terre.

172. — SUSPENSION INCLINÉE : FLEXION DES BRAS.

1. Fléchir lentement les bras, les coudes écartés dans le plan du corps, sans fléchir les cuisses.
2. Étendre lentement les bras pour reprendre la position initiale.

Cet exercice peut être exécuté simultanément par un groupe d'élèves au même engin.

Barres à hauteur de suspension

173. — SAUTER A LA SUSPENSION ALLONGÉE, PUIS A TERRE.

Sauter à la barre et prendre la position indiquée au 166e exercice. Tomber à terre comme il est recommandé pour le saut en profondeur.

174. — SAUTER A LA SUSPENSION ALLONGÉE, PAUMES DES MAINS TOURNÉES VERS L'ARRIÈRE.

Sauter à la barre et prendre la position indiquée au 167e exercice.

175. — SUSPENSION ALLONGÉE : CHANGER ALTERNATIVEMENT LA PRISE DES MAINS.

Faire osciller légèrement le corps dans le sens latéral et changer la prise de la main gauche lorsque le corps oscille à gauche ; lorsque l'oscillation a lieu à droite, changer la prise de la main dr ite. Le corps restant étendu, les jambes jointes.

176. — SUSPENSION ALLONGÉE : ÉCARTER LES MAINS ALTERNATIVEMENT.

Comme il est décrit à l'exercice précédent ; les mains s'écartent et se rapprochent en profitant de l'oscillation du corps.

177. — SUSPENSION ALLONGÉE : FLEXION ET EXTENSION ALTERNATIVE DES JAMBES.

1. Élever le genou gauche, la jambe fléchie, la pointe du pied dirigée sur le sol, la cuisse horizontale.

2. Étendre la jambe en avant, la pointe du pied dirigée vers l'avant.

3. Revenir à la position du 1er temps.

4. Reprendre la position initiale.

178. — SUSPENSION ALLONGÉE : FLEXION SIMULTANÉE DES JAMBES.

1. Élever lentement les genoux joints aussi haut que possible, les jambes verticales, pointe des pieds dirigées vers le sol.

2. Reprendre lentement la position initiale.

179. — SUSPENSION ALLONGÉE : ÉLÉVATION EN AVANT DE LA JAMBE ÉTENDUE.

1. Élever la jambe étendue en avant aussi haut que possible, la pointe du pied dirigée vers l'avant.

2. Reprendre lentement la position initiale.

180. — SUSPENSION ALLONGÉE : ÉLÉVATION LATÉRALE DE LA JAMBE ÉTENDUE.

1. Élever lentement la jambe étendue de côté, la pointe du pied dirigée sur le côté, sans déplacer la position du corps.

2. Reprendre la position initiale.

181. — SUSPENSION ALLONGÉE : ÉLÉVATION EN AVANT ET ÉCARTEMENT LATÉRAL DE LA JAMBE ÉTENDUE.

1. Élever la jambe comme il est indiqué au 179e exercice.

2. La porter tendue de côté.

3. Reprendre la position initiale.

Les exercices 177 à 181 peuvent s'exécuter dans la 5e série. (Mouvements du tronc.)

Barre à hauteur des hanches.

182. — SUSPENSION PAR LES MAINS ET LES TALONS A UNE BARRE : PROGRESSER EN ARRIÈRE ET EN AVANT.

Déplacer successivement les mains et les pieds, en avant ou en arrière, les membres opposés se déplaçant en même temps.

Échelle horizontale.

Tous les exercices de suspension et de rétablissement aux barres doubles mobiles peuvent être exécutés à l'échelle horizontale. Il y a cependant quelques exercices spéciaux à l'échelle horizontale, exemple :

Échelle à hauteur des hanches.

183. — SUSPENSION AUX ÉCHELONS PAR LES MAINS ET LES TALONS : PROGRESSER EN AVANT OU EN ARRIÈRE.

Déplacer alternativement les mains et les talons sur l'échelon suivant, les bras restant étendus, les jambes fléchies.

Progression. — Après avoir exécuté cet exercice en plaçant les mains alternativement sur le même échelon, on le fera exécuter, les mains se plaçant alternativement sur un échelon différent.

Élèves de 11 à 13 ans.

Échelle à hauteur de suspension.

184. — SUSPENSION ALLONGÉE, LES MAINS SUR UN ÉCHELON DIFFÉRENT : PROGRESSER LATÉRALEMENT.

Faire osciller le corps latéralement et déplacer les mains successivement sur un échelon différent, les paumes des mains tournées l'une vers l'autre.

185. — SUSPENSION ALLONGÉE, UNE MAIN SUR UN ÉCHELON, L'AUTRE MAIN SUR UN MONTANT : PROGRESSER EN AVANT OU EN ARRIÈRE.

Progresser en déplaçant alternativement les mains, le corps oscillant légèrement à droite et à gauche.

Progression. — Exécuter cet exercice d'abord avec flexion alternative des jambes, puis les jambes jointes et étendues.

186. — SUSPENSION ALLONGÉE, LES MAINS SUR LES ÉCHELONS : PROGRESSER EN AVANT OU EN ARRIÈRE.

Même description qu'à l'exercice précédent.

Progression. — Cet exercice qui aura été exécuté en plaçant les mains alternativement sur le même échelon, sera exécuté ensuite en plaçant les mains sur un échelon différent.

Barre à hauteur des épaules.

187. — SUSPENSION INCLINÉE FACE A LA BARRE, BRAS FLÉCHIS : FLEXION ET EXTENSION ALTERNATIVES DES JAMBES.

Prendre la suspension inclinée bras fléchis et exécuter l'exercice comme il est indiqué au 170e exercice.

188. — Même position : élévation de la jambe étendue.

Comme il est indiqué au 171e exercice, les bras fléchis.

189. — Suspension inclinée bras étendus : écarter simultanément les mains.

1. Faire une légère traction des bras et écarter simultanément les mains.

2. Ramener les mains à l'écartement normal après une traction des bras.

190. — Suspension inclinée bras étendus : écarter alternativement les mains.

Fléchir légèrement les bras et déplacer successivement les mains vers la gauche et vers la droite, puis les placer à leur écartement normal.

191. — Suspension inclinée bras étendus : flexion des bras en élevant une jambe étendue.

Comme il est indiqué aux exercices 171 et 172.

En règle générale terminer les exercices en suspension fléchie, par une extension des bras.

Barre à hauteur de suspension.

192. — Suspension allongée : flexion et extension simultanée des jambes.

1. Comme il est indiqué au 178e exercice.

2. Étendre les jambes jointes en avant, la pointe des pieds dirigée vers l'avant.

3. Revenir à la position du temps 1.

4. Reprendre la position initiale.

193. — Suspension allongée : élévation en avant et écartement latéral des jambes étendues.

1. Élever les jambes étendues et jointes, comme il est indiqué au 179e exercice.

2. Écarter les jambes étendues sans les abaisser.
3. Revenir à la position du temps 1.
4. Reprendre la position initiale.

194. — Suspension allongée : élever les pieds à la barre par un mouvement vif des jambes.

Porter les jambes jointes en arrière en cambrant le corps et, sans arrêt, les élever vivement, les pieds contre la barre et en avant, la pointe des pieds dirigée vers le haut. Descendre lentement les jambes pour reprendre la position initiale.

Les exercices 192, 193 et 194 peuvent s'exécuter dans la 5e série, comme mouvements du tronc, intéressant la région abdominale.

195. — Suspension allongée : monter vivement les pieds a la barre et se suspendre par un jarret et les mains.

Après avoir élevé les pieds à la barre, comme il est indiqué à l'exercice précédent, passer une jambe sur la barre, y placer le jarret, le genou contre la main et en dehors. Le corps doit être placé perpendiculairement à la barre, les bras étendus ; la jambe libre tendue horizontalement, la pointe du pied dirigée vers le haut.

Dégager le jarret de la barre et descendre lentement les jambes pour reprendre la position initiale.

196. — Suspension allongée a une barre : translation latérale, en déplaçant alternativement les mains.

Faire une traction du bras droit et imprimer au corps un mouvement de balancement. Rapprocher la main droite de la main gauche quand le corps se trouve à droite et éloigner la main gauche de la main droite quand le corps se trouve à gauche. Progresser ainsi en profitant de l'élan du corps. Progresser vers la droite par les moyens inverses.

197. — Suspension allongée a deux barres : translation en avant ou en arrière.

Faire osciller le corps latéralement en fléchissant légèrement et alternativement les bras ; déplacer la main gauche en avant, lorsque le corps oscille à gauche, et avancer la main droite lorsque le corps oscille à droite ; conserver les jambes étendues et jointes.

Exécuter l'exercice 182, barre placée au-dessous des épaules.

Exécuter l'exercice 183, échelle placée à hauteur des épaules.

C. — *Exercices avec appui.*

Élèves de 11 à 13 ans.

Exercices d'appui contre une barre.

Barre placée au-dessus de la tête.
Dos à la barre, à 0 m. 30 ou 0 m. 50 en avant.

198. — Prendre appui contre la barre, les bras étendus verticalement, talons réunis.

1. Élever les bras verticalement.

2. Incliner lentement le corps en arrière jusqu'à ce que les mains rencontrent la barre ; les jarrets tendus, la poitrine projetée en avant, les bras étendus à l'écartement des épaules, la tête dans la direction du tronc.

3. Revenir à la position du temps 1.

4. Reprendre la position initiale.

Progression. — 1° Prendre cet appui en station écartée.

2° S'éloigner progressivement de la barre à un pas et en abaissant l'engin.

199. — APPUYÉ CONTRE LA BARRE : ÉLÉVATION ALTERNATIVE DES GENOUX, JAMBES FLÉCHIES.

1. Élever lentement le genou fléchi, aussi haut que possible, la pointe du pied dirigée vers le sol, les bras restant étendus.

2. Revenir à la position initiale.

Progression. — Exécuter l'exercice avec l'élévation rapide des genoux.

200. — APPUYÉ CONTRE LA BARRE : FLEXION DE LA CUISSE ET EXTENSION DE LA JAMBE.

1. Comme il est indiqué au 1er temps de l'exercice précédent, la cuisse horizontale.

2. Étendre lentement la jambe horizontalement.

3. Revenir à la position du temps 1.

4. Reprendre la position initiale.

201. — APPUYÉ CONTRE LA BARRE : ÉLÉVATION DE LA JAMBE ÉTENDUE.

1. Élever lentement la jambe étendue horizontalement en avant, le pied en extension.

2. Reprendre la position initiale.

Progression. — Exécuter l'exercice avec l'élévation rapide de la jambe étendue.

202. — BARRE A HAUTEUR DES MAINS, BRAS ÉTENDUS : S'ÉLEVER SUR LA POINTE DES PIEDS EN PORTANT LA POITRINE EN AVANT.

1. S'élever lentement sur la pointe des pieds en projettant la poitrine en avant, la tête dans la direction du tronc, les jambes étendues.

2. Reprendre la position initiale.

Les exercices 198 à 202 peuvent être placés dans la 5e série.

3e GROUPE

EXERCICES DE GRIMPER

Élèves de 11 à 13 ans.

A. — *Échelle inclinée.*

203. — MONTER ET DESCENDRE A L'ÉCHELLE EN DÉPLAÇANT LES MAINS ET LES PIEDS OPPOSÉS.

Saisir un échelon de la main gauche et placer le pied droit sur un échelon inférieur ; monter et descendre en déplaçant simultanément la main et le pied opposés.

Progression. — Exécuter cet exercice en déplaçant les extrémités du même côté.

204. — Monter et descendre derrière l'échelle en déplaçant les mains et les pieds opposés.

Procéder comme il est indiqué à l'exercice précédent.

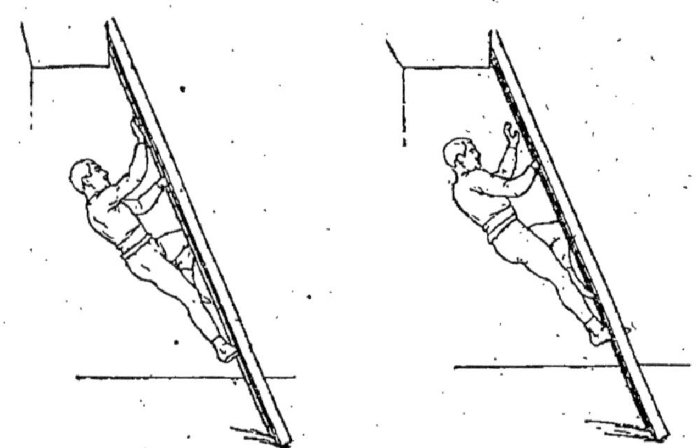

Progression. — Exécuter cet exercice en déplaçant les extrémités du même côté.

205. — Monter a l'échelle et descendre derrière.

Monter comme il est indiqué au 203e exercice ; passer derrière l'échelle.

1. Réunir les pieds contre le montant de droite, en le saisissant de la main droite pendant que la main gauche saisit l'échelon contre le montant.

2. Placer le corps contre l'échelle et pivoter sur le pied gauche en saisissant un échelon de la main droite derrière l'échelle et en plaçant le pied droit sur un échelon, également derrière l'échelle.

3. Se placer derrière l'échelle, la main et le pied gauche sur un échelon.

Descendre comme il est indiqué précédemment.

Progression. — Exécuter cet exercice et le terminer par des flexions et extensions des membres inférieurs, les pieds posés sur le dernier échelon.

206. — MONTER DERRIÈRE L'ÉCHELLE, DESCENDRE DEVANT.

Monter et descendre comme il a été indiqué. Le passage de derrière en avant s'exécute comme il est indiqué de devant en arrière.

B. — Échelle de corde.

207. — MONTER ET DESCENDRE, LES MAINS ET LES PIEDS SUR LES ÉCHELONS.

Saisir, de la main gauche, l'échelon placé à hauteur de la tête, en plaçant le pied droit sur l'échelon inférieur. Faire effort du bras gauche et de la jambe droite ; saisir de la main droite l'échelon placé immédiatement au-dessus de celui tenu par la main gauche, et placer le pied gauche sur le deuxième échelon ; le bras droit et la jambe gauche exécutent le mouvement indiqué pour le bras gauche et la jambe droite ; continuer de grimper en conservant le corps près de l'échelle, les coudes et les genoux ouverts, la tête et les yeux dirigés vers le haut.

Descendre par les moyens inverses, la main et le pied opposés se déplaçant simultanément.

Progression. — 1° Exécuter cet exercice les mains sur les cordes.

2° Grimper le plus rapidement possible.

208. — MONTER ET DESCENDRE SUR LE CÔTÉ DE L'ÉCHELLE, LES TALONS SUR LES ÉCHELONS ET LES MAINS SUR LE MÊME MONTANT.

Se placer sur le côté de l'échelle, face à une corde, saisir cette corde de la main gauche à hauteur de la tête et placer le talon droit sur l'échelon inférieur, le pied tourné en dehors; grimper ensuite comme il est décrit à l'exercice précédent. Descendre par les moyens inverses.

C. — *Perches et cordes lisses par paires.*

209. — Saisir les perches a hauteur des épaules, les bras étendus : écarter latéralement et lentement les bras.

Étant en station droite entre les perches mobiles, les saisir à la hauteur des épaules, les bras étendus, et exécuter latéralement, une abduction très accentuée des bras ; revenir à la station.

Exécuter aux perches mobiles ou cordes lisses par paires les exercices 154 et 156 décrits aux échelles jumelles.

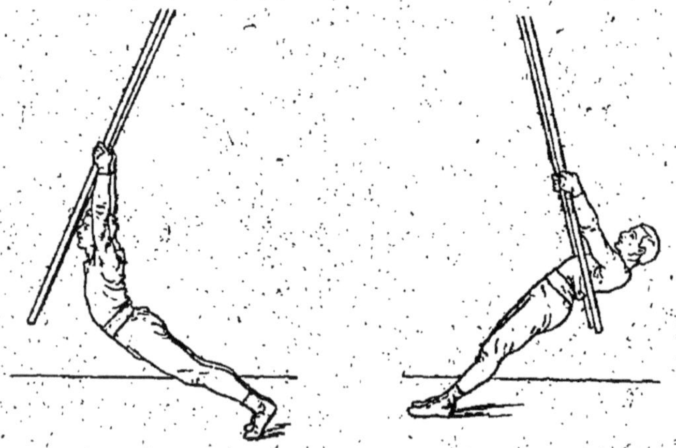

210. — Étant placé un peu en arrière des perches fixes, les saisir, bras horizontaux : incliner lentement le corps en avant en résistant avec les bras.

1. Laisser le corps s'incliner lentement en avant, entre les perches, en résistant des bras, les coudes en arrière, le corps droit et en levant les talons.

2. Ramener le corps verticalement et poser les talons à terre en étendant lentement les bras.

211. — Monter et descendre les pieds croisés sur une perche ou une corde, une main sur chaque perche ou corde.

Se placer entre les deux agrès, les saisir à hauteur de la tête ; faire effort des bras, grouper les jambes, déplacer les mains alternativement vers le haut et continuer à grimper. Descendre par les moyens inverses.

Progression. — Exécuter cet exercice en déplaçant les mains simultanément.

D. — Mât vertical.

212. — Monter au mât en croisant les bras et les jambes.

S'élever sur la pointe des pieds, étendre les bras et saisir le mât aussi haut que possible, le serrer fortement avec les bras croisés, se soulever de terre et saisir le mât au moyen des jambes croisées, le tronc fléchi.

Lâcher les mains et les porter le plus haut possible en étendant le tronc ; desserrer les jambes et serrer le mât plus haut au moyen d'une flexion du tronc.

Desserrer les bras, les reporter plus haut et ainsi de suite.

La descente s'effectuera par les mouvements inverses.

4e GROUPE

CADRE MOBILE

(Appareil facultatif.)

Élèves de 11 à 13 ans.

213. — Serpentine verticale.

Passer les bras et la tête dans un rectangle inférieur du cadre et s'y asseoir; saisir l'échelon supérieur du rectangle, la main gauche contre le montant de droite, la main droite contre le montant de gauche, paumes des mains tournées vers soi.

Monter en soulevant le corps et en le tournant à gauche à l'aide des bras et des jambes; passer la tête et le corps dans le rectangle supérieur et s'y asseoir; saisir l'échelon supérieur comme il a été dit, mais inversement, pour permettre au corps de tourner à droite. Continuer de progresser vers le haut en exécutant la rotation du corps alternativement à gauche et à droite.

Descendre en se laissant glisser et en résistant des bras, les pieds les premiers dans le rectangle au-dessous; s'y asseoir, saisir l'échelon supérieur de ce rectangle, comme il a été dit pour la montée, et continuer la descente avec souplesse, la rotation du corps s'effectuant alternativement à gauche et à droite.

214. — Serpentine horizontale.

S'asseoir dans un rectangle de droite du cadre, comme il est indiqué à l'exercice précédent; saisir l'échelon supérieur du rectangle de gauche en inclinant le corps en arrière et vers la gauche, la main gauche contre le montant de droite, la main droite contre le montant de gauche, paumes des mains tournées vers soi.

Se porter vers la gauche en s'aidant des bras et des jambes, la tête passant la première dans le rectangle de gauche, s'y asseoir; saisir l'échelon supérieur du rectangle situé à sa droite en inclinant le corps en arrière et vers la droite par les moyens inverses; continuer de progresser horizontalement en tournant le corps alternativement à gauche et à droite.

Laisser un rectangle de distance entre les élèves qui effectuent cet exercice.

215. — Serpentine oblique.

S'asseoir dans le rectangle de gauche du cadre comme

il a été indiqué. Saisir des deux mains l'échelon supérieur du rectangle placé obliquement à droite et au-dessus. Monter obliquement à droite en se conformant aux indications de l'exercice précédent, et en tournant le corps alternativement à gauche et à droite.

Descendre en passant les jambes dans le rectangle situé obliquement à gauche et en dessous, s'y asseoir; saisir l'échelon supérieur du rectangle placé obliquement au-dessous et continuer comme précédemment.

216. — Serpentine horizontale les pieds en avant.

S'asseoir dans un rectangle de gauche, comme il a été indiqué. Passer les pieds, puis le corps, dans le rectangle placé à droite en s'aidant des bras et des jambes, s'y asseoir; par les moyens inverses, passer dans le rectangle suivant, et ainsi de suite.

217. — Serpentine en spirale.

Pivoter autour d'un même montant vertical, à gauche ou à droite, par les moyens indiqués dans la serpentine oblique, mais en tournant verticalement dans le même sens.

EXERCICES

DE LA QUATRIÈME SÉRIE

Courses. Sautillements. Danses. Jeux impliquant l'action de courir.

1er GROUPE : **Courses.**
2e GROUPE : **Sautillements.**
3e GROUPE : **Danses.**
4e GROUPE : **Jeux impliquant l'action de courir.**

1er GROUPE

COURSES

Élèves de 9 à 13 ans.

218. — MARQUER LE PAS DE COURSE SUR PLACE.

Les membres supérieurs légèrement fléchis sans raideur, le corps et la tête droits ; poser le pied par la pointe sans exagérer la cadence.

219. — PAS GYMNASTIQUE.

Le pas gymnastique est une course à allure très modérée dont le seul but est d'activer la respiration et la circulation et de réchauffer les élèves en hiver.

Le pas gymnastique s'exécute de la manière suivante :

Les élèves sont placés sur un seul rang, un de moyenne taille en tête pour régler l'allure ; les élèves placés à 1 mètre au moins les uns des autres doivent conserver leur distance, ils doivent prendre le pas qui convient à leur taille; ce pas ne sera pas cadencé.

L'on peut faire au pas gymnastique les évolutions de la 1re série.

En règle générale pour ménager les sujets faibles, exécuter un tour de la cour au pas gymnastique et un tour au pas ordinaire; recommencer 2 ou 3 fois, puis arriver à ne plus faire qu'un demi-tour au pas cadencé; enfin, plus tard, 2 ou 3 tours au pas gymnastique quand la cour n'est pas trop vaste.

2e GROUPE

SAUTILLEMENTS

Élèves de 9 à 13 ans.

220. — Sautillements avec fente latérale.

Les élèves sautent sur place et retombent sur la pointe des pieds, les jambes écartées et légèrement fléchies, puis rapprochent les pieds et continuent jusqu'au commandement de *Cessez*.

221. — Sautillements avec fente simultanée en avant et en arrière.

Les élèves exécutent des sauts successifs sur place en portant simultanément le pied gauche en avant, le pied droit en arrière et inversement dans le saut suivant. Ils continuent jusqu'au commandement de *Cessez*.

222. — Sautillements les jambes croisées.

Les élèves sautent et retombent sur la pointe des pieds,

les jambes croisées; puis les jambes croisées en sens inverse. Au commandement *Cessez*, ils reprennent la station droite.

223. — Sauts a cloche-pied.

Les mains sur les hanches et une jambe fléchie, l'élève saute en progressant sur l'autre membre inférieur; faire exécuter alternativement de la jambe droite et de la jambe gauche.

Cet exercice se fait ensuite avec l'aide des bras.

224. — Sautillements avec progression.

Faire de petits sauts successifs en progressant.

Au commandement de : En position ! rapprocher les pointes de pied et placer les mains sur les hanches.

Les exercices 220, 221 et 222 se font sur place et les exercices 223 et 224 avec déplacement; pour ces derniers la classe étant placée sur 4 rangs, il faut faire partir successivement le 1er rang, le 2e, le 3e et le 4e, pour éviter tout désordre ou accident.

Commander : 1er rang... En position ! — Partez !

3e GROUPE

DANSES

Élèves de 11 à 13 ans.

Les danses prennent dans la leçon la place de la course; elles seront enseignées de temps à autre, plus spécialement aux filles.

Les danses qui peuvent se faire en leçon de gymnastique sont les suivantes :

Polka.	Pas des patineurs.
Scottish.	Berline.
Galop.	Mazurka.
Pas de quatre.	Valse.

On en trouvera la description dans les traités spéciaux.

4e GROUPE

JEUX IMPLIQUANT L'ACTION DE COURIR[1]

Élèves de 6 à 11 ans.

Rondes.
Le cerceau.
La poursuite.
Colin-maillard.
Chat et souris.
Le ballon.
Chat perché.
Le volant, les grâces (filles).
Les prisonniers.

Élèves de 11 à 13 ans.

Courses avec le cerceau.
Le loup et les moutons.
* La roue.
* Courses avec échasses.
La poursuite traversée.
Deux c'est assez, trois c'est trop.
La balle aux chasseurs.
Les barres.
* La mère garuche.
L'épervier.

Ces jeux ne doivent pas durer plus de cinq minutes pour une leçon de trente minutes et plus de dix minutes pour une leçon d'une heure. Ils ne doivent être l'occasion d'aucun désordre.

1. Voir à la fin du volume la description de certains de ces jeux.

EXERCICES

DE LA CINQUIÈME SÉRIE

Mouvements du tronc : flexion, extension, mouvements latéraux et torsion, avec ou sans engins.

1er GROUPE : **Mouvements du tronc.**

A. Mouvements simples.

B. Mouvements avec attitudes des bras.

C. Fentes fléchies avec attitudes des bras.

D. Mouvements avec aide.

E. Exercices préparatoires à la natation.

2e GROUPE : **Exercices avec barres.**

A. Flexion, extension du tronc.

B. Mouvements combinés avec fentes.

3e GROUPE : **Mouvements du tronc avec points d'appui.**

A. Mouvements de flexion et d'extension.

B. Exercices de flexion latérale.

C. Exercices de torsion.

1er GROUPE

MOUVEMENTS DU TRONC

A. — *Mouvements simples.*

Cadence 30.

Élèves de 6 à 9 ans.

225. — Flexion et extension du tronc.

Mains aux hanches. — En position !

1. Fléchir le tronc, sans fléchir les jambes.

2. Revenir à la position initiale de départ.
3. Étendre le tronc, le menton près du cou.
4. Revenir à la position de départ.

Au début l'élève laisse difficilement les jambes étendues, il baisse la tête; il est donc nécessaire de lui demander des flexions peu étendues mais bien faites, et de n'arriver que progressivement avec l'âge jusqu'à la position horizontale.

226. — FLEXION LATÉRALE DU TRONC.

Mains sur les hanches. — En position!

1. Fléchir le tronc à gauche, sans fléchir les jambes, la tête dans le prolongement du tronc.
2. Revenir à la position de départ.
3. Fléchir le tronc à droite.
4. Revenir à la position de départ.

Ces exercices se font également dans la fente latérale.

227. — TORSION DU TRONC.

Fente latérale, mains sur les hanches. — En position!

1. Tourner le tronc à gauche, sans bouger les jambes et sans avancer la hanche droite.
2. Revenir à la position de départ.
3. Tourner le tronc à droite.
4. Revenir à la position de départ.

228. — CIRCUMDUCTION DU TRONC.

Fente latérale, mains sur les hanches, tronc fléchi en avant. — En position!

1. Fléchir le tronc à gauche, les épaules dans le même plan que les hanches.

2. Étendre le tronc en arrière.
3. Fléchir le tronc à droite.
4. Fléchir le tronc en avant, comme à la position de départ.

Dans tous les mouvements de tronc le bassin reste fixe.

B. — Mouvements avec attitudes des bras.

Cadence 30.

Élèves de 9 à 11 ans.

229. — Flexion et extension du tronc, mains a la nuque.

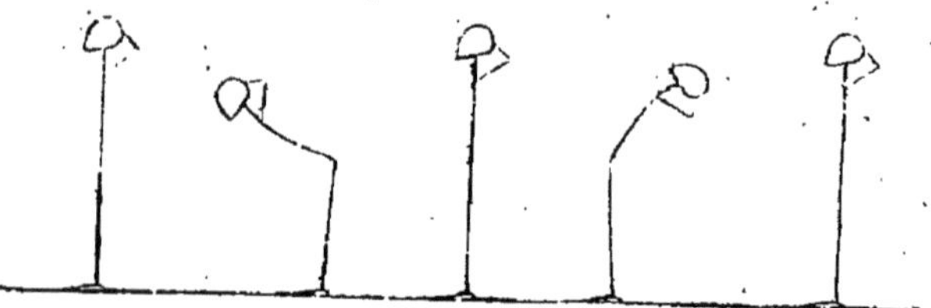

Fente latérale tendue, mains à la nuque. — En position !

230. — Flexion latérale du tronc, mains a la nuque.
Fente latérale tendue, mains à la nuque. — En position !

231. — Torsion du tronc, mains a la nuque.

Fente latérale tendue, mains à la nuque. — En position !

Pour le détail d'exécution des mouvements 229, 230 et 231 se reporter aux mouvements nos 225, 226 et 227.

232. — Flexion (ou demi-flexion) du tronc avec extension et flexion des bras.

Mains aux épaules. — En position !

1. Fléchir le tronc sans plier les jambes.

2. Étendre rapidement les bras dans le prolongement du corps.

3. Revenir mains aux épaules.

4. Se redresser à la position initiale.

Les temps 2 et 3 peuvent se répéter plusieurs fois.

233. — Extension du tronc avec extension et flexion des bras.

Mains aux épaules. — En position !

1. Incliner le tronc en arrière.

2. Étendre rapidement les bras dans le prolongement du corps.

3. Revenir mains aux épaules.

Les temps 2 et 3 ne peuvent se répéter plus de 3 fois.

4. Se redresser corps droit à la position initiale.

234. — Flexion latérale du tronc avec extension et flexion des bras.

Fente latérale tendue, mains aux épaules. — En position !

1. Fléchir le tronc à gauche sans plier les jambes et sans bouger le bassin.

2. Étendre les bras dans le prolongement du corps.

3. Revenir mains aux épaules.

4. Revenir corps droit à la position initiale.

5 à 8. Mêmes mouvements à droite.

La cadence sera 30 pour les flexions et extensions du tronc et 90 ou 120 pour les extensions et flexions des bras.

Élèves de 11 à 13 ans.

235. — FLEXION (OU DEMI-FLEXION) ET EXTENSION DU TRONC AVEC EXTENSION LATÉRALE ET FLEXION DES AVANT-BRAS.

Mains à la poitrine. — En position !

1. Fléchir le tronc, sans plier les jambes, sans déranger les bras.

2. Étendre latéralement les avant-bras, sans bouger les coudes.

3. Revenir mains à la poitrine, sans bouger les coudes.

4. Revenir corps droit à la position initiale.

5. Incliner le corps en arrière.

6. Étendre latéralement les avant-bras, sans bouger les coudes.

7. Revenir mains à la poitrine.

8. Revenir corps droit à la position initiale.

236. — Flexion et extension du tronc en écartant latéralement les bras, paumes des mains en haut.

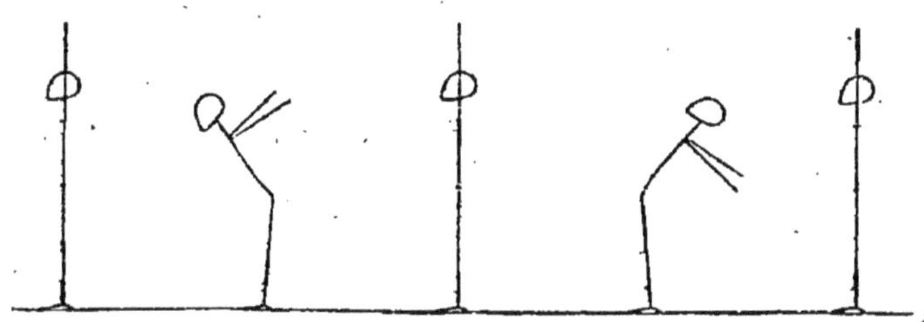

Fente latérale tendue, bras élevés à la position verticale. — En position !

1. Fléchir le tronc et en même temps écarter les bras latéralement paumes en haut.

2. Revenir corps droit en élevant les bras à la position verticale, paumes se faisant face (peut se répéter plusieurs fois).

3. Incliner le corps en arrière, et en même temps écarter les bras latéralement le plus en arrière possible, paumes en haut.

4. Revenir corps droit en élevant les bras à la position verticale.

237. — Grande flexion du tronc en avant.

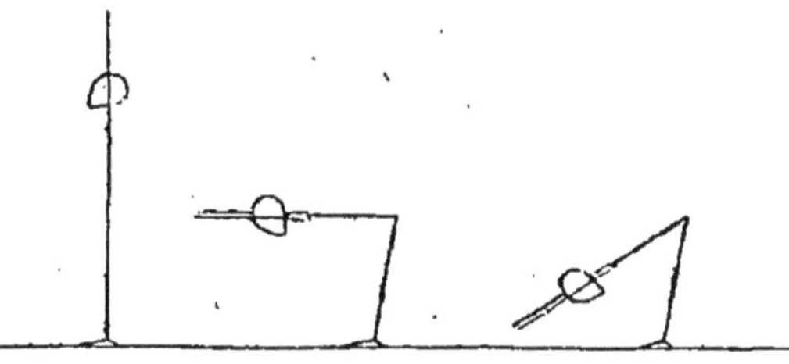

Fente latérale tendue, bras à la position verticale. — En position !

1. Fléchir le tronc lentement jusqu'à la position horizontale, sans déranger la position de la tête et des bras (ceux-ci en ligne avec le tronc).

Continuer le mouvement en cherchant à toucher le sol avec les doigts, les bras toujours étendus dans le prolongement du tronc.

2. Revenir lentement à la position de départ les bras en ligne avec le corps.

238. — Torsion du tronc avec extension latérale des avant-bras.

Fente latérale tendue, mains à la poitrine. — En position !

1. Tourner le tronc à gauche, sans fléchir les jambes, sans avancer la hanche droite, sans déranger la position des bras.
2. Étendre rapidement les avant-bras, sans bouger les coudes.
3. Revenir mains à la poitrine.
4. Revenir face en avant à la position initiale.

5 à 8. Mêmes mouvements à droite.

Le bassin étant immobilisé, il est impossible que l'élève fasse complètement face à gauche ou à droite.

239. — Torsion du tronc avec extension verticale et flexion des bras.

Fente oblique tendue, mains aux épaules. — En position !

1. Tourner le tronc à gauche, sans déranger la position du bassin et des jambes.
2. Étendre rapidement les bras à la position verticale.
3. Ramener vivement les mains aux épaules.
4. Revenir à la position de départ.

Répéter cet exercice à droite dans la fente oblique droite.

C. — *Fentes fléchies avec attitudes des bras.*

Cadence 60.

Élèves de 11 à 13 ans.

Dans toutes les fentes les attitudes peuvent être maintenues 2 ou 3 secondes au maximum.

240. — Fente en avant fléchie, mains a la nuque.

Mains sur les hanches. — En position !

1. Se fendre en avant de la jambe gauche fléchie, pla-

cer en même temps les mains à la nuque (sans avancer la tête), corps en ligne avec la jambe arrière.

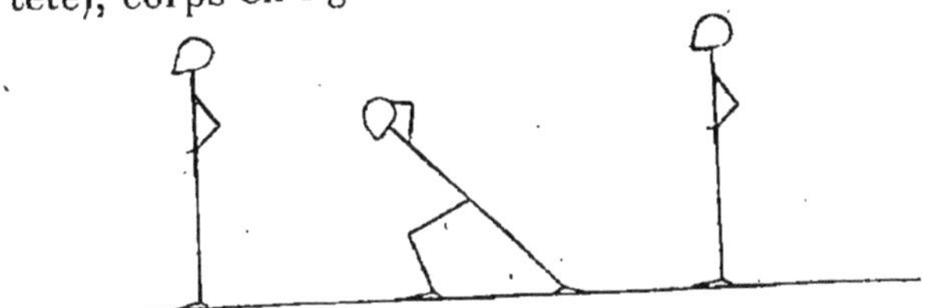

2. Revenir à la position initiale, talons joints, mains sur les hanches.

3 et 4. Même mouvement avec la jambe droite.

241. — Fente en avant fléchie : extension et flexion des bras.

Fente gauche en avant fléchie, mains aux épaules. — En position !

1. Etendre les bras dans le prolongement du tronc

la jambe arrière, le corps et les bras formant une ligne oblique au sol.

2. Ramener mains aux épaules.

Répéter plusieurs fois.

Même mouvement dans la fente droite en avant fléchie.

242. — Fente en avant fléchie : extension latérale et flexion des avant-bras.

Fente gauche en avant fléchie, mains à la poitrine. — En position !

1. Etendre les avant-bras latéralement, avec grande amplitude, les épaules effacées sans avancer la tête.

2. Revenir mains à la poitrine.

Répéter plusieurs fois.

Même mouvement dans la fente droite en avant fléchie.

243. — Fente en arrière fléchie, mains a la nuque.

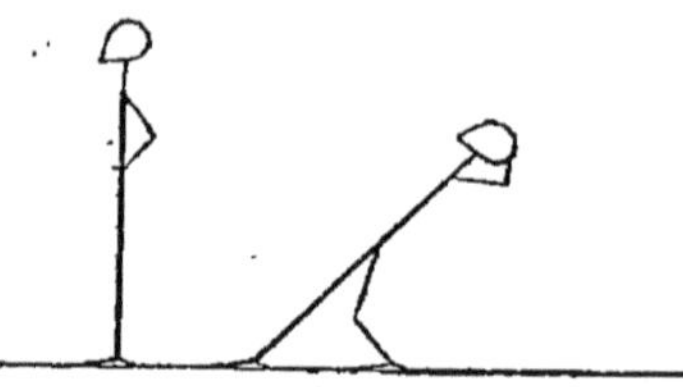

Mains sur les hanches. — En position !

1. Se fendre en arrière de la jambe gauche fléchie, placer en même temps les mains à la nuque (sans avancer la tête, le corps en ligne avec la jambe avant, et en effaçant le ventre).

Pour porter les mains à la nuque les bras doivent passer latéralement, les épaules restant fixées en arrière.

2. Revenir à la position initiale, talons joints, mains sur les hanches.

3 et 4. Même mouvement avec la jambe droite.

244. — Fente en arrière fléchie : extension et flexion des bras.

Fente gauche en arrière fléchie, mains aux épaules. — En position !

1. Étendre les bras dans le prolongement du tronc et de la jambe en avant, le corps et les bras formant une ligne oblique au sol (ventre effacé).

2. Revenir mains aux épaules.

Répéter plusieurs fois.

Même mouvement dans la fente droite en arrière fléchie.

245. — Le corps en arrière et genou a terre : extension et flexion des bras.

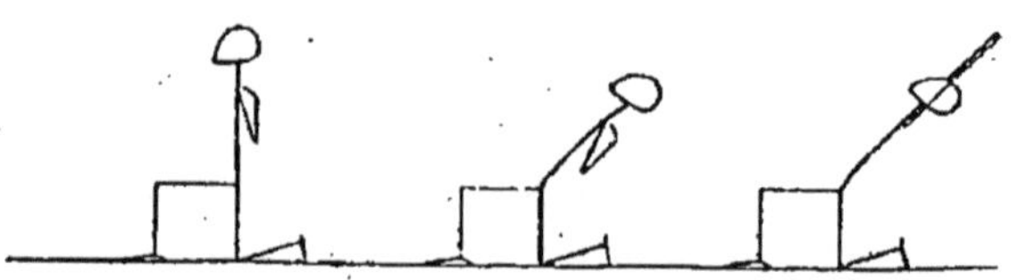

Fente gauche en arrière, en posant le genou gauche à

terre, mains aux épaules et extension du tronc en arrière. — En position !

1. Étendre les bras dans le prolongement du tronc, tête entre les bras.

2. Revenir mains aux épaules.

Ne pas répéter plus de trois fois.

Même mouvement avec genou droit à terre.

246. — Fente latérale fléchie, mains a la nuque.

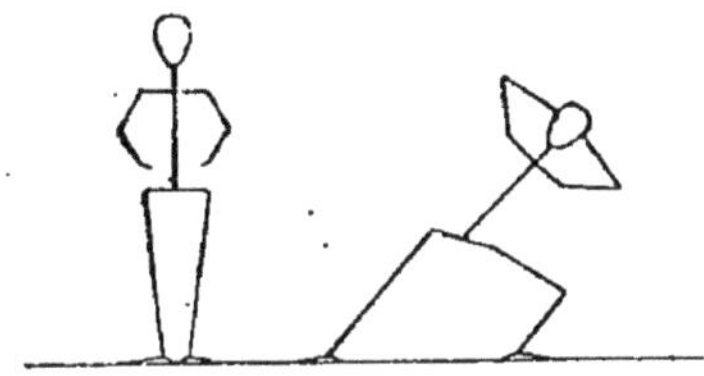

Mains aux hanches. — En position!

1. Se fendre latéralement de la jambe gauche fléchie, placer en même temps les mains à la nuque, le tronc et la jambe droite sur la même ligne.

2. Revenir à la position initiale, talons joints, mains aux hanches.

3 et 4. Même mouvement avec la jambe droite.

247. — Fente latérale fléchie : extension et flexion des bras.

Fente latérale gauche fléchie, mains aux épaules. — En position !

1. Étendre les bras dans le prolongement du tronc, la jambe droite, le tronc et les bras sur une même ligne oblique.

2. Revenir mains aux épaules.

Répéter plusieurs fois.

Même mouvement dans la fente latérale droite fléchie.

D. — *Mouvements avec aide.*

Ces exercices peuvent se faire à terre à la condition que le sol soit très propre; on peut aussi se servir des bancs de l'école; l'élève est couché sur le long du banc et l'aide est placé soit à cheval soit de côté pour maintenir les pieds.

On peut faire ces mêmes exercices, sans aide, comme ils sont décrits page 109, mais en se servant des bancs de façon que les élèves assis aient leurs pieds engagés sous le banc d'en face.

Les élèves sont placés de façon à s'entrecroiser 3 sur un banc, 2 sur l'autre, soit 5 élèves pour 2 bancs ; avec 20 bancs, on peut faire passer tous les élèves d'une classe à la fois.

Élèves de 9 à 11 ans.

248. — EXTENSION ET FLEXION DU TRONC, ÉTANT COUCHÉ FACE VERS LE SOL, PIEDS MAINTENUS.

Le rang de derrière placé à un mètre environ.

Commander :

1er rang, couché face vers le sol, mains sur les hanches.

2e rang, genou à terre, appuyez sur les pieds. — En position !

1. Se relever lentement le plus haut possible, épaules effacées.

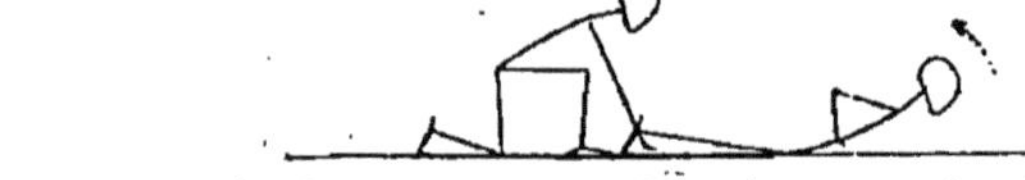

2. Revenir lentement à la position de départ et à la station droite.

Le mouvement peut se répéter trois fois de suite.

249. — MÊME MOUVEMENT BRAS ÉTENDUS EN ABDUCTION EN ARRIÈRE.

250. — MÊME MOUVEMENT LES MAINS A LA NUQUE.

251. — FLEXION ET EXTENSION DU TRONC, ÉTANT COUCHÉ DOS VERS LE SOL, PIEDS MAINTENUS.

Les rangs se faisant face à 1 mètre environ, commander :

1er rang, genou à terre, appuyez sur les pieds.

2e rang, couché sur le sol, mains sur les hanches.

En position !

Commencez !

1. Se relever lentement sans avancer la tête ni les épaules jusqu'à la station assise.

2. Se renverser lentement en arrière jusqu'à la station couchée.

Pour les enfants faibles, commencer par l'élévation alternative ou simultanée des jambes, étant dans la station couchée.

Commander : Debout ! — Fixe !

Puis faire recommencer l'exercice avec interversion des rôles.

Le même exercice se fait ensuite mains à la nuque quand les élèves l'exécutent bien avec les mains sur les hanches.

Pour les mouvements dans le sens du banc, l'élève se place presque à l'extrémité de façon à ce que la région lombaire soit en contact avec elle : il y a donc deux élèves qui exécutent l'exercice et deux autres placés dos à dos et à califourchon sur le banc qui maintiennent leurs pieds.

Élèves de 11 à 13 ans.

252. — MOUVEMENTS BRAS ÉTENDUS.

Exécuter les exercices décrits pour les élèves de 9 à 11 ans, les bras étendus en conservant l'attitude pendant l'exécution.

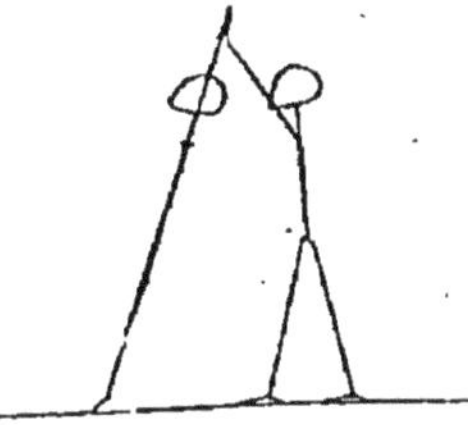

On peut exécuter les exercices d'extension du corps qui se font avec appui des mains contre une barre, en remplaçant la barre par un élève placé derrière pour maintenir les bras[1].

Bien recommander à ce dernier de ne pas prendre les poignets de son camarade pour chercher à le soulever du sol, mais lui demander de servir seulement de soutien en conservant les mains ouvertes.

Commander (*les élèves étant placés sur quatre rangs*) :

1er et 3e rangs, un pas en arrière; 2e et 4e rangs, un pas en avant. — Marche!

Puis ensuite. — En position!

A ce commandement prendre les positions suivantes :

1er et 3e rangs : Station écartée, bras verticaux, paumes en dedans, puis renverser le corps les poignets venant s'appuyer sur les mains de l'aide.

2e et 4e rangs : Fente oblique gauche, bras obliques en haut, mains ouvertes.

Exécuter les exercices : Flexion et extension d'une jambe.

Elévation du corps sur les pointes de pied.

253. — Flexion et extension du tronc, un pied maintenu.

En position!

1er rang : Élever la jambe en arrière et placer le pied sur le genou de l'élève du 2e rang et mains sur les hanches.

2e rang : Genou gauche à terre ou (si le sol est humide) fente fléchie et saisir le pied de l'élève qui est devant.

1. Fléchir le tronc jusqu'à la position horizontale en fléchissant un peu la jambe d'appui.
2. Redresser le corps et étendre la jambe.

Même exercice avec l'autre jambe.

1. On peut aussi utiliser un mur.

254. — Extension et flexion du tronc, un pied maintenu.

En position !

1er rang (*face au 2e rang*) : Élever la jambe en avant et placer le pied sur le genou de l'élève qui fait face.

2e rang : Genou gauche à terre ou fente fléchie et saisir le pied de l'élève qui est devant.

1. Étendre le tronc jusqu'à la position horizontale sans fléchir la jambe d'appui.

2. Fléchir le tronc pour revenir à la position de départ.

Même exercice de l'autre jambe.

255. — Flexion latérale du tronc, un pied maintenu.

En position !

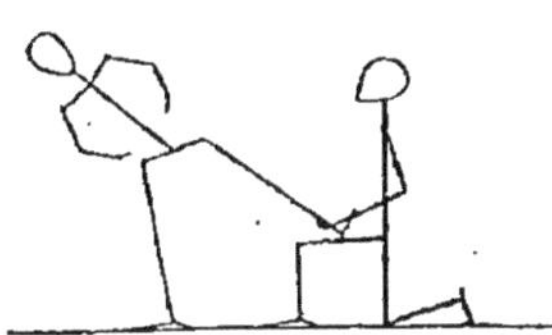

1er rang : Face à gauche, élever la jambe gauche et placer le pied sur le genou de l'élève du 2e rang et les mains sur les hanches.

2e rang : Genou gauche à terre ou fente fléchie et saisir le pied de l'élève qui est devant.

1. Fléchir latéralement le tronc jusqu'à la position horizontale.

2. Redresser le tronc pour revenir à la position de départ.

Même exercice avec l'autre jambe après demi-tour.

E. — Exercices préparatoires à la natation.

Se placer à plat ventre sur un banc ou le chevalet de natation et exécuter les mouvements suivants :

256. — Mouvements des bras.

Mains réunies devant la poitrine, doigts étendus et joints, bras fléchis, pieds réunis posant sur le sol.

1. Tendre les bras devant la poitrine, les mains réunies.

2. Écarter les mains d'environ 0 m. 15, les paumes vers le sol, les côtés extérieurs un peu relevés.

3. Faire décrire aux mains un quart de cercle en écartant les bras étendus, les fléchir au moment où ils passent à la position latérale et reprendre la position initiale.

257. — MOUVEMENTS DES JAMBES.

Cuisses et jambes fléchies, talons réunis à hauteur des fesses, genoux et pieds ouverts, les mains aidant à maintenir le corps en équilibre.

1. Étendre les jambes en les écartant le plus possible, la pointe des pieds en dehors et relevée vers le cou-de-pied.

2. Réunir les jambes étendues.

3. Fléchir les jambes et reprendre la position initiale.

258. — MOUVEMENTS SIMULTANÉS DES BRAS ET DES JAMBES.

Les bras et les jambes comme il est indiqué aux exercices 256 et 257.

1, 2, 3. Exécuter simultanément avec les bras et les jambes les mouvements 1, 2, 3, décrits aux exercices précédents.

Les exercices ci-dessus peuvent également s'exécuter étant à la station droite; ils se font alors avec les exercices de la deuxième série, en prenant comme position initiale : station accroupie, coudes au corps, mains réunies devant la poitrine à la cadence 90.

1. Exécuter le 1er temps.

2. Exécuter le 2e temps.

3, 4. Écarter les bras étendus sans bouger les jambes.

5, 6. Fléchir les membres supérieurs et inférieurs.

Durée totale 3 secondes.

Quand les élèves seront bien exercés à compter 6 temps, ils auront alors compris le rythme et pourront ne compter que 1, 2, 3, avec un intervalle de 2 secondes entre 2 et 3.

2e GROUPE

EXERCICES AVEC BARRES

Élèves de 11 à 13 ans.

A. — *Flexion, extension du tronc.*

Cadence lente, 30 à la minute, pour les flexions et extensions du tronc, et assez vive pour les extensions et flexions des bras (90 environ).

259. — FLEXION DU TRONC, EXTENSION ET FLEXION DES BRAS.

Barre derrière les épaules, mains ouvertes, fente latérale tendue. — En position!

1. Fléchir lentement le tronc en avant.
2. Étendre vivement les bras dans le prolongement du tronc.
3. Fléchir vivement les bras (position du temps 1).
4. Revenir à la position initiale.

260. — EXTENSION DU TRONC, EXTENSION ET FLEXION DES BRAS.

Barre devant les épaules, fente latérale tendue. — En position!

1. Étendre lentement le tronc, poitrine ouverte.
2. Étendre les bras dans le prolongement du tronc.
3. Fléchir les bras (position du temps 1).
4. Revenir à la position initiale.

261. — FLEXION LATÉRALE DU TRONC, EXTENSION ET FLEXION DES BRAS.

Barre devant les épaules, fente latérale tendue. — En position!

1. Fléchir lentement le tronc à gauche.
2. Étendre les bras dans le prolongement du tronc.
3. Fléchir les bras (position du temps 1).
4. Revenir à la position initiale.
5. Fléchir lentement le tronc à droite.
6. Étendre les bras dans le prolongement du tronc.
7. Fléchir les bras (position du temps 1).
8. Revenir à la position initiale.

262. — Grande flexion du tronc.

Fente latérale tendue, bras étendus verticalement. — En position !

1. Fléchir lentement le tronc, les mains venant toucher le sol, en maintenant le plus longtemps possible les bras dans le prolongement du tronc.

2. Redresser le tronc lentement en replaçant les bras dans le prolongement du tronc à partir de la ligne horizontale.

B. — *Mouvements combinés avec fentes.*

263. — Fente en avant fléchie avec élévation d'un bras dans le prolongement du corps.

1. Se fendre en avant de la jambe gauche fléchie, corps penché, en élevant le bras gauche étendu dans le prolongement du tronc, la main droite à hauteur et contre l'épaule gauche.

2. Rassembler en arrière en abaissant les bras.

3 et 4. Même mouvement de la partie droite.

264. — Fente en avant a fond avec élévation des bras étendus.

1. Se fendre en avant de la jambe gauche fléchie, corps penché, le talon droit levé, en élevant les bras étendus dans le prolongement du tronc.

2. Rassembler en arrière en abaissant les bras.

3 et 4. Même mouvement avec la jambe droite.

265. — Fente latérale fléchie en passant la barre derrière l'épaule.

1. Se fendre latéralement de la jambe gauche fléchie en passant la barre derrière la tête et l'épaule droite, la main droite ouverte glissant le long de la barre, le bras droit oblique vers le bas, la main gauche au-dessus de l'épaule gauche près de l'oreille.

2. Rassembler le pied gauche contre le droit en ramenant la barre devant le corps.

3 et 4. Même mouvement de la partie droite.

266. — Fente latérale fléchie, la barre oblique en haut.

1. Se fendre latéralement de la jambe gauche fléchie en élevant la barre obliquement en haut, le bras gauche demi-fléchi, la main à 10 centimètres au-dessus de la tête,

le bras droit étendu latéralement (main droite ouverte).

2. Rassembler le pied gauche contre le droit en abaissant les bras.

3 et 4. Même mouvement à droite.

267. — FENTE LATÉRALE FLÉCHIE, LA BARRE OBLIQUE DERRIÈRE LE CORPS, LES BRAS ÉCARTÉS.

1. Se fendre latéralement de la jambe gauche fléchie en passant la barre derrière la tête et l'épaule droite, en écartant les bras, le bras gauche oblique en haut dans le prolongement du corps et de la jambe droite, le bras droit oblique en bas ne touchant pas le corps.

2. Rassembler le pied gauche au droit en rapprochant les mains à leur écartement normal et en ramenant la barre devant le corps.

3 et 4. Même mouvement à droite.

3e GROUPE

MOUVEMENTS DU TRONC AVEC POINTS D'APPUI

Élèves de 11 à 13 ans.

A. — *Mouvements de flexion et d'extension.*

Barre abaissée ou sur un banc.

L'engin, banc ou barre, élevé à hauteur du milieu de la jambe, se placer horizontalement en travers, le milieu de la partie antérieure des cuisses reposant sur l'engin, et poser les mains à terre, à l'écartement des épaules, les bras étendus ainsi que le corps, la tête haute, les talons joints accrochés sous la deuxième barre ou le deuxième banc.

268. — APPUYÉ SUR UNE BARRE, LES TALONS ACCROCHÉS AU-DESSOUS DE L'AUTRE (APPUI FACIAL) : FLEXION ET EXTENSION DU TRONC.

1. Placer les mains sur les hanches en soulevant lentement le tronc, les coudes en arrière, la tête dans la direction du tronc.

2. Placer les mains à terre pour reprendre la position initiale.

Les bancs placés parallèlement et en quantité suffisante, permettent ainsi l'exécution simultanée de l'exercice par un grand nombre d'élèves.

Progression. — Exécuter ensuite cet exercice, en plaçant es mains aux épaules.

269. — APPUI FACIAL : FLEXION ET EXTENSION DU TRONC, MAINS AUX HANCHES.

Position comme il est indiqué à l'exercice 268.

1. Fléchir lentement le tronc, les coudes restant en arrière, la figure près du sol.

2. Extension du tronc.

Barre à hauteur des cuisses.

270. — FACE A LA BARRE ET APPUYÉ CONTRE ELLE : FLEXION DU TRONC, MAINS AUX HANCHES.

1. Fléchir lentement le tronc en avant, sans courber le dos, les jarrets tendus, la tête dans la direction du tronc.

2. Redresser lentement le corps et reprendre la position initiale.

Les exercices d'extension du tronc avec appui des mains contre la barre, de 198 à 202 de la troisieme série, peuvent être compris dans le groupe des exercices du tronc.

Barre à 0 m. 30 du sol.

271. — UN PIED ACCROCHÉ A LA BARRE EN ARRIÈRE, MAINS AUX HANCHES, LE CORPS INCLINÉ EN AVANT DANS LA DIRECTION DE LA JAMBE ACCROCHÉE : FLÉCHIR ET REDRESSER LA JAMBE.

En position! — Se placer à un pas, le dos tourné à la barre ; accrocher le pied gauche sur la barre, mains aux hanches.

1. Incliner lentement le corps en avant en fléchissant la jambe droite, le tronc cambré dans la direction de la jambe accrochée, les coudes en arrière, la tête dans la direction du tronc.

2. Redresser lentement le tronc en étendant la jambe droite, et reprendre la position initiale.

Barre à hauteur des reins.

272. — DOS TOURNÉ A LA BARRE : EXTENSION DU TRONC, MAINS AUX HANCHES.

Position : Se placer le dos tourné à la barre et appuyé contre elle, les mains aux hanches.

1. Étendre le tronc en l'inclinant lentement en arrière, la tête dans la direction du tronc, les jarrets tendus.

2. Redresser lentement le tronc et reprendre la position initiale.

273. — Dos TOURNÉ A LA BARRE : EXTENSION DU TRONC, MAINS A LA NUQUE.

Comme il est indiqué au 272e exercice, mais en plaçant les mains à la nuque.

Progression. — Exécuter cet exercice, les mains à la poitrine et extension latérale des bras.

Barre à hauteur des genoux.

274. — EXTENSION DU TRONC, MAINS AUX HANCHES.

Position : Étant face à la barre à la distance d'un demi-pas, accrocher un pied sous la barre, la jambe étendue ; la jambe en appui sur le sol tendue, le corps vertical.

1. Étendre lentement et autant que possible le tronc en arrière, sans fléchir la jambe d'appui.

2. Revenir lentement à la position initiale.

275. — EXTENSION DU TRONC, MAINS A LA NUQUE.

Comme il est indiqué au 274e exercice.

Progression comme au 273e exercice.

Mouvements d'extension et de flexion du tronc.

Assis sur une barre, sur un banc ou sur le sol, les pieds fixés.

276. — INCLINER LE TRONC EN ARRIÈRE ET REVENIR ASSIS, MAINS AUX HANCHES.

Position : S'asseoir et étendre les jambes, le tronc vertical, la tête droite, mains aux hanches.

1. Incliner lentement le tronc en arrière, en maintenant la tête et les bras dans leur position initiale.

2. Revenir lentement assis pour reprendre la position initiale.

277. — Incliner le tronc en arrière et revenir assis, mains aux épaules.

1. Incliner lentement le tronc en arrière, en maintenant la tête et les bras dans leur position initiale.

2. Revenir lentement assis pour reprendre la position initiale.

Progression. — Exécuter cet exercice les mains à la nuque.

Nota. — Les exercices de suspension 192 à 194 (troisième série) doivent être considérés surtout comme exercices s'adressant aux muscles de l'abdomen et peuvent prendre place ici.

B. — Exercices de flexion latérale.

Barre à hauteur des hanches.

278. — Flexion latérale du tronc du côté appuyé, mains aux hanches.

Les élèves étant placés le côté contre la barre et à 0 m. 50 de distance l'un de l'autre, mains aux hanches :

1. Fléchir lentement le tronc du côté de la barre, la tête maintenue dans la direction de l'axe du corps. Éviter de soulever le pied du côté opposé à la flexion du tronc.

2. Reprendre lentement la position initiale.

Demi-tour et exécuter l'exercice de l'autre côté.

Progression. — Exécuter cet exercice : 1° les mains à la nuque ; 2° les mains à la poitrine et extension latérale des bras.

Barre à hauteur des genoux.

279. — UN PIED ACCROCHÉ A LA BARRE, MAINS AUX HANCHES : FLEXION LATÉRALE DU TRONC, DU CÔTÉ OPPOSÉ A LA BARRE.

Les élèves étant placés le côté gauche tourné vers la barre, à environ 0 m. 50, mains aux hanches.

Position : Écarter latéralement la jambe gauche étendue et accrocher le pied au-dessous de la barre, la pointe du pied dirigée vers le haut ; la jambe sur le sol tendue, le corps vertical.

1. Fléchir lentement le tronc du côté opposé à la barre les jambes étendues ; la tête et les bras maintenus dans leur position initiale et suivant le mouvement du tronc.

2. Revenir lentement à la position initiale.

Demi-tour et exécuter l'exercice de l'autre côté.

Progression. — Exécuter cet exercice mains à la nuque.

C. — *Exercices de torsion.*

280. — A CHEVAL SUR UN BANC, MAINS AUX HANCHES : TORSION DU TRONC.

Les bancs étant placés bout à bout, les élèves se placent à cheval, l'un derrière l'autre, à 0 m. 50 de distance, les mains sur les hanches.

1. Tourner lentement le tronc à gauche, sans déplacer les cuisses, la tête et les bras suivant le mouvement des épaules.

2. Revenir lentement à la position initiale.

3 et 4. Même mouvement à droite.

Barre à 0 m. 30 du sol.

281. — Un pied accroché a la barre en arrière, mains aux hanches : flexion du tronc, puis torsion.

Position, déjà indiquée au 271e exercice.

1. Incliner lentement le corps en avant en fléchissant la jambe droite, le tronc cambré dans la direction de la jambe accrochée, les coudes en arrière, la tête dans la direction du tronc.

2. Tourner lentement le tronc sans changer la position de la tête et des bras.

3. Revenir lentement à la position du temps 1.

282. — Face a la barre, un pied accroché, mains aux hanches : extension du tronc, puis torsion.

La position et l'exécution du premier temps se fera comme il est indiqué au 274e exercice.

2, 3. Comme il est indiqué à l'exercice précédent.

EXERCICES

DE LA SIXIÈME SÉRIE

**Sauts variés de pied ferme et avec élan.
Jeux gymnatiques impliquant le saut.**

1er GROUPE : **Sauts successifs sur place.**
2e GROUPE : **Sauts de pied ferme.**
3e GROUPE : **Sauts avec élan.**
4e GROUPE : **Vindas.**
5e GROUPE : **Jeux impliquant le saut.**

1er GROUPE

SAUTS SUCCESSIFS SUR PLACE

Élèves de 6 à 11 ans.

Les sautillements de la 4e série peuvent être exécutés ici.

283. — Sauts successifs.

Mains aux hanches. Fléchir légèrement les membres inférieurs.

Les étendre vivement pour se détacher de terre, tomber sur la pointe des pieds et continuer ainsi en fléchissant les jambes le moins possible, le haut du corps restant droit.

284. — Sauts successifs avec élévation des jambes fléchies.

Mains aux hanches. Fléchir les membres inférieurs.

Les étendre vivement, se détacher de terre et fléchir immédiatement les jambes en élevant les genoux le plus possible.

Toucher terre et continuer ainsi.

Exécuter l'exercice en portant les bras en arrière au temps 1 et en les élevant verticalement au temps 2.

Élèves de 11 à 13 ans.

285. — Sauts successifs sur place avec flexion du tronc.

Fléchir les membres inférieurs en abaissant les bras.

Se détacher de terre en élevant à la fois en avant les jambes étendues et les bras, le tronc fléchi.

Toucher terre les bras en arrière et continuer ainsi.

286. — Sauts successifs sur place avec extension du tronc.

Fléchir les membres inférieurs en abaissant les bras en arrière.

Sauter en élevant les bras verticalement et en portant les jambes en arrière, les reins cambrés.

Toucher terre les bras en arrière et continuer ainsi.

287. — Sauts a la corde.

C'est le jeu usité parmi les enfants, il ne faut pas en abuser pour les jeunes filles.

Ce saut peut se faire pour les garçons avec des cerceaux.

2e GROUPE

SAUTS DE PIED FERME

Élèves de 6 à 13 ans.

288. — Saut de pied ferme en hauteur.

Voir la préparation au saut, 2e série (N° 75).
Position : Station droite, bras élevés.

1. Fléchir les membres inférieurs en abaissant les bras.

2. Étendre vigoureusement les membres inférieurs en lançant les bras en avant, puis les abaisser pendant la suspension.

3. Toucher terre par la pointe des pieds en lançant les bras en avant et se relever bras abaissé.

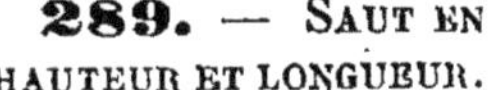

289. — Saut en hauteur et longueur.

Mêmes principes que dans le saut en hauteur, seulement le corps, au moment de la détente, est légèrement incliné en avant.

Pour sauter de pied ferme au-dessus d'un obstacle, on se place debout le plus près de cet obstacle, les talons joints, les bras élevés; on fléchit ensuite les membres inférieurs en abaissant les bras (période de préparation), puis (période d'impulsion) on change brusquement le sens d'oscillation des bras en leur communiquant la plus grande vitesse d'élévation possible pendant que l'on fait une vigoureuse extension des membres inférieurs.

Le corps se détache du sol (période de suspension), et si l'on veut franchir un obstacle élevé, on fléchit fortement les membres inférieurs en maintenant les bras étendus horizontalement. L'obstacle franchi, on abaisse les bras, on étend le tronc et les membres inférieurs pour éviter le contact du corps contre l'obstacle; les deux pieds touchent simultanément le sol par la pointe (période de chute), on résiste à la flexion exagérée des membres inférieurs par un effort d'extension et l'on relève vivement les bras pour rétablir l'équilibre.

Quand le saut est exécuté sur place, on retombe verticalement sur les mêmes empreintes des pieds.

290. — Saut en longueur.

Le saut de pied ferme en longueur doit être précédé d'une flexion marquée des membres inférieurs; la détente doit être énergique: l'extension doit être complète et coïncider avec une vive projection des bras en avant; l'impulsion doit être donnée pendant que le corps fait un commencement de chute en avant; elle finit au moment où la ligne qui joint le centre d'appui des pieds à la hanche fait un angle de 45 degrés avec l'horizontale; les bras s'abaissent pendant la suspension pour se relever au moment de la chute; les pieds réunis touchent terre un instant par le talon, les jambes portées en avant résistent en fléchissant pour amortir le choc, le corps se relève immédiatement.

291. — Sauts successifs.

Dans les sauts successifs, les jambes fléchies au moment de la chute doivent immédiatement s'étendre avec une nouvelle élévation des bras.

292. — Sauts de côté.

Dans toutes les variétés de sauts, on doit observer les mêmes principes généraux relatifs à la préparation, à l'impulsion, à la suspension et à la chute.

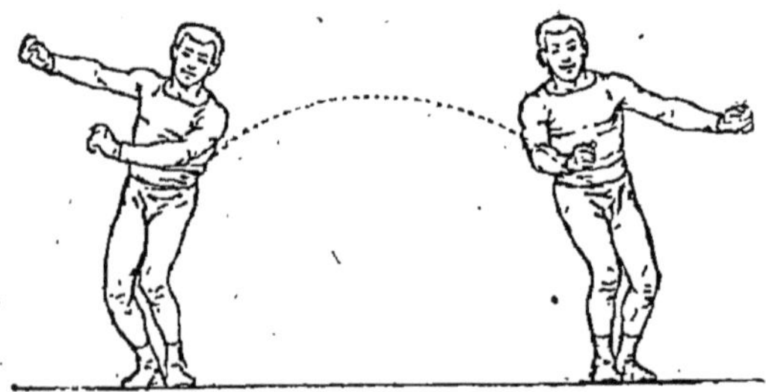

Ainsi, dans le saut en arrière ou de côté, l'inclinaison du tronc et le mouvement des bras doivent être dirigés dans la direction du saut.

1. Porter les bras latéralement du côté opposé au saut, en fléchissant les membres inférieurs et en inclinant le tronc du côté où l'on saute.

2. Lancer les bras dans la direction du saut en étendant vivement les membres inférieurs.

293. — Sauts en arrière.

Lancer les bras en arrière au moment où l'on étend les jambes.

3e GROUPE

SAUTS AVEC ÉLAN

Élèves de 11 à 13 ans.

294. — SAUT AVEC ÉLAN EN HAUTEUR.

Il ne faut que quelques pas de course pour exécuter un saut en hauteur avec élan ; l'appel se fait d'un pied ; le tronc est vertical ou légèrement incliné en arrière au moment de l'impulsion.

Les jambes se joignent pendant la suspension, et l'attitude la plus favorable pour franchir un obstacle élevé est celle où le tronc est fléchi sur les cuisses, les jambes restant presque étendues et horizontales.

Au moment de la chute, les pieds touchent terre par la pointe ; on résiste par un effort d'extension à la flexion exagérée des membres inférieurs. On assure l'équilibre final par un mouvement convenable des bras ; il faut, pour cela, après les avoir abaissés pendant la suspension, les élever vivement ensuite au moment du contact avec le sol.

On devra s'exercer sans planche d'appel ni tremplin ; l'obstacle à franchir sera un fil de caoutchouc, à défaut une corde tendue entre les deux montants du sautoir.

Le sol doit être dur à la place de l'appel, meuble à la place de la chute ; mieux vaut cependant s'habituer à sauter sur un plancher nu.

Dans la leçon de gymnastique l'enseignement devant être surtout collectif, le professeur fera placer ses élèves sur 4 rangs en profondeur, les élèves à 1 mètre environ de distance les uns des autres et tous face au sautoir qu'il s'agit de franchir. A défaut de poteaux, deux élèves peuvent tenir le fil de caoutchouc à la hauteur indiquée.

Le professeur commande :

En position ! — Partez !

Les quatre élèves situés devant placent une jambe et les bras en arrière et au commandement de Partez ! s'élancent vers l'obstacle à franchir, sautent et font la chute comme il est indiqué ; ils se redressent et repartent deux d'un côté, deux de l'autre pour revenir au pas gymnastique prendre leurs places à 1 mètre derrière les derniers.

Tous les élèves doivent avancer d'un pas à chaque départ.

Le saut peut ainsi se répéter plusieurs fois en quelques minutes.

295. — Saut en hauteur et longueur avec élan.

Le saut avec élan en hauteur et longueur est un saut en hauteur exécuté avec une course préalable plus vive et une inclinaison plus grande du tronc au moment de l'impulsion.

Il n'offre rien de particulier ; l'attitude du corps pendant la suspension est celle du saut en hauteur.

296. — Saut avec élan en longueur.

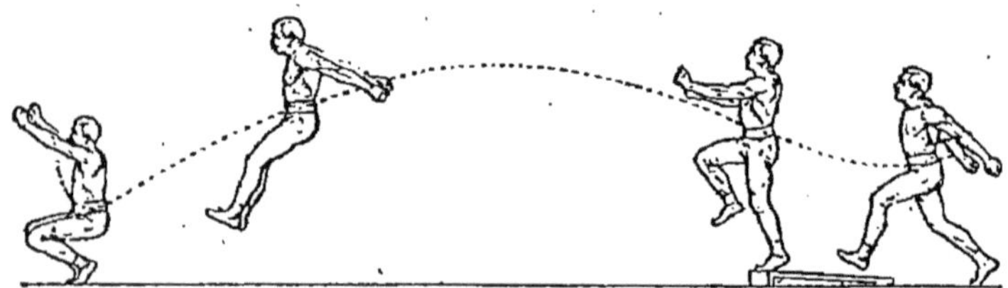

Contrairement à ce qui a été dit pour le saut en hauteur avec élan, la course qui précède le saut en longueur doit être très vive et accélérée, la longueur parcourue de 10 à 20 mètres dans l'élan.

C'est de la rapidité de la course préalable que dépend la longueur du saut.

L'appel se fait d'un pied, le tronc incliné légèrement en avant.

Pendant la suspension, il n'est pas nécessaire de se ramasser comme pour le saut en hauteur.

Au moment de la chute, le pied touche terre par le talon ; à ce moment, les bras sont abaissés et en abduction en arrière; l'obliquité des jambes est en rapport avec la longueur du saut.

On élèvera les bras pour établir l'équilibre final, qui, dans les sauts en longueur, est très difficile à obtenir.

Le maître se placera par prudence au point d'arrivée pour éviter les chutes dangereuses.

Il est inutile de se grouper d'une façon exagérée pendant le saut en longueur; les jambes peuvent, au contraire, rester presque étendues, les cuisses ont seules besoin d'être légèrement fléchies. Le pied rase le sol et touche terre par le talon en avant du corps, au moment de la chute.

Observations sur les chutes des sauts en général. — Dans les chutes des sauts, on doit résister à la flexion exagérée des membres inférieurs par une extension active; on doit finalement s'efforcer de rester immobile, les pieds sur leurs empreintes.

Pour cela, dans tous les sauts en hauteur ou profondeur, le pied touche terre par la pointe, et dans tous les sauts en longueur le pied porte sur le talon, les membres inférieurs légèrement fléchis et obliques en avant suivant la longueur du saut.

Dans la chute qui termine les différents sauts, il est nécessaire d'avoir les talons réunis, les genoux joints ou légèrement ouverts; cette dernière attitude est naturelle et semble donner la plus grande stabilité.

Les bras servent à rétablir l'équilibre par un balancement convenable; aussi faut-il se garder de ne pas profiter de leur aide en les immobilisant dans une position horizontale, quel que soit le saut.

4e GROUPE

VINDAS

Élèves de 11 à 13 ans.

297. — Course en se tenant des deux mains.

Saisir la poignée de la main droite, la main gauche sur la corde, un peu au-dessus de la poignée; s'éloigner du mât jusqu'à ce que la corde soit tendue, le bras droit fléchi devant le corps, la main en face de l'épaule gauche, le corps droit. Se lancer au pas de course en exécutant les plus grands pas possible et en s'aidant des bras; le corps restant droit, ainsi que la tête.

Arrêter les élèves au commencement de l'essoufflement.

298. — Course de côté, les deux mains sur la poignée.

Saisir la poignée des deux mains, ongles en dessus ; se tenir face au mât, corde tendue, bras étendus.

Partir vers la gauche en sautillant successivement sur les pieds en cherchant à maintenir le corps en équilibre et face au mât.

5° GROUPE

JEUX GYMNASTIQUES IMPLIQUANT LE SAUT

Élèves de 6 à 13 ans.

299. — Saut a la corde (sur place, ou en progressant).

300. — Saut au cerceau.

301. — Chat perché.

302. — Pigeon vole modifié.

303. — Les jambes coupées.

Pour varier la leçon et amuser les élèves, le professeur au lieu du saut organisera un des jeux indiqués dans la 4° série, page 91.

EXERCICES
DE LA SEPTIÈME SÉRIE

Exercices respiratoires. Marches lentes.

1er GROUPE : **Exercices respiratoires.**

2e GROUPE : **Marches lentes.**

1er GROUPE
EXERCICES RESPIRATOIRES

Élèves de 6 à 9 ans.

Les exercices respiratoires se font à la suite de tout exercice violent et chaque fois que le professeur le juge utile pour ramener le calme des fonctions respiratoire et circulatoire; ces exercices ont donc leur place dans toutes les séries.

L'inspiration devra se faire par le nez, l'expiration par la bouche.

Ces mouvements auront un rythme lent, avec élévation des côtes à leur maximum, en évitant de rentrer le ventre.

Le rythme varie avec l'âge et l'état d'entraînement des élèves.

304. — Mouvement respiratoire en effaçant les épaules.

Faire une inspiration profonde en effaçant fortement les épaules et en tournant les mains en supination.

Rejeter l'air de la poitrine en reprenant la station droite.

305. — Mouvement respiratoire avec élévation et abaissement des bras.

1. Élever lentement les bras étendus en avant jusqu'à la verticale en faisant une inspiration profonde.

2. Laisser tomber les bras en faisant une expiration profonde.

306. — Mouvement respiratoire avec élévation latérale et abaissement des bras.

1. Élever lentement les bras latéralement jusqu'à la verticale, paumes des mains en dehors en faisant une inspiration profonde.

2. Laisser tomber les bras en faisant une expiration profonde.

307. — Circumduction des bras.

1. Élever les bras comme à l'exercice 305.

2. Les abaisser comme à l'exercice 306.

308. — Mouvement d'élévation des bras avec flexion et abaissement latéral des bras étendus.

Élever les bras en les fléchissant pour faire passer les mains aux épaules, puis les étendre verticalement, tourner les mains paumes en dehors, descendre les bras étendus latéralement.

Exécuter l'inspiration pendant l'élévation des bras et l'expiration pendant l'abaissement.

Le professeur peut compter deux secondes pour l'inspiration 1, 2, puis deux pour l'expiration dès l'âge de 9 ans.

Élèves de 9 à 13 ans.

Reprendre les exercices décrits pour les élèves de 6 à 9 ans, et, à partir de 11 ans, compter deux secondes pour les premières inspirations, puis trois secondes; compter de même pour l'expiration.

2e GROUPE

MARCHES LENTES

Élèves de 6 à 13 ans.

309. — On comprend sous ce titre, toutes les marches soit au pas cadencé, soit sur les pointes de pied, soit en élevant les genoux, qui se font à un rythme assez lent avant la rentrée en classe et facilitent la circulation du sang sans la troubler.

Ces marches sont précédées et suivies de mouvements respiratoires très amples.

Elles durent 1 à 2 minutes.

EXEMPLES DE LEÇONS

Les leçons décrites ci-après ne peuvent être exécutées, dans le temps indiqué, que par des élèves disciplinés, déjà exercés et habitués au maître qui les commande.

Jusqu'à l'âge de 13 ans environ, l'éducation physique des jeunes filles ne diffère pas de celle des garçons; néanmoins, les exercices d'application, qui prennent un caractère plus énergique pour les garçons, doivent demeurer plus doux et toujours gracieux pour les jeunes filles.

Les indications d'âge n'ont rien d'absolu. Elles envisagent les sujets dont le développement est normal, sans viser les exceptions dans un sens ou dans l'autre.

Les exercices respiratoires devront être faits quand le professeur le juge à propos, surtout après les exercices violents; ils ne sont indiqués que 3 ou 4 fois dans les leçons modèles; néanmoins, on peut les reprendre plusieurs fois, suivant l'intensité et la vitesse des exercices choisis.

On sait que dans une même leçon un, ou plusieurs exercices sont pris dans chacune des séries; mais, tout en respectant le plan adopté, le professeur peut, suivant l'état de ses élèves et la température, modifier le temps consacré aux séries.

Exemples : Le professeur se trouvant en présence d'élèves ayant une mauvaise attitude (tête penchée en avant, épaules en avant, poitrine rentrée) devra, pendant plusieurs leçons successives, donner plus de temps aux 2e et 5e séries, en faisant un choix parmi les exercices correctifs.

En hiver, par temps froid, quand la leçon se donne en plein air, et surtout avec de jeunes élèves, on fera très peu d'exercices correctifs ou d'attitudes maintenues sur place; on donnera la préférence à tout ce qui est mouvement actif, course, saut, provoquant des effets généraux c'est-à-dire répondant à la partie hygiénique de la leçon (1re, 4e et 6e séries).

La leçon doit se donner à la lumière du jour et au grand air.

On calcule la durée de chaque série suivant la durée totale que l'on donne à la leçon.

Le professeur doit toujours préparer celle-ci; il doit amener graduellement les élèves à exécuter des mouvements de plus en plus énergiques, puis diminuer l'intensité des exercices pour terminer la leçon; il ne perdra pas de vue ses élèves, de façon à bien suivre l'effet produit sur eux. Les exercices respiratoires et des pauses de courte durée permettront de rétablir la régularité de la respiration et de la circulation.

Une bonne leçon peut néanmoins se faire sans autre repos, entre les exercices, que les mouvements respiratoires et les déplacements.

Tout en apportant de la variété dans les leçons, le maître devra bien se rendre compte de la valeur des exercices équivalents qu'il choisira.

Il doit apporter toute son attention à l'exécution individuelle; la perfection de l'ensemble ne doit être que secondaire.

Pour les exercices dits de plancher, le professeur pourra se servir de *moniteurs* (élèves de plus de 11 ans).

Le moniteur se place vis-à-vis le milieu du rang à 1 mètre environ.

Il fait les exercices en même temps que les autres élèves et leur sert de modèle; il ne doit corriger les mauvaises positions de son rang que sur l'ordre du professeur.

Dans les classes supérieures (élèves au-dessus de 16 ans) les moniteurs peuvent aider le travail individuel aux appareils; on peut également leur confier les élèves faibles qui ne peuvent suivre les autres.

LEÇON POUR COURS ÉLÉMENTAIRE

(*Elèves de 6 à 7 ans. Temps froid.*)

Durée de la leçon : 30 minutes.

1re Série. — Rompre les rangs;

Marches individuelles avec balancement naturel des bras;

Accélérer le pas, le ralentir, évoluer ainsi dans diverses directions sans se rencontrer.

2e Série. — Station droite, les épaules bien effacées; mains aux hanches, mains aux épaules, mains à la nuque;

Elévation des bras étendus dans les positions horizontale, verticale, latérale;

Mains aux hanches : *station* sur un pied.

Mouvements mimés pour assouplir le poignet et l'épaule.

3e Série. — Absente.

4e Série. — Sautillements latéraux;
Courir en tous sens sans se rencontrer; s'arrêter à un coup de sifflet;

Ronde avec sautillement d'un pied sur l'autre.

5e Série. — Mains aux hanches : flexion, extension et flexion latérale du tronc.

6e Série. — Sauts sur place avec mouvements des bras;

Courses à cloche-pied.

7e Série. — Exercices respiratoires;

Marches lentes;

Formation des rangs.

Pendant toute la durée de cette leçon les élèves restent dispersés dans la cour, assez éloignés les uns des autres, mais néanmoins à la portée de la voix du maître.

LEÇON POUR COURS ÉLÉMENTAIRE

(*Élèves de 7 à 8 ans. Température élevée.*)

Durée de la leçon : 30 minutes.

1re Série. — Rompre les rangs, puis se rassembler face au maître, plusieurs fois de suite, le maître se déplaçant chaque fois;

Marcher par deux, par quatre, se séparer, se réunir;

Grandes distances les bras étendus.

2e Série. — Mains à la nuque, mains aux hanches;
Mains aux épaules : extension et flexion des bras dans les directions horizontale, verticale et latérale;
Mains aux hanches : flexion et extension de la jambe en avant;
Mains aux hanches : flexion des membres inférieurs;
Circumduction des poignets.

Lancer au commandement à 2 ou 4 mètres de haut une petite balle[1] et la rattraper dans les deux mains.

3e Série. — Absente.

4e Série. — A un coup de sifflet, se porter le plus rapi-

1. Les élèves seront munis de cette balle avant le début de la leçon.

dement possible à un endroit désigné, par exemple le dos contre le mur de la cour;

Jeu de chat et souris.

5e Série. — Fente latérale tendue, mains aux hanches : flexion et extension du tronc;
Flexion latérale et circumduction du tronc.

6e Série. — Saut en longueur de pied ferme; en le décomposant d'abord, ensuite sans le décomposer; les élèves compteront les temps à haute voix.

7e Série. — Exercices respiratoires;
Marches lentes.

LEÇON POUR COURS ÉLÉMENTAIRE

(Élèves de 9 à 11 ans. Température douce d'avril.)

Durée de la leçon : 30 minutes.

1re Série. — Rassemblement sur un rang;

Marcher alternativement au pas cadencé puis au pas allongé;

Rompre et rassembler sur un rang.

2e Série. — Se numéroter par quatre; en arrière par quatre à vos postes!
Elévation des bras à la position horizontale et écartement latéral;
Mains aux épaules : extension et flexion des bras dans la direction verticale;
Mains à la poitrine : extension latérale des avant-bras;
Mains à la nuque : élévation de la cuisse en avant, jambe fléchie, extension et flexion de la jambe;
Mains aux hanches : flexion des membres inférieurs;
Mains aux hanches : fente latérale fléchie.

3e Série. — Barre mobile à hauteur de la ceinture : suspension inclinée, talons sur le sol;
Sauter à l'appui tendu sur la barre et sauter à terre.

4e Série. — Sautillements à pieds joints;

Course de résistance d'une minute;

Jeu de l'ours en cage;
Pour les filles jeu de pigeon-vole modifié.

5e Série. — Mains aux hanches, fente latérale tendue : flexion et extension du tronc;
Mains à la nuque, fente latérale tendue : flexion latérale du tronc;
Mains à la nuque, fente latérale tendue : torsion du tronc.

6e Série. — Préparation à la chute du saut;
Saut de pied ferme en hauteur, en exerçant 4, 6 ou 8 élèves à la fois.

7e Série. — Exercices respiratoires;

Marches lentes.

Cette leçon se donne dans la cour, sauf pour la 3e série quand il n'y a pas de barre double en dehors du gymnase. On peut alors remplacer les exercices à la barre par des mouvements sur les bancs et des mouvements avec aides.

LEÇON POUR COURS MOYEN

(Filles de 11 à 13 ans. Mai, beau temps.)

Durée de la leçon : 45 minutes.

1re Série. — Marcher au pas cadencé, accélérer l'allure;
Passer d'un rang sur deux et réciproquement;
Former le cercle.

2e Série. — Élever verticalement les bras et les écarter latéralement;
Mains aux épaules : extension verticale des bras;
Mains à la poitrine : extension latérale des avant-bras en portant un pied en arrière appuyé par la pointe;
Mains à la nuque : demi-flexion des membres inférieurs;
Élévation de la jambe étendue en avant, en arrière et de côté avec élévation des bras étendus dans les directions horizontale, latérale et verticale;
Circumduction des bras en opposition d'avant en arrière.

3e Série. — Suspension inclinée en avant et en arrière aux échelles jumelles;
Balancer les jambes en avant et en arrière;
Les mains aux échelons : élever une jambe fléchie, l'autre, puis les deux;
Marcher de côté sur la poutre.

4e Série. — Danse : scottish.

5e Série. — Extension, flexion et flexion latérale du tronc

sur les bancs, les pieds accrochés ou maintenus par un aide.

6e Série. — Sauts à la corde : la promenade.
(Chaque élève doit avoir sa corde à sauter.)

7e Série. — Exercices respiratoires ;
Marches lentes.

Cette leçon conviendrait à des garçons du même âge, en remplaçant la scottish par une course et en remplaçant la corde à sauter par le cerceau.

LEÇON POUR COURS MOYEN

(*Garçons de 11 à 13 ans. Température fraîche.*)

Durée de la leçon ; 45 minutes.

1re Série. — Rassemblement sur un rang ;
A droite... droite !
Marquer le pas sur place avec élévation des genoux
Marcher au pas cadencé, au pas gymnastique ;
Course serpentine, former la spirale ;
Arrêt en ligne sur un rang ;
A gauche, se numéroter par quatre ;
En avant à un pas prenez vos intervalles.

2e Série. — Mains aux épaules : élévation et extension des bras en se fendant en avant, talon du pied arrière levé ;

Mains à la poitrine : étendre les avant-bras en se fendant latéralement ;

Mains aux hanches : préparation aux coups de pied bas ;

Mains aux hanches : préparation aux coups de pied de flanc.

3e Série. — Barre mobile à hauteur de la ceinture : suspension inclinée, allongée, puis les bras fléchis, élever une jambe ;

Barre double : sauter à l'appui, élever les genoux ;

Échelle oblique : monter par derrière à l'aide des bras et des jambes.

4e Série. — 1 minute de course modérée, 30 secondes de pas cadencé et 1 minute de course ;

Jeu de la roue par groupe de 8 élèves.

5e Série. — Fente latérale tendue, mains à la poitrine ; flexion du tronc avec extension et flexion des avant-bras :

Fente latérale tendue, mains aux épaules : extension du tronc, extension et flexion des avant-bras;
Mains à la nuque : flexion latérale du tronc.

6e Série. — Sauts de pied ferme de côté.

7e Série. — Exercices respiratoires;

Marches lentes.

LEÇON POUR COURS MOYEN

(Élèves de 12 à 13 ans. Fin octobre, température un peu froide.)

Durée de la leçon : 45 minutes.

1re Série. — Rompre les rangs;

Marches individuelles au pas cadencé;
— — en levant les genoux;
— — sur la pointe des pieds;
— — sur les talons;
Rassemblement sur deux rangs;
Se numéroter par quatre;
A droite, prendre les grandes distances avec les bras.

2e Série. — Élévation verticale des bras;
Mains à la poitrine : se fendre en avant, talon d'arrière levé, en étendant les avant-bras;
Mains à la nuque : flexion des membres inférieurs;
Fente d'escrime;

* Boxe : en garde. Coup de poing du bras arrière et du bras avant;
Coup de pied bas jambe droite;
Marcher;
Coup de pied bas jambe gauche;
Rompre. Fixe!

3e Série. — *Les élèves sont divisés en quatre sections ayant à leur tête quatre moniteurs désignés à l'avance :*

1re section. Barre de suspension : translation latérale en déplaçant alternativement les mains;

2e section. Barre au-dessus de la tête : le dos tourné vers la barre et éloigné à 50 centimètres environ; élever verticalement les bras étendus et appuyer en arrière les mains contre la barre;
Etant dans cette position : fléchir et étendre la jambe;

3e section. Perches par paires : monter et descendre à l'aide des bras et des jambes;

4e section. Barres doubles : appui tendu, franchir une barre en arrière après un balancement;

Les 1re et 2e sections, les 3e et 4e sections changent entre elles d'appareils. Si ceux-ci sont assez nombreux pour permettre l'exercice simultané de tous les élèves divisés en deux groupes, le professeur continue à diriger seul.

4e Série. — Sautillements avec extension du tronc;

Courses de vitesse de 40 mètres et par section.

5e Série. — Rassemblement à grandes distances en étendant les bras;
Mains aux épaules : flexion et extension du tronc avec extension et flexion des bras;
Fente latérale tendue puis fléchie, mains aux épaules : extension et flexion des bras;
Fente latérale tendue, mains à la poitrine : torsion du tronc avec extension des avant-bras.

6e Série. — Sauts successifs à pieds joints;

Jeux. Les jambes coupées (ce jeu consiste à se placer au centre d'un cercle formé par les élèves et à faire tourner sous leurs pieds une corde pivotant autour de ce centre).

7e Série. — Exercices respiratoires;

Marches lentes.

Dans une leçon d'une heure, on pourra remplacer la course de vitesse par le jeu de barres ou de la balle au chasseur ou de l'épervier.

DEUXIÈME PARTIE

EXERCICES POUR LES ÉLÈVES DE 13 ANS ET AU-DESSUS

EXERCICES

DE LA PREMIÈRE SÉRIE

Marches. Évolutions. Exercices d'ordre.

1er GROUPE : **Marches.**

2e GROUPE : **Évolutions.**

3e GROUPE : **Exercices d'ordre.**

Élèves de 13 à 16 ans.

Reprendre les exercices décrits pour les élèves de 6 à 13 ans.

Des allures normales.

L'un des points principaux de l'éducation physique est de perfectionner les allures normales de l'homme.

Les allures normales de l'homme sont : la marche, la course et le saut.

Si tous marchent, courent et sautent, toutes les manières de marcher, de courir et de sauter ne sont pas également bonnes au point de vue de l'effet utile qu'on en peut retirer. Il faut pour ces exercices, comme pour tous en général, une éducation spéciale des mouvements soumise à des lois naturelles que l'observation des meilleurs sujets a pu mettre en évidence.

Ainsi, dans la marche et dans la course, il ne suffit pas de s'efforcer d'acquérir la vitesse; pour soutenir une allure vive, il faut que cette vitesse soit obtenue économiquement, c'est-à-dire sans dépense inutile de force musculaire; il faut aussi, pour éviter des accidents, dans les sauts par exemple, connaître la meilleure manière d'utiliser ses forces afin de détruire la vitesse acquise.

La méthode est donc aussi nécessaire dans les allures normales que dans les autres mouvements gymnastiques.

De la marche.

Dans la marche il y a une relation entre la longueur du pas et la cadence. Si l'on accélère progressivement cette cadence jusqu'à 75 pas à la minute, on voit la longueur du pas augmenter avec elle jusqu'à 1 m. 70 environ pour un homme moyen. Ce chiffre est un maximum, et si l'on accélère encore l'allure à ce moment, on voit le pas diminuer de longueur.

Le maximum de vitesse de progression correspond environ à la cadence de 85 pas à la minute pour un adulte, mais toutes les cadences de la marche qui dépassent 65 ou 70 ne peuvent pas être utilisées dans la pratique à cause de la fatigue qu'elles occasionnent.

Les allures avantageuses sont celles qui varient de 55 à 65 pas à la minute. Il vaut donc mieux allonger le pas plutôt que le précipiter.

Dans la marche longtemps soutenue, les jambes doivent être légèrement fléchies, le poids du corps porté en avant.

On ne doit commander que la cadence ou bien la longueur du pas de marche, car ces deux éléments sont liés entre eux.

La cadence doit être modérée, en rapport avec la taille, et l'on doit tirer parti de toute l'oscillation complète de la jambe, c'est-à-dire faire le pas allongé.

Cet allongement du pas doit s'obtenir en poussant avec la jambe à l'appui le plus longtemps possible, plutôt qu'en exagérant l'ouverture de l'angle des jambes ou en étendant complètement la jambe au moment du poser du pied.

Le pied doit toucher le sol par le talon sans choc; la jambe se fléchit ensuite légèrement et le déroulement du pied sur le sol doit être complet.

Il faut éviter cependant de fléchir trop la jambe au moment de l'appui; on raccourcirait ainsi la longueur du pas.

Dans la marche sur un terrain montant, le corps doit

être penché en avant. Le contraire a lieu dans la descente.

La chaussure doit avoir la forme du pied, la semelle large, assez épaisse, mais souple; le talon très bas et large.

Un talon élevé diminue la longueur du pas et contribue à donner de mauvaises attitudes.

Une semelle longue à talon bas augmente au contraire la longueur du pas en permettant le déroulement complet du pied sur le sol.

EXERCICES

DE LA DEUXIÈME SÉRIE

Mouvements des membres supérieurs et inférieurs dans des attitudes variées. Exercices d'équilibres. Exercices de lancer. Oppositions et luttes deux à deux.

1er GROUPE : **Exercices correctifs et d'assouplissement (mains libres).**

A. Attitudes initiales.

B. Mouvements des membres supérieurs.

C. Fentes.

D. Stations sur un pied.

E. Flexions des membres inférieurs et mouvements dans la station accroupie.

F. Mouvements dissymétriques.

2e GROUPE : **Exercices avec barres.**

3e GROUPE : **Exercices avec haltères.**

4e GROUPE : **Exercices de lancer.**

5e GROUPE : **Exercices de résistance ou d'opposition deux à deux.**

* 6e GROUPE : **Boxe.**

7e GROUPE : **Canne.**

8e GROUPE : **Massues.**

* 9e GROUPE : **Lutte romaine.**

*10e GROUPE : **Lever de pierres, de barres à sphères.**

1er GROUPE

EXERCICES CORRECTIFS ET D'ASSOUPLISSEMENT (MAINS LIBRES)

Élèves de 13 à 16 ans.

A. — *Attitudes initiales.*

B. — *Mouvements des membres supérieurs.*

C. — *Fentes.*

D. — *Stations sur un pied.*

Reprendre les exercices décrits pour les élèves de 6 à 13 ans.

E. — *Flexion des membres inférieurs et mouvements dans la station accroupie.*

Reprendre les exercices décrits pour les élèves de 6 à 13 ans.

*** 310.** — Extension latérale des avant-bras en portant une jambe étendue latéralement.

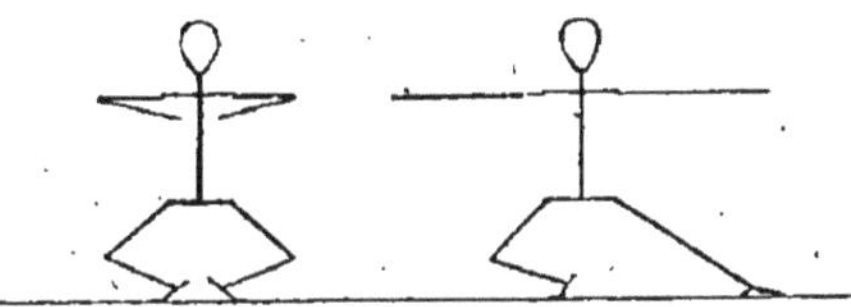

Station accroupie, mains à la poitrine. En position!

1. Étendre les avant-bras à la position horizontale en portant la jambe gauche étendue de côté, le pied à plat.
2. Revenir à la position de départ.
3. Comme au temps 1 avec la jambe droite.
4. Revenir à la position de départ.

F. — *Mouvements dissymétriques.*

Reprendre les exercices décrits pour les élèves de 6 à 13 ans.

2e GROUPE

EXERCICES AVEC BARRES

Élèves de 13 à 16 ans.

Reprendre les exercices décrits pour les élèves de 11 à 13 ans, avec barres de 1 à 3 kilos.

3e GROUPE

EXERCICES AVEC HALTÈRES

Élèves de 13 à 16 ans.

Reprendre les exercices décrits pour les élèves de 11 à 13 ans avec haltères de 1 à 2 kilos.

4e GROUPE

EXERCICES DE LANCER

Élèves de 13 à 16 ans.

Reprendre les exercices décrits pour les élèves de 11 à 13 ans.

311. — Lancer une balle dans un panneau de un mètre de côté, placé a dix et a vingt mètres, avec la main gauche ou la droite.

312. — Lancer le ballon avec le pied.

Le ballon étant posé à terre, le faire passer d'un coup de pied par-dessus une barre ou une corde élevée à 2 mètres du sol, et placée à 20 mètres, puis 25 mètres de distance.

313. — Lancer le ballon avec la main.

Le ballon ayant touché terre, le frapper avec le poing et le faire passer par-dessus une barre élevée à 2 mètres du sol et placée à 10 mètres, puis 15 mètres de distance.

Élèves de 16 ans et au-dessus.

* **314.** — LANCER LE BOULET.

Étant placé dans un carré de 2 mètres de côté :

1. Se fendre de la jambe gauche, saisir le boulet de la main droite;

2. Porter la main droite en arrière de la tête, le bras fléchi, en rejetant le corps en arrière et en fléchissant les jambes;

3. Lancer le boulet en longueur par une extension du bras droit, en penchant le corps en avant, en tendant la jambe droite, sans sortir du carré.

Répéter l'exercice en se fendant de la jambe droite, le boulet dans la main gauche.

Faire coïncider la détente du bras avec l'allongement complet du corps.

Il est utile de faire ce lancement du boulet en cherchant à toucher un piquet planté dans le sol, ou en cherchant à faire tomber le boulet dans un cercle tracé à une distance convenable.

Le poids du boulet sera de :

5 kilogrammes pour les élèves de 16 à 17 ans;

6 kilogrammes pour les élèves de 17 à 18 ans;

7 kilogr. 250 pour les élèves au-dessus de 18 ans.

Avec 10 boulets, l'on peut exercer dix élèves à la fois et au commandement.

315. — LANCER LE DISQUE.

316. — LANCER LE JAVELOT.

Se reporter aux ouvrages spéciaux.

5e GROUPE

EXERCICES DE RÉSISTANCE OU D'OPPOSITION DEUX A DEUX

Élèves de 13 à 16 ans.

Reprendre les exercices décrits pour les élèves de 11 à 13 ans.

* 6e GROUPE

BOXE

Élèves de 13 à 16 ans.

Reprendre les exercices décrits pour les élèves de 11 à 13 ans.

Combinaisons de coups et parades.

Les élèves connaissant tous les coups, toutes les parades, décrits pour les élèves de 11 à 13 ans, peuvent exécuter des leçons de 6 à 9 temps, combinées par le professeur.

Exemples :

317. — Leçon combinée en 6 temps.

1. Coup de poing du bras arrière.
2. Coup de poing du bras avant.
3. Parade du coup de poing de figure avec bras avant.
4. Coup de pied bas.
5. Revenir en garde.
6. Face en arrière, sur les deux talons.

Répéter face en arrière.

318. — Leçon combinée en 9 temps.

1. Coup de poing en se fendant du bras avant.
2. Parade du coup de pied bas.
3. Pied à terre.
4. Position du coup de pied de flanc, jambe droite fléchie.
5. Lancer le coup et ramener la jambe fléchie.
6. En garde arrière.
7. Coup de pied chassé de la jambe avant.
8. Pied à terre.
9. Face en arrière en pivotant sur les deux talons.

Répéter face en arrière.

Élèves de 16 ans et au-dessus.

319. — Exercices au mannequin.

Lorsque les élèves exécutent correctement les coups dans le vide, ils sont exercés à porter ces coups sur les mannequins confectionnés avec des sacs rembourrés suspendus à différentes hauteurs. Pour cet exercice, ils sont, autant que possible, munis de gants.

7e GROUPE

CANNE

Élèves de 13 à 16 ans.

Désignation des exercices.

320. — Exercices préliminaires.

Mise en garde.
Retour à la position fixe.
Moulinets.
Brisés.
Enlevés.

321. — Attaques.

Coup de tête.
Coup de figure à droite.
Coup de figure à gauche.
Coup de flanc à droite.
Coup de flanc à gauche.
Coup de genou à droite.
Coup de genou à gauche.
Coups de bout.

322. — Parades.

Parade du coup de tête.
Parade du coup de figure.
Parade du coup de flanc.
Parade du coup de genou.
Parade du coup de bout.

Description des exercices.

Les élèves sont placés de manière à avoir entre eux plus de 2 mètres d'intervalle.

Ils seront exercés des deux mains.

323. — Position préparatoire.

Les élèves étant placés à 2 mètres d'intervalle, le professeur commande :

Attention !

A ce commandement, saisir la canne de la main droite par une extrémité, en plaçant l'autre contre le bord externe de la pointe du pied droit, le bras étendu vers la droite, la paume de la main en arrière, le pouce allongé sur la canne, le bras gauche pendant naturellement.

324. — MISE EN GARDE.

1. Élever la canne en avant, le bras étendu, la main à hauteur des yeux, les ongles en dessous, la canne dans le prolongement du bras ; exécuter en même temps un demi à gauche, les pieds en équerre.

2 et 3. Faire décrire à la canne un cercle à gauche de haut en bas (brisé), se fendre de la jambe gauche en arrière, en fléchissant légèrement le bras droit, à hauteur de tête, la canne inclinée, les jambes légèrement fléchies, et porter en même temps l'avant-bras gauche derrière le corps, la main fermée.

325. — RETOUR A LA POSITION.

1. Rapporter le pied gauche à côté du droit en étendant le bras en avant.

2. Placer l'extrémité de la canne contre la pointe du pied droit en faisant un demi à droite et en laissant tomber le bras gauche.

326. — MOULINETS.

Les moulinets s'exécutent en faisant décrire à l'extrémité de la canne des cercles de droite à gauche ou de gauche à droite, au-dessus de la tête et dans un plan horizontal.

327. — BRISÉS.

Les brisés consistent à faire passer la canne à droite et à gauche du corps en faisant décrire à son extrémité des cercles dans les plans verticaux et de haut en bas.

328. — ENLEVÉS.

Les enlevés diffèrent des brisés en ce que les cercles décrits par la canne s'exécutent de bas en haut.

Les élèves répéteront les exercices précédents jusqu'à ce

qu'ils puissent les exécuter rapidement, et passer des moulinets aux enlevés et des enlevés aux brisés avec facilité. Ils les exécuteront ensuite en marchant en avant et en arrière.

Attaques.

329. — Coup de tête.

1. Exécuter un brisé à droite ou à gauche, porter la canne derrière le corps, la pointe en bas, la main près de l'oreille en rassemblant le pied droit contre le gauche et frapper à hauteur du sommet de la tête, le bras étendu en se fendant de la jambe droite.

2. Reprendre la garde.

330. — Coup de figure a droite ou a gauche.

1. Exécuter un moulinet de gauche à droite ou de droite à gauche ; porter la canne horizontale derrière la tête à hauteur des épaules, en rassemblant en arrière et frapper à hauteur de l'oreille de l'adversaire, le bras étendu en se fendant de la jambe droite.

2. Reprendre la garde.

331. — Coup de flanc a droite ou a gauche.

1. Exécuter un moulinet de gauche à droite ou de droite à gauche, porter la canne horizontale derrière la tête à hauteur des épaules en rassemblant en arrière, et frapper à hauteur des côtes de l'adversaire le bras étendu en se fendant de la jambe droite.

2. Reprendre la garde.

332. — Coup de genou a droite ou a gauche.

S'exécute comme le coup de flanc en frappant l'adversaire à hauteur du genou de devant.

333. — Coup de bout.

Retirer le bras droit en arrière, la canne horizontale en rassemblant le pied droit contre le gauche, et lancer vigoureusement la pointe vers l'abdomen de l'adversaire en se fendant de la jambe droite.

Ce coup n'est pas admis en assaut.

Parades.

334. — Parade du coup de tête.

1. Rassembler en arrière et élever la canne à la position horizontale à hauteur du sommet de la tête, la main droite un peu à droite, le bras légèrement fléchi.
2. Reprendre la garde en replaçant le pied droit.

335. — Parade du coup de figure.

1. Rassembler en arrière et élever la canne la pointe en haut, à la position verticale à droite ou à gauche, suivant le coup à parer, le bras fléchi.
2. Reprendre la garde en replaçant le pied droit.

336. — Parade du coup de flanc.

1. Rassembler en arrière et abaisser la canne la pointe en bas en la portant à droite ou à gauche, suivant le

coup à parer, la main à hauteur de l'épaule, le bras fléchi.

2. Reprendre la garde en replaçant le pied droit.

337. — Parade du coup de genou.

S'exécute comme la parade du coup de flanc, le bras plus abaissé.

338. — Parade du coup de bout.

S'exécute comme les deux parades ci-dessus suivant la direction du coup.

Les coups et parades peuvent se combiner; mais il est recommandé de ne pas compliquer les exercices.

Quand les élèves connaissent le mécanisme des coups et leurs parades, deux rangs se font face, l'un frappe et l'autre pare.

Élèves de 16 ans et au-dessus.

Assauts.

Les assauts de boxe et de canne ne peuvent se faire qu'en présence du professeur, en dehors de la leçon, et seulement par des élèves très exercés.

8e GROUPE

MASSUES

Élèves de 13 à 16 ans.

La massue consiste en une masse de bois ou de fer dont le centre de gravité se trouve assez éloigné de l'extrémité amincie et légèrement conique qui sert de poignée ; cette particularité la distingue de l'haltère qui a son centre de gravité situé dans la main.

Le poids de la massue agit avec d'autant plus d'effet

que la distance de ce centre de gravité à la main est plus grande et que, suivant son orientation, l'inclinaison de l'axe de la massue se rapproche le plus de l'horizontale.

De plus, la vitesse communiquée à cette masse dans certaines directions donne naissance, en vertu de son inertie, à des résistances qui sollicitent des actions musculaires diverses.

Les mouvements caractéristiques de la massue sont : des moulinets du poignet ou combinaisons de la pronation, de la supination avec la flexion et l'extension de la main ; des moulinets exécutés derrière la tête avec flexion du bras, et de grands cercles en avant qui sont des circumductions des bras étendus.

Les combinaisons de ces mouvements types donnent lieu à des séries fort élégantes, surtout si on les exécute simultanément avec deux massues.

Il faut employer des massues légères ayant une forme effilée et à poignée conique, c'est-à-dire renflée légèrement à son extrémité.

Les mouvements de massue sont des mouvements de souplesse bien plus que des mouvements de force ; il faut aider le mouvement de balancement de la massue sans lui résister, et éviter les chocs douloureux qui pourraient se produire dans l'articulation du coude.

Les mouvements de massue seront faits avec modération ; il est bon de les alterner avec des mouvements mains libres et de conserver toujours une bonne attitude.

Mouvements préparatoires.

339. — Le bras étendu, balancer d'arrière en avant la massue jusqu'à la position horizontale.

340. — Balancer latéralement la massue a droite et a gauche jusqu'à la position horizontale.

341. — Balancer d'arrière en avant la massue jusqu'a la position verticale.

342. — Mouvement circulaire continu de la massue autour du corps de droite a gauche et de gauche a droite, la massue pendant librement, la main a hauteur de la tête.

343. — Circumduction du bras d'avant en arrière et d'arrière en avant.

344. — Balancer d'arrière en avant la massue en la laissant tomber derrière l'épaule avec flexion des bras.

Mouvements simples.

Les mouvements simples de massue sont divisés en trois catégories :

1° Les grands cercles, qui s'exécutent les bras étendus devant le corps ;

2° Les petits cercles, qui s'exécutent les bras fléchis derrière la tête et les épaules ;

3° Les mouvements du poignet, qui s'exécutent sans mouvement des bras.

Ces mouvements sont dits *en dedans* lorsqu'ils commencent en rapprochant la massue de la ligne médiane du corps ; ils sont dits *en dehors* lorsqu'ils commencent en éloignant la massue de la ligne médiane du corps.

Les balancements sont des demi-cercles; ils se font vers le bas de droite à gauche, de gauche à droite, d'avant en arrière, d'arrière en avant.

Ces mouvements simples sont exécutés d'abord alternativement et répétés un certain nombre de fois de chaque main ; puis, lorsque l'élève est suffisamment exercé, il les exécutera des deux mains simultanément.

Il en sera de même pour les exercices combinés réunissant des grands et des petits cercles, des balancements et des mouvements de poignet.

Les moulinets sont de deux sortes : les moulinets du poignet et les moulinets exécutés derrière la tête.

345. — Grands cercles.

Les grands cercles sont décrits autour de l'épaule dans un plan vertical antérieur, les bras allongés de droite à gauche et de gauche à droite.

346. — PETITS CERCLES DERRIÈRE LA TÊTE.

Les mouvements derrière la tête *ou petits cercles* consistent dans un petit cercle décrit par la massue dans un plan vertical postérieur de droite à gauche et de gauche à droite.

347. — MOUVEMENTS DU POIGNET.

Les mouvements du poignet consistent en un mouvement circulaire décrit par la massue autour du poignet en dehors ou en dedans du bras, d'avant en arrière ou d'arrière en avant.

Mouvements combinés.

Tous les exercices décrits peuvent se combiner avec des fentes, quelques-uns même avec flexions des membres inférieurs.

* 9e GROUPE

LUTTE ROMAINE

Élèves de 16 ans et au-dessus.

Coups et parades.

Le professeur doit enseigner simplement les coups et parades et ne pas aborder l'assaut de lutte dans le cours de la leçon de gymnastique.

Il trouvera dans des traités spéciaux la description des coups suivants et de leurs parades.

348. — Coups debout.

1. En garde.
2. Tour de bras.
3. Bras roulé.
4. Tour de hanche en tête.
5. Tour de hanche en bascule.
6. Ceinture avant.
7. Ceinture arrière.
8. Ceinture à rebours.
9. Ceinture de côté.
10. Ceinture en souplesse.

349. — Coups a genoux ou a terre.

11. Prise d'épaule.
12. Bras roulé.
13. Tour de bras.
14. Prise de tête.
15. Ceinture arrière.
16. Ceinture en souplesse.
17. Ceinture à rebours.
18. Prise de bras.

*10e GROUPE

LEVER DE PIERRES, DE BARRES A SPHÈRES

Élèves de 16 ans et au-dessus.

350. — Lever d'une main au-dessus de la tête :

Une pierre de 10 kilogrammes }
Une pierre de 15 kilogrammes } posée à plat sur la main.
Une pierre de 20 kilogrammes }

Position de départ : station écartée, avant-bras demi-fléchi, la main entre les jambes, corps fléchi, les doigts écartés.

1. Amener la pierre à l'épaule.
2. Étendre le bras à la position verticale.
3. Abaisser la main à hauteur de l'épaule.
4. Revenir à la position de départ.

351. — Lever des deux mains :

Une pierre de 20 kilogrammes }
Une pierre de 30 kilogrammes } au-dessus de la tête.
Une pierre de 40 kilogrammes }

La pierre doit permettre la prise des deux mains sur les côtés ; la position de départ est la station écartée, la pierre devant les pieds.

352. — Lever de barres a sphères.

Lever des deux mains une barre à sphères au-dessus de la tête :

1° En épaulant la barre sans toucher la poitrine, puis en la jetant au-dessus de la tête.

2° En épaulant de la même façon et en développant lentement au-dessus de la tête.

3° En l'élevant au-dessus de la tête, les bras et les jambes restant étendus.

Le poids des barres varie de 15 à 30 kilogrammes.

EXERCICES
DE LA TROISIÈME SÉRIE

Suspensions par les mains. Appuis et balancements avec ou sans progression.

1er GROUPE : **Exercices sur la poutre.**

2e GROUPE : **Suspensions et appuis.**

A. Échelles jumelles.

B. Barres et échelles horizontales.

C. Exercices d'appui.

3e GROUPE : **Exercices de grimper.**

A. Échelle inclinée.

B. Échelle de corde.

C. Perches et cordes lisses par paires.

D. Mât vertical. Corde lisse. Corde en V.

4e GROUPE : **Cadre mobile** (facultatif).

* 5e GROUPE : **Établissements.**

1er GROUPE

EXERCICES SUR LA POUTRE

Élèves de 13 à 16 ans.

Reprendre les exercices décrits pour les élèves de 9 à 13 ans.

Se placer en équilibre sur la poutre.

1° En se servant des marches de l'escabeau d'appui de la poutre ; 2° en se mettant à cheval; puis se redresser debout sur la poutre en s'aidant des pieds et des mains.

353. — Courir sur la poutre et sauter en profondeur en avant.

Faire de petits pas de course en posant le pied à plat sur la poutre.

Pour sauter à terre, abandonner la poutre d'un pied, le poids du corps portant sur l'autre pied et se lancer diagonalement en avant dans le sens de la poutre.

Tomber comme il est indiqué pour la chute des sauts en profondeur.

354. — Exécuter sur la poutre les exercices d'équilibre n°s 61 à 70.

355. — Étant debout poser un genou sur la poutre et se remettre debout.

Les pieds étant à une distance de deux longueurs de pied, fléchir lentement les genoux et poser sur la poutre le genou de la jambe arrière, la tête droite, les yeux dirigés en avant. Se remettre debout en étendant lentement les jambes.

Si l'équilibre venait à manquer, l'élève poserait les deux mains sur la poutre et sauterait à terre.

356. — Marcher a deux en sens inverse et se croiser.

En se rencontrant les deux élèves placent leur pied droit, l'un contre l'autre et se saisissent à bras le corps. Ils tournent ensemble vers leur gauche en pivotant sur leur pied droit et cessent de se tenir dès que leur volte-face est terminée.

Tourner vers la droite en pivotant sur le pied gauche placé en avant.

*** 357.** — Étant a cheval, progresser sur les mains en avant et en arrière, le corps ne touchant pas la poutre.

L'élève, étant à cheval, place les deux mains sur la poutre, les doigts en dehors, les pouces en dessus, soulève le corps, les cuisses horizontalement placées, les jambes pendant naturellement, porte la main droite à environ 0 m. 10 en avant, détache la main gauche de la poutre pour la placer à 0 m. 10 en avant de la main droite et continue ainsi, sans toucher la poutre avec les cuisses.

Élèves de 16 ans et au-dessus.

*** 358.** — S'établir sur la poutre.

La poutre placée à hauteur de suspension, s'établir à l'appui par un renversement ou un rétablissement sur les avant-bras ; se mettre à cheval, puis debout.

359. — ÉTANT DEBOUT : MARCHER ET FRANCHIR UN OBSTACLE.

Enjamber l'obstacle en passant lentement et alternativement les jambes fléchies.

La poutre est à la hauteur de la poitrine.

Progression. — 1° L'obstacle graduellement élevé ne devra pas dépasser la hauteur du milieu de la cuisse de l'élève qui exécute l'exercice.

2° Elever de plus en plus la poutre.

3° Placer la poutre obliquement.

2e GROUPE

SUSPENSIONS ET APPUIS

A. — *Échelles jumelles.*

Élèves de 13 à 16 ans.

Reprendre les exercices décrits pour les élèves de 9 à 13 ans.

360. — MONTER AUX ÉCHELLES A L'AIDE DES PIEDS ET DES MAINS, EN DÉPLAÇANT SIMULTANÉMENT LES EXTRÉMITÉS OPPOSÉES.

Saisir un échelon de la main droite, le bras demi tendu, en haut; placer le pied gauche sur un échelon, la jambe fléchie. Faire effort du bras droit et de la jambe gauche pour s'élever; la main gauche saisit un échelon, le bras demi tendu en haut, pendant que le pied droit vient se placer sur un échelon, la jambe fléchie. Continuer ainsi sans arrêt jusqu'au sommet des échelles. Descendre par les mouvements inverses.

Dans cet exercice les bras sont placés en dehors de l'échelle, les jambes en dedans.

361. — MONTER EN DÉPLAÇANT SIMULTANÉMENT LES EXTRÉMITÉS DU MÊME CÔTÉ.

Comme il est indiqué à l'exercice précédent, le pied et la main du même côté se déplaçant en même temps. Descendre par les mouvements inverses.

Cet exercice présente une certaine difficulté, qui sera facilement vaincue en indiquant à l'élève la cadence qu'il devra prendre pour changer d'échelons. Cette cadence sera basée sur la période d'oscillation des échelles.

***362.** — Les mains sur les échelons a la hauteur des hanches, sauter a l'appui tendu, puis a terre.

1. Sauter à l'appui tendu et serrer les mains contre les cuisses ; les épaules effacées, la tête droite et dégagée, le corps cambré, les jambes étendues et jointes, la pointe des pieds dirigée vers le sol.

2. Sauter à terre d'après les principes indiqués.

Progression. — Exécuter cet exercice en plaçant les mains sur un échelon de plus en plus haut.

B. — *Barres et échelles horizontales.*

Élèves de 13 à 16 ans.

Reprendre les exercices décrits pour les élèves de 9 à 13 ans.

Barre à hauteur des hanches.

Exécuter les exercices 170 à 172.

Barre au-dessous des épaules.

Exécuter les exercices 187 à 191.

Barre à hauteur du sommet de la tête.

363. — Suspension allongée, pieds au sol.

Porter les jambes étendues et réunies en arrière, la pointe des pieds sur le sol, les bras étendus verticalement, la tête droite.

364. — De la suspension allongée pieds au sol, passer a la suspension inclinée face a la barre, bras étendus.

1. Prendre la position comme il est indiqué à l'exercice précédent.

2. Faire effort des bras et fléchir simultanément les jambes, pour les étendre en avant, en étendant les bras.

Progression. — Dans la position, suspension allongée pieds au sol, exécuter : 1° la flexion des bras ; 2° l'extension de la cuisse ; 3° la combinaison de l'extension de la cuisse avec la flexion des bras.

Barre à hauteur de suspension : suspension fléchie sans mouvement de jambes.

365. — SUSPENSION ALLONGÉE, PAUMES TOURNÉES VERS L'ARRIÈRE : PASSER A LA SUSPENSION FLÉCHIE.

Élever le corps le plus haut possible, en fléchissant lentement les bras, les coudes écartés latéralement, le corps droit sans contracter les jambes. Reprendre la position initiale par les moyens inverses.

366. — SUSPENSION ALLONGÉE, PAUMES TOURNÉES VERS L'AVANT : PASSER A LA SUSPENSION FLÉCHIE.

Comme il est indiqué au 365e exercice.

367. — SUSPENSION ALLONGÉE : ÉCARTER SIMULTANÉMENT LES MAINS.

Faire une traction énergique et simultanée des bras et écarter les mains, sans contracter les jambes. Rapprocher les mains par les mêmes moyens.

*** 368.** — SUSPENSION ALLONGÉE : PASSER A LA SUSPENSION FLÉCHIE, LA TÊTE PASSANT PAR-DESSOUS LA BARRE.

Comme il est indiqué au 365e exercice en passant la tête dessous la barre, le corps cambré.

***369.** — SUSPENSION ALLONGÉE : CHANGER SIMULTANÉMENT LA PRISE DES MAINS.

Faire une traction énergique et simultanée des bras et changer rapidement la prise des mains, le corps droit, sans contraction des jambes.

370. — Suspension fléchie : exécuter les exercices 177 a 181.

Barre à hauteur de suspension : exercices avec progression, bras étendus.

371. — Suspension allongée aux deux barres : passer a la suspension a une barre et ainsi de suite en progressant.

1. Faire une légère traction des bras et placer la main gauche sur la barre droite et en dedans.

2. Placer ensuite la main droite sur l'autre barre, le corps tournant à droite et en arrière.

3. Tourner la main gauche en dehors et reprendre la barre.

4. Tourner le corps en arrière à droite et placer la main droite sur la barre occupée par la main gauche.

5. Replacer la main gauche et continuer ainsi en progressant.

Pendant l'exécution de cet exercice, le corps prend une oscillation qui est provoquée par les déplacements de l'une des mains aux deux barres; l'élève devra donc profiter de cette oscillation et fléchir légèrement les bras, pour exécuter cet exercice avec facilité.

372. — Suspension allongée aux deux barres, les pieds sur les barres et en dedans : translation en arrière.

Placer les pieds sur les barres et en dedans, fléchir légèrement les bras et déplacer alternativement les mains en arrière; les pieds glissent sur les barres, les jambes étendues, le corps droit.

Exécuter l'exercice 182.

Exercices avec balancements.

373. — Suspension allongée : balancer les jambes sans changer la position des mains.

Élever les jambes étendues en avant, puis en arrière, sans arrêt et sans raideur, de façon à obtenir un balancement des jambes seules.

374. — Suspension allongée : balancer le corps sans changer la position des mains.

Élever les jambes étendues en avant et les porter en arrière à une cadence plus lente qu'à l'exercice précédent; le corps prendra ainsi une oscillation, qui augmentera progressivement, les jambes s'élevant de plus en plus haut.

375. — SUSPENSION ALLONGÉE AUX DEUX BARRES : TRANSLATION EN BALANÇANT, LORSQUE LES JAMBES SONT EN AVANT.

Imprimer un balancement au corps et déplacer les mains simultanément au moment où elles se trouvent entraînées par le mouvement du corps, les bras restant étendus.

376. — SAUTER A LA BARRE, PRENDRE UN BALANCEMENT ET SAUTER A TERRE EN ARRIÈRE.

Sauter à la suspension, les jambes élevées et faire une traction des bras en étendant tout le corps pour augmenter l'oscillation en avant.

Faire osciller le corps en arrière, lâcher la barre et sauter à terre.

Progression. — Exécuter cet exercice et sauter en arrière après plusieurs balancements.

Échelle horizontale à hauteur de suspension.

Exécuter l'exercice 183.

377. — SUSPENSION ALLONGÉE, LES MAINS SUR LES ÉCHELONS : TRANSLATION PAR BRASSES.

Faire osciller le corps latéralement, en fléchissant légèrement le bras correspondant au balancement : le bras qui vient de se fléchir quitte l'échelon, passe près du corps, la main allant se placer sur l'échelon le plus loin possible; continuer jusqu'à l'extrémité de l'échelle.

Élèves de 16 ans et au-dessus.

Barre à hauteur de suspension : exercices avec progression, bras fléchis.

Exécuter l'exercice 182.

***378.** — SUSPENSION FLÉCHIE A UNE BARRE : TRANSLATION LATÉRALE.

Déplacer les mains alternativement de côté sans saccades et sans balancement de corps.

***379.** — SUSPENSION FLÉCHIE A DEUX BARRES : TRANSLATION EN AVANT OU EN ARRIÈRE.

Déplacer les mains alternativement en avant ou en arrière, en évitant de balancer le corps.

Barre à hauteur des hanches : exercices avec progression, bras fléchis.

380. — SUSPENSION INCLINÉE TRANSVERSALE FLÉCHIE, LE CORPS DANS LA DIRECTION DE LA BARRE : TRANSLATION EN ARRIÈRE.

Se suspendre à la barre, comme il est indiqué à l'exercice 168 pour la suspension transversale, et étendre le corps en avant, en suspension transversale fléchie. Déplacer les mains alternativement, les talons glissant sur le sol pendant la translation, les coudes ouverts, le corps n'oscillant pas.

Barre à hauteur de suspension : exercices de translation.

***381.** — SUSPENSION FLÉCHIE A UNE BARRE : TRANSLATION LATÉRALE PAR SACCADES EN DÉPLAÇANT SIMULTANÉMENT LES MAINS.

Étant suspendu à la barre, les mains très écartées, les bras demi-fléchis, progresser vers la droite ou vers la gauche en soulevant légèrement le corps par secousses successives, les mains se déplaçant simultanément.

***382.** — SUSPENSION FLÉCHIE A DEUX BARRES : TRANSLATION EN AVANT OU EN ARRIÈRE PAR SACCADES, EN DÉPLAÇANT SIMULTANÉMENT LES MAINS.

Même description qu'à l'exercice précédent, mais en progressant en avant ou en arrière.

***383.** — SUSPENSION TRANSVERSALE FLÉCHIE, LE CORPS DANS LA DIRECTION DE LA BARRE : TRANSLATION EN ARRIÈRE.

Étant en suspension, une main de chaque côté de la barre, les bras fléchis, les coudes élevés, progresser en arrière, les mains passant l'une par-dessus l'autre.

Progression. — Cet exercice sera exécuté : 1° en augmentant la distance dans le déplacement des mains ; 2° en quittant la barre d'une main, abaisser le bras contre le corps et marquer un temps d'arrêt; 3° après chaque déplacement de main, fléchir les bras la tête dépassant la barre alternativement à gauche et à droite.

***384.** — MÊME EXERCICE EN PROGRESSANT VERS LE HAUT, SUR UNE BARRE DE PLUS EN PLUS INCLINÉE.

Translation avec balancements.

***385.** — SUSPENSION ALLONGÉE AUX DEUX BARRES : TRANSLATION EN BALANÇANT LORSQUE LES JAMBES SONT EN ARRIÈRE.

Imprimer un balancement au corps et déplacer les mains simultanément au moment où elles se trouvent entraînées par le mouvement du corps, les bras restant étendus.

***386.** — SUSPENSION ALLONGÉE A UNE BARRE : TRANSLATION PAR BRASSES.

Comme il est indiqué au 377e exercice.

387. — SAUTER A LA BARRE ET SAUTER A TERRE EN AVANT.

Sauter à la suspension les jambes élevées et faire une traction des bras en étendant tout le corps pour augmenter l'oscillation en avant ; lâcher la barre à la fin de l'oscillation et faire la chute indiquée.

**Progression.* — Augmenter la hauteur et la longueur du saut.

***388.** — SUSPENSION ALLONGÉE : PRENDRE UN BALANCEMENT ET SAUTER EN AVANT.

Même description qu'à l'exercice précédent, mais laisser le corps revenir au balancement en arrière, puis en avant, pour sauter.

Progression. — Exécuter cet exercice en sautant en avant après plusieurs balancements.

Le professeur fera exécuter avec beaucoup de prudence ces derniers mouvements.

C. — *Exercices d'appui.*

Élèves de 13 à 16 ans.

Reprendre les exercices décrits pour les élèves de 6 à 13 ans.

Exercices d'appui contre une barre à hauteur variable, les pieds au sol.

Exécuter les exercices 198 à 201 en s'élevant sur la pointe des pieds.

Exercices à l'appui tendu sur une ou deux barres, à hauteur de ceinture.

389. — SAUTER A L'APPUI TENDU SUR LES BARRES, PUIS A TERRE.

1. Sauter comme il est indiqué exercice 169.

2. Sauter à terre d'après les principes du saut en profondeur.

390. — SAUTER A L'APPUI TENDU SUR UNE BARRE, PUIS A TERRE.

1. Sauter comme il est indiqué au 169e exercice.

2. Sauter à terre en se repoussant avec les mains.

391. — SAUTER A L'APPUI TENDU SUR LES DEUX BARRES ET S'ASSEOIR DEVANT UNE MAIN. SAUTER A TERRE.

1. Sauter à l'appui tendu ; profiter de l'élan pour passer les jambes étendues et jointes, par-dessus une des barres et s'asseoir devant une main, les jambes au dehors, la tête droite, les épaules effacées.
2. Sauter à terre, une main sur la barre.

392. — APPUI TENDU : FLEXION ET EXTENSION ALTERNATIVE DES JAMBES.

Se conformer aux indications du 177e exercice des mouvements de suspension.

393. — APPUI TENDU : ÉLÉVATION ALTERNATIVE DES JAMBES ÉTENDUES.

Se conformer aux indications du 179e exercice des mouvements de suspension.

394. — APPUI TENDU SUR UNE BARRE : ÉLEVER LENTEMENT UNE JAMBE ÉTENDUE DE CÔTÉ.

1. Élever lentement la jambe gauche étendue latéralement, le plus haut possible, la pointe du pied dirigée sur le côté, sans changer la position du corps.

2. Reprendre la position initiale.

Progression. — Exécuter l'exercice : 1° en posant le pied sur la barre ; 2° en passant la jambe par-dessus la barre ; 3° en passant les jambes alternativement par-dessus la barre pour s'asseoir.

395. — APPUI TENDU SUR DEUX BARRES : ÉLÉVATION DE LA JAMBE ÉTENDUE ET LA PORTER LATÉRALEMENT AU-DESSUS DE LA BARRE.

1. Comme il est indiqué au 393e exercice.

2. Porter la jambe étendue horizontalement de côté au-dessus de la barre.

3. Revenir à la position du temps 1.

4. Reprendre la position initiale.

Les exercices 392 à 395 peuvent être compris dans la cinquième série.

Exercices sur deux barres en progressant.

396. — SE METTRE A CHEVAL LES MAINS DERRIÈRE LE CORPS : PROGRESSER EN AVANT EN RESTANT A CHEVAL.

En position : sauter à l'appui tendu sur les deux barres et, sans arrêt, élever les jambes en avant au-dessus des barres, les écarter et se mettre à cheval. Dans cette position, tenir le corps droit ainsi que la tête, la poitrine ouverte, les jambes étendues et dirigées obliquement vers le sol, la pointe des pieds dans la même direction.

1. Fléchir les jambes.

2. Les étendre vivement en portant le poids du corps sur les bras, les élever au-dessus des barres et les replacer le plus loin possible en avant ; placer les mains près des cuisses et continuer le mouvement.

397. — ÉTANT EN APPUI TENDU, LES PIEDS SUR LES BARRES EN ARRIÈRE DES MAINS : PROGRESSER EN AVANT ET EN ARRIÈRE.

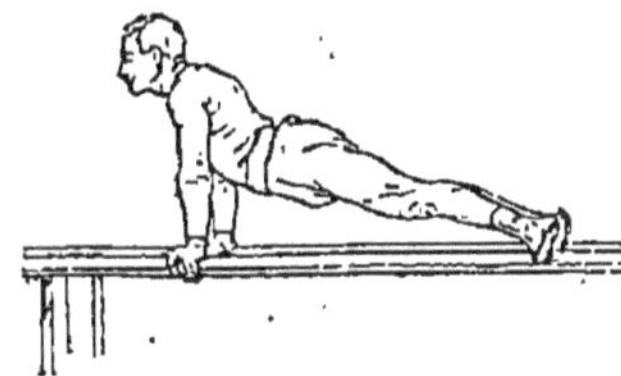

Le corps restant droit, les jambes étendues, progresser en déplaçant alternativement les mains, les bras étendus.

Progression. — Exécuter cet exercice en appui, bras fléchis.

Élèves de 16 ans et au-dessus.

398. — APPUI TENDU SUR DEUX BARRES : PROGRESSER EN AVANT ET EN ARRIÈRE, EN DÉPLAÇANT ALTERNATIVEMENT LES MAINS AVEC FLEXION ALTERNATIVE DES JAMBES.

Porter alternativement les mains à environ 0 m. 15 en avant, le poids du corps portant sur la main restée à l'appui, en fléchissant la cuisse et la jambe correspondante.

Progression. — Exécuter l'exercice précédent sans flexion de jambes.

399. — APPUI TENDU SUR LES DEUX BARRES : PROGRESSER EN AVANT OU EN ARRIÈRE EN SE METTANT A CHEVAL SUR LES DEUX BARRES.

1. Élever les jambes étendues en avant, les écarter et se

mettre à cheval sur les barres, les cuisses près des mains, les bras étendus.

2. Placer les mains en avant des cuisses.

3. Porter le poids du corps sur les poignets, étendre les jambes en arrière, les réunir dans les barres et les porter en avant pour se remettre de nouveau à cheval.

Continuer ainsi.

Mouvement inverse pour se porter en arrière.

400. — APPUI TENDU SUR LES DEUX BARRES : PROGRESSER EN AVANT ET EN ARRIÈRE EN DÉPLAÇANT SIMULTANÉMENT LES MAINS AVEC FLEXION SIMULTANÉE DES JAMBES.

Porter simultanément les mains à environ 0 m. 10 en avant par une saccade des épaules et en fléchissant simultanément les cuisses et les jambes.

Progression. — Exécuter cet exercice sans flexion de jambes.

401. — APPUI TENDU SUR DEUX BARRES : PRENDRE L'APPUI TENDU SUR UNE BARRE, PUIS SUR LES DEUX ALTERNATIVEMENT EN TOURNANT ET EN PROGRESSANT.

Porter le poids du corps sur le bras droit et placer la main gauche sur la barre droite, faire face en arrière en tournant le corps à droite et placer la main droite sur la barre gauche, porter le poids du corps sur le bras gauche et placer la main droite sur la barre droite, et continuer ainsi en conservant les jambes étendues et jointes.

Exercices sur une barre en progressant.

402. — APPUI TENDU SUR UNE BARRE : PROGRESSER LATÉRALEMENT A GAUCHE ET A DROITE.

Porter alternativement le poids du corps sur l'un et l'autre bras, et déplacer les mains successivement vers la droite ou vers la gauche.

403. — APPUI TENDU SUR UNE BARRE : PROGRESSER EN S'ASSEYANT SUR LA BARRE, PUIS A L'APPUI TENDU EN PIVOTANT A GAUCHE ET A DROITE.

Tourner le corps à gauche en pivotant sur la main droite et s'asseoir sur la barre, placer la main gauche sur la barre à côté du corps, se remettre à l'appui en tournant le corps dans le même sens et continuer ainsi jusqu'au bout des barres.

Élèves de 13 à 16 ans.

Balancements à l'appui tendu.

404. — Appui tendu sur deux barres : balancer le corps en avant, en arrière et chute en arrière au milieu des barres.

Élever les jambes étendues en avant, le corps oscillant autour des épaules, les bras restant étendus ; porter les jambes en arrière en cambrant les reins et tomber à terre dans les barres, comme il a été indiqué, les mains sur les barres.

405. — Appui tendu sur deux barres : balancer le corps en avant, en arrière et poser les pieds sur les barres, la face vers le sol.

En position : Prendre un balancement en portant les jambes jointes et tendues en avant, puis en arrière et écarter les jambes pour poser les pieds, le côté interne, sur les barres, le corps droit, la tête dans la direction du corps, les jambes étendues ainsi que les bras.

406. — Appui tendu sur deux barres : balancer le corps en avant et en arrière, poser les pieds en avant sur les barres, dos vers le sol.

Comme il est indiqué au 404e exercice, en laissant revenir les jambes en avant et poser les pieds, le côté externe sur les barres, le dos vers le sol, les jambes et les bras étendus, le corps droit, la poitrine ouverte, la tête dans la direction du corps.

407. — Appui tendu sur deux barres : balancer le corps en avant et en arrière, poser les pieds sur les barres, franchir une barre en arrière a droite ou a gauche.

Prendre la position de l'exercice 405, et par un effort des jambes sauter à terre en franchissant une barre en arrière de la main.

408. — APPUI TENDU SUR DEUX BARRES : BALANCER LE CORPS EN AVANT, EN ARRIÈRE ET S'ASSEOIR SUR UNE BARRE CONTRE LA MAIN ; SAUTER A TERRE.

Balancer le corps comme il est indiqué, et lorsque les jambes seront en arrière, les placer réunies sur une barre contre la main pour s'asseoir : sauter à terre comme il est indiqué.

409. — APPUI TENDU SUR DEUX BARRES : BALANCER LE CORPS EN AVANT, EN ARRIÈRE, ET FRANCHIR UNE BARRE EN ARRIÈRE.

Profiter du balancement en arrière pour franchir une barre derrière une main ; faire la chute comme il est indiqué, une main posée sur la barre.

410. — APPUI TENDU SUR DEUX BARRES : BALANCER LE CORPS EN AVANT, EN ARRIÈRE, PUIS EN AVANT ET S'ASSEOIR SUR UNE BARRE EN AVANT DES MAINS ; SAUTER A TERRE.

411. — APPUI TENDU SUR DEUX BARRES : BALANCER LE CORPS EN AVANT, EN ARRIÈRE, PUIS EN AVANT ET FRANCHIR UNE BARRE EN AVANT DES MAINS.

412. — APPUI TENDU SUR DEUX BARRES : APRÈS BALANCEMENTS DU CORPS, S'ASSEOIR SUR UNE BARRE DEVANT UNE MAIN, LANCER LES JAMBES AU-DESSUS DES DEUX BARRES, POUR S'ASSEOIR ALTERNATIVEMENT SUR L'UNE ET L'AUTRE BARRE ; SAUTER A TERRE.

Élèves de 16 ans et au-dessus.

Barres placées à hauteur de ceinture.

413. — APPUI TENDU SUR DEUX BARRES : FLEXION ET EXTENSION SIMULTANÉE DES JAMBES.

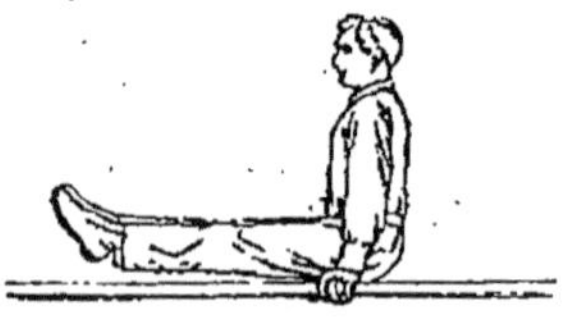

Comme il est indiqué au 192e exercice.

414. — APPUI TENDU SUR DEUX BARRES : ÉLÉVATION SIMULTANÉE DES JAMBES ÉTENDUES.

1. Comme il est indiqué au 1er temps du 193e exercice des exercices de suspension.

2. Reprendre lentement la position initiale.

***415.** — APPUI TENDU SUR DEUX BARRES : ÉLEVER SIMULTANÉMENT LES JAMBES ÉTENDUES ET LES ÉCARTER AU-DESSUS DES BARRES.

Se conformer aux indications du 193e exercice des exercices de suspension.

Les exercices 413 à 415 peuvent s'exécuter dans la 5e série.

Appuis fléchis.

*** 416.** — APPUI TENDU SUR LES DEUX BARRES, POSER LES PIEDS EN ARRIÈRE SUR LES BARRES : PASSER A L'APPUI FLÉCHI, PUIS A L'APPUI TENDU.

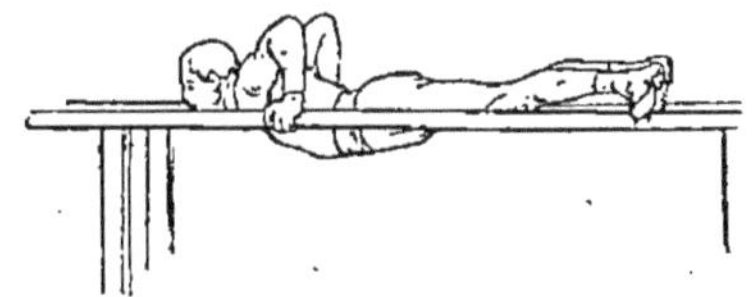

Comme il est indiqué à l'exercice 405.

1. Fléchir lentement les bras, le corps conservant sa rectitude, descendre près des barres, les épaules près des mains.

2. Remonter le corps en étendant les bras.

Sauter à terre dans les barres en se conformant aux principes du saut en profondeur, les mains restant sur les barres.

Progression. — Exécuter cet exercice plusieurs fois de suite.

*** 417.** — APPUI TENDU SUR LES DEUX BARRES : PASSER A L'APPUI FLÉCHI ET REVENIR A L'APPUI TENDU.

1. Fléchir lentement les bras.

2. Remonter le corps en faisant effort d'extension des bras.

Progression. — Exécuter cet exercice étant en appui tendu sur une seule barre.

*** 418.** — APPUI TENDU SUR LES DEUX BARRES : PASSER A L'APPUI FLÉCHI, PUIS PLACER LES COUDES SUR LES BARRES, SE REMETTRE A L'APPUI FLÉCHI, PUIS A L'APPUI TENDU.

1. Comme il est indiqué à l'exercice précédent.

2. Porter les jambes en avant et placer les coudes sur les barres, redresser le corps en portant les jambes en arrière.

3. Reporter les jambes en avant et rapprocher les épaules près des mains ; lever les coudes et prendre l'appui fléchi.

4. Reprendre l'appui tendu en étendant les bras.

Balancements en appui tendu.

419. — Appui tendu sur deux barres : balancer plusieurs fois le corps et franchir une barre devant une main ; chute face en avant.

Progression. — Exécuter cet exercice en sautant à terre et en tournant d'un quart de tour, puis d'un demi-tour.

420. — Appui tendu sur deux barres : s'asseoir sur une barre devant une main ; sauter à terre en franchissant les deux barres.

Balancer le corps et s'asseoir sur une barre devant une main ; fléchir les jambes et les étendre aussitôt ; profiter de cette extension de jambes pour franchir les deux barres devant les mains.

Progression à l'appui en se balançant.

* **421.** — Appui tendu sur deux barres : progresser en balançant lorsque les jambes sont en avant.

Au moment où les jambes s'élèvent en avant, donner une impulsion des épaules et déplacer les mains simultanément en avant ; les jambes continuent le balancement en arrière et lorsqu'elles reviennent en avant, déplacer les mains et continuer ainsi jusqu'à l'extrémité des barres. Les jambes et les bras restent étendus.

* **422.** — Même exercice que le précédent en progressant lorsque les jambes sont en arrière.

Lorsque les jambes s'élèvent en arrière et un instant avant la fin du balancement, déplacer simultanément les mains en avant, en donnant une saccade des bras et des épaules et en portant le corps en avant ; continuer le mouvement de progression en avant sans arrêter le balancement, les jambes et les bras étendus.

* **423.** — Progresser en arrière en se balançant, lorsque les jambes sont en arrière.

Prendre l'appui tendu face en arrière. De même que

pour l'exercice précédent, le déplacement simultané des mains a lieu un instant avant la fin du balancement.

Progression. — Exécuté d'abord avec un petit balancement, cet exercice sera exécuté avec un balancement d'une amplitude de plus en plus grande.

3e GROUPE

EXERCICES DE GRIMPER

A. — *Échelle inclinée.*

Élèves de 13 à 16 ans.

Reprendre les exercices décrits pour les élèves de 11 à 13 ans.

424. — MONTER DERRIÈRE L'ÉCHELLE, DESCENDRE DEVANT LE DOS TOURNÉ A L'ÉCHELLE.

Monter derrière l'échelle et passer devant, comme il a été indiqué. Tourner le dos à l'échelle.

1. Rapprocher le pied droit contre le gauche.
2. Croiser la jambe gauche devant la droite et poser la plante du pied gauche sur l'échelon.
3. Tourner lentement à droite en pivotant sur la plante des pieds, placer la main gauche près de la main droite, continuer de tourner le corps et placer la main droite en arrière du corps, sur l'échelon tenu par la main gauche.

Descendre comme il est indiqué.

425. — MONTER DERRIÈRE L'ÉCHELLE A L'AIDE DES PIEDS ET DES MAINS; DESCENDRE SANS LES PIEDS, LES MAINS SUR LES ÉCHELONS.

Arrivé en haut de l'échelle, se suspendre par les mains seulement, les bras demi-fléchis, les jambes jointes et étendues; descendre en plaçant les mains alternativement sur le même échelon, les bras restant fléchis.

Progression. — Exécuter cet exercice, les mains sur les montants.

Élèves de 16 ans et au-dessus.

426. — Monter et descendre derrière l'échelle a l'aide des bras seulement, les mains sur les montants.

Saisir les montants les bras étendus verticalement; balancer les jambes latéralement et, par un effort des bras, déplacer alternativement les mains en profitant du balancement des jambes.

427. — Monter et descendre derrière l'échelle, une main sur les échelons, l'autre au montant.

Comme il est indiqué à l'exercice précédent, mais en plaçant une main sur un échelon et l'autre sur un montant.

* *Progression.* — Exécuter les montées et les descentes derrière l'échelle, sans l'aide des pieds.

1° En plaçant les mains alternativement sur le même échelon.

2° En plaçant les mains alternativement sur un échelon différent.

3° Les mains aux montants, les déplacer simultanément.

***428.**—Monter et descendre devant l'échelle, les mains en appui sur les échelons, les pieds contre les montants.

Prendre l'appui tendu sur un échelon, les pieds appuyés contre les montants, le corps droit; déplacer alternativement les mains sur l'échelon supérieur, et par un effort d'extension des bras, se hisser ainsi d'échelon en échelon le plus haut possible.

Descendre par les moyens inverses.

B. — *Échelle de corde.*

Élèves de 13 à 16 ans.

Reprendre les exercices décrits pour les élèves de 11 à 13 ans.

429. — Monter et descendre les mains sur les cordes, les talons accrochés sur les échelons en avant de l'échelle.

La montée et la descente s'effectuent comme il est indiqué au 207e exercice, en plaçant les mains sur les cordes et en accrochant les talons en avant de l'échelle; les jambes doivent être bien fléchies, les jarrets sur les cordes.

C. — *Perches et cordes lisses par paires.*

Élèves de 13 à 16 ans.

Reprendre les exercices décrits pour les élèves de 11 à 13 ans.

430. — Monter les pieds croisés sur une perche ou sur une corde; descendre sans l'aide des pieds.

Arrivé en haut des engins, réunir les jambes tendues entre les perches ou cordes; descendre par un effort des bras en déplaçant les mains alternativement.

Élèves de 16 ans et au-dessus.

* **431**. — Monter et descendre sans l'aide des pieds, en déplaçant alternativement les mains.

Monter comme il est indiqué à l'exercice 211, mais sans se servir des jambes.

Descendre par les moyens inverses.

Progression. — Exécuter l'exercice précédent.

1° En descendant par un déplacement simultané des mains.

2° Monter et descendre en déplaçant simultanément les mains.

D. — *Mât vertical. Corde lisse.*

Élèves de 13 à 16 ans.

Reprendre les exercices décrits pour les élèves de 11 à 13 ans.

Mât vertical.

432. — Monter et descendre, une jambe de chaque côté du mat.

Placer une jambe de chaque côté du mât et le serrer par une forte pression des pieds et des genoux.

Corde lisse.

433. — Monter a la corde a l'aide des mains et des pieds, et descendre.

L'élève saisit la corde le plus haut possible, élève le corps en faisant effort des bras, raccourcit les jambes, prend la corde entre les cuisses, lui fait faire un tour complet autour de la jambe droite, de manière qu'elle touche le mollet et passe par-dessus le cou-de-pied; il la fixe solidement dans cette position avec la plante du pied gauche qui appuie le cou-de-pied droit, détache les mains l'une après l'autre pour saisir la corde le plus haut possible, étend les jambes, fait de nouveau effort des bras pour élever le corps en laissant glisser la corde sur le cou-de-pied droit, la presse avec le pied gauche et continue ainsi.

Quand la corde est libre, l'élève porte les jambes horizontalement en avant, au lieu de les tenir dans une position verticale.

La corde mbrasse plus fortement le mollet dans la position horizontale, et offre aussi un point d'appui qui permet à l'élève de prendre plus facilement du repos et de s'élever à une plus grande hauteur.

Pour descendre, l'élève se laisse glisser le long de la corde, dans la position indiquée ci-dessus, en portant alternativement une main au-dessous de l'autre. Il exerce toutefois une certaine pression avec les membres inférieurs, afin de diminuer la vitesse de descente.

434. — MONTER A LA CORDE LISSE EN PLAÇANT UN PIED DEVANT ET L'AUTRE DERRIÈRE LA CORDE.

L'élève saisit la corde le plus haut possible, place contre elle le genou et le cou-de-pied droit, le talon et le mollet gauche serrant le côté opposé ; il s'élève à la force des bras, fléchit les membres inférieurs, presse la corde avec les jambes, place les mains l'une au-dessus de l'autre pour se soulever de nouveau, et continue ainsi.

Pour descendre, l'élève exerce avec les pieds une pression suffisante pour diminuer la vitesse de la descente et déplace successivement les mains en les portant l'une au-dessous de l'autre.

Élèves de 16 ans et au-dessus.

Mât vertical.

*** 435.** — MONTER ET DESCENDRE EN SERRANT LE MAT ENTRE LA PLANTE DES PIEDS.

Fléchir fortement les jambes en écartant les genoux et serrer le mât entre les plantes des pieds.

Corde lisse.

*** 436.** — MONTER A L'AIDE DES PIEDS ET DES MAINS, DESCENDRE SANS L'AIDE DES PIEDS.

Monter comme il est indiqué au 433e exercice ; descendre en résistant avec les bras, la corde entre les jambes sans être serrée.

*** 437.** — MONTER ET DESCENDRE A L'AIDE DES MAINS SEULEMENT.

Saisir la corde, le plus haut possible, faire effort des bras et se soulever en portant alternativement une main au-dessus de l'autre, les jambes légèrement fléchies, la corde entre les cuisses.

Descendre d'après les mêmes principes par les moyens inverses.

438. — Relever la corde pour s'y donner un point d'appui, soit sous la cuisse, soit sous le pied.

L'élève étant suspendu à la corde par les deux mains l'abandonne de la main gauche, saisit la partie inférieure de la corde en dehors et sous la cuisse gauche; il réunit les deux parties de la corde dans la main gauche qu'il rapporte près de la droite.

Pour avoir plus de stabilité, il peut saisir en même temps les deux parties de la corde avec la main droite qu'il place sous la main gauche; il porte alors le poids du corps sur la cuisse gauche pour se reposer.

Cet exercice s'exécute aussi comme il suit :

Au lieu de passer la corde sous la cuisse gauche, on soulève la jambe gauche; on passe la corde sous la plante du pied en la soulevant de la main gauche; on étend alors la jambe, et l'exercice se termine comme ci-dessus, en portant tout le poids du corps sur le pied gauche, les jambes étendues, le corps droit.

L'élève peut aussi prendre un point d'appui sous la cuisse droite ou le pied droit.

Corde en V.

439. — Suspension a la corde oblique.

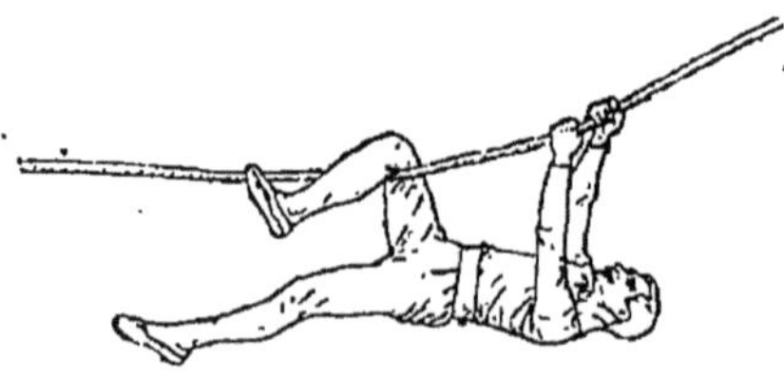

Saisir la corde, une main de chaque côté, la droite audessus, et prendre la suspension transversale fléchie; poser le jarret gauche sur la corde, la jambe fléchie, la jambe droite étendue et pendant naturellement; allonger ensuite les bras.

Changer de jarret sur la corde en fléchissant les bras.

440. — SUSPENSION ET GRIMPER.

Se suspendre comme il est indiqué à l'exercice précédent. Grimper en déplaçant alternativement les mains vers le haut et en changeant simultanément la position des jambes. Lorsque la main gauche est placée en dessous, le jarret gauche repose près de cette main et *vice versa*.

Descendre par la corde verticale placée à proximité du haut de la corde oblique.

Progression. — Exécuter cet exercice : 1° au commandement du professeur ; 2° sans arrêt ; 3° aussi rapidement que possible.

441. — PROGRESSER AVEC LES TALONS ET LES MAINS.

Se suspendre comme il est indiqué en engageant le talon gauche, puis le talon droit ; progresser en observant de ne déplacer en même temps que les membres opposés. Descendre d'après les mêmes principes.

*** 442.** — GRIMPER PAR DEMI-TOURS ALTERNATIFS.

Se suspendre comme il est indiqué au 439e exercice, mais la tête placée vers le bas.

1. Placer la main gauche sur la corde au delà de la jambe gauche en tournant le corps vers la gauche, perpendiculairement à la corde.

2. Placer ensuite la main droite sur la corde au delà de la main gauche en tournant le corps vers la gauche, dans la direction de la corde.

3. Abandonner la corde de la jambe gauche et la replacer sur la corde de l'autre côté et un peu plus haut; continuer à grimper en exécutant les demi-tours alternativement à gauche et à droite.

Progression. — Exécuter cet exercice en étendant les bras, au 3e temps, après l'abandon de la corde par le jarret.

4e GROUPE

CADRE MOBILE

Élèves de 16 ans et au-dessus.

Exécuter les exercices 213 à 217 des élèves de 11 à 13 ans sans l'aide des jambes.

*5e GROUPE

ÉTABLISSEMENTS

Élèves de 13 à 16 ans.

Établissements à une barre.

443. — Suspension allongée : élever vivement les pieds a la barre et les abaisser lentement.

Faire une traction vive des bras et élever rapidement les pieds à la barre en fléchissant les cuisses et les étendre aussitôt ; abaisser lentement les jambes en les conservant étendues et jointes; sauter à terre.

444. — Suspension allongée : élever vivement les pieds a la barre et placer le jarret droit ou gauche sur la barre et s'établir. Descendre lentement en avant.

1. Élever les pieds à la barre comme il est indiqué à l'exercice précédent.

2. Placer le jarret droit sur la barre en dehors et contre la main droite, la jambe fléchie, les bras étendus, le corps placé perpendiculairement à la barre, la jambe gauche étendue, placée verticalement en avant et contre la barre.

3. Balancer la jambe gauche plusieurs fois et profiter de l'élan donné au corps pour s'établir en s'aidant des bras.

4. Étendre les bras, passer la jambe droite étendue par-dessus la barre, la réunir à la gauche et se placer à l'appui tendu.

5. S'appuyer sur le ventre et saisir la barre, la paume des mains en avant ; se renverser en avant la tête en bas, les bras fléchis ; achever la révolution autour de la barre et redresser le corps lentement en étendant progressivement les bras.

Progression. — Exécuter ensuite cet exercice : 1° en s'établissant au premier balancement ; 2° sans balancement.

Élèves de 16 ans et au-dessus.

445. — SUSPENSION ALLONGÉE : ÉLEVER LENTEMENT LES JAMBES ET S'ÉTABLIR SUR UNE JAMBE.

Faire une traction des bras, monter lentement les jambes tendues à la barre.

Comme il est indiqué au 444e exercice, mais en s'établissant au premier balancement.

Descendre le corps en fléchissant les bras, les coudes élevés, jusqu'à ce que le menton soit à hauteur de la barre, les jambes légèrement portées en avant. Étendre le corps en étendant progressivement les bras.

446. — SUSPENSION ALLONGÉE : ÉTABLISSEMENT PAR RENVERSEMENT.

1. Faire une traction des bras, élever les jambes fléchies à la barre, les étendre, les passer par-dessus la barre et se placer sur le ventre.

2. Faire basculer le corps sur la barre et se placer à l'appui tendu.

Progression. — Exécuter cet exercice : 1° en suspension, la paume des mains tournée vers l'arrière ; 2° en suspension la paume des mains tournée vers l'avant ; 3° en fléchissant les bras, jambes étendues ; 4° les bras et les jambes étendus.

447. — SUSPENSION ALLONGÉE : ÉTABLISSEMENT SUR LES AVANT-BRAS.

1. Faire une traction des bras et placer alternativement chaque avant-bras sur la barre, sans les engager complètement, les mains réunies.

2. S'établir par un effort des avant-bras, en les écartant, mains fermées et en ramenant les coudes au corps, le haut du corps en avant.

3. Saisir la barre et se mettre à l'appui tendu. Descendre sur les avant-bras par les moyens inverses.

448. — SUSPENSION ALLONGÉE, LES MAINS PLUS ÉCARTÉES QUE LA LARGEUR DES ÉPAULES.

Prendre la suspension fléchie sur un seul bras, l'autre restant étendue.

1. Attirer le corps par l'effort d'un bras vers la main correspondante pendant que l'autre bras reste étendu.

2. Revenir à la suspension allongée

449. — Suspension allongée : établissement alternatif sur les poignets.

1. Faire une traction des bras; porter le poids du corps sur le poignet gauche et placer l'avant-bras droit verticalement au-dessus de la barre.

2. Placer de la même manière l'avant-bras gauche.

3. Soulever le corps sur les poignets en étendant les bras.

Descendre sur les poignets par les moyens inverses.

450. — Suspension allongée : établissement après un balancement de jambes (temps de reins).

Prendre un petit balancement, lorsque le corps est en arrière, rentrer la ceinture en portant les pieds en avant; cambrer les reins, jambes en arrière; ramener les jambes en avant, les pieds dans la direction de la barre, puis faire une adduction énergique des bras et amener le ventre sur la barre.

Descendre à volonté.

451. — Suspension allongée : établissement simultané sur les poignets.

Placer la paume des mains sur la barre; faire une traction des bras en portant les jambes tendues un peu en avant de la barre; continuer de fléchir les bras en élevant les coudes et en avançant le haut du corps au-dessus de la barre ; étendre les bras et prendre l'appui tendu.

Descendre à volonté.

Planche ou plate-forme à Établissements.

452. — S'établir au moyen des avant-bras. Descendre sur les avant-bras.

Comme il est indiqué au 447e exercice des établissements à une barre.

453. — S'établir par un renversement.

L'élève tourne le dos à la plate-forme, saute à la suspension allongée au rebord, passe en suspension fléchie en exécutant une forte flexion des cuisses sur le tronc; il s'élève ainsi jusqu'à ce que les jambes soient engagées sur la plate-forme, le plus avant possible; il détache alors les mains l'une après l'autre, les pose à plat, étend le corps en se poussant en arrière, puis passe à la station droite.

Les élèves bien exercés ne changent pas les mains de place pour achever de s'établir.

454. — Descendre par un renversement

Cet exercice s'exécute comme ci-dessus, mais en sens inverse; l'élève place les mains sur le bord de la plate-forme, les doigts en dessus, le pouce en dessous, puis exécute lentement un renversement autour du rebord de la planche en étendant progressivement les bras.

455. — Monter en s'établissant alternativement sur les poignets.

L'élève en suspension allongée à la plate-forme, et lui faisant face, s'élève à la force des bras, place la main droite sur la plate-forme, les doigts tournés vers sa gauche, le coude élevé sans bouger la main gauche. Puis il place la main gauche, les doigts tournés vers sa droite, le coude élevé, avance le haut du corps pour se mettre à l'appui fléchi puis à l'appui tendu par l'extension des bras, du tronc et des cuisses; il se met ensuite à genoux, puis debout.

456. — MONTER SUR LA PLATE-FORME EN S'Y ACCROCHANT PAR UNE JAMBE ET S'Y ÉTABLIR SUR LES AVANT-BRAS.

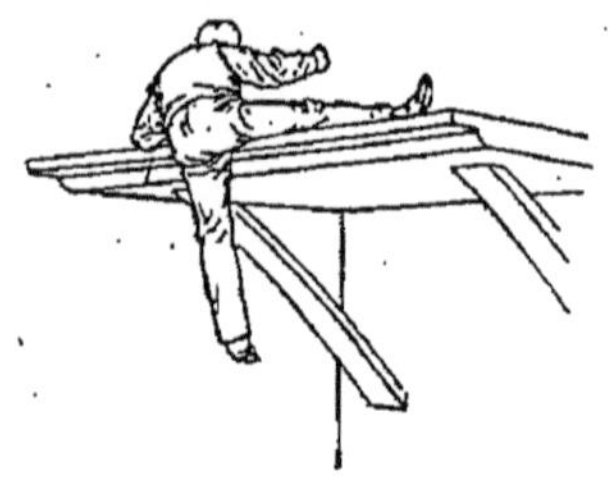

L'élève fait face à la plate-forme et s'y suspend comme il est indiqué à l'exercice précédent; puis il s'enlève par une traction des bras en portant le corps vers la droite, engage la jambe droite sur la plate-forme, et à l'aide de cette jambe et des avant-bras il achève de s'établir sur la plate-forme. Il a soin de maintenir la jambe gauche étendue et de la porter le plus en avant possible sous la plate-forme.

457. — ÉTABLISSEMENT DANS L'ATTITUDE RENVERSÉE.

Étant face à la planche, sauter à la suspension allongée, les mains à l'écartement des épaules; fléchir les membres inférieurs, les passer entre les bras, les étendre verticalement et, par une forte traction des bras, s'établir assis les jambes étendues sur la plate-forme.

Les exercices d'établissement à la planche sont utiles dans l'application, mais restent facultatifs pour les élèves de l'enseignement secondaire et primaire supérieur.

EXERCICES

DE LA QUATRIÈME SÉRIE

Courses. Sautillements. Danses. Jeux impliquant l'action de courir.

1er GROUPE : **Courses.**

2e GROUPE : **Sautillements.**

3e GROUPE : **Danses.**

A. Danses de salon.

B. Danses gymnastiques.

4e GROUPE : **Jeux impliquant l'action de courir.**

1er GROUPE

COURSES

Élèves de 13 à 16 ans.

Reprendre les exercices décrits pour les élèves de 9 à 13 ans.

Des courses.

La course peut s'exécuter à des cadences variées, mais les allures courues à des rythmes lents sont tout à fait défectueuses au point de vue utile, car dans ces allures, on est obligé de sautiller presque sur place.

La véritable cadence d'une course de résistance au point de vue pratique est d'environ 105 à 115 pas complets à la minute.

Au delà du rythme 120, la course n'est plus une allure de fond que l'on peut soutenir longtemps. C'est alors une course de vélocité.

Pour augmenter d'une petite quantité sa vitesse, le coureur doit dépenser d'autant plus de travail qu'il est déjà à une allure plus vive ; il atteint donc vite la limite maximum de sa vitesse qui est de 9 à 10 mètres par seconde.

Ces vitesses maxima ne peuvent être soutenues que pendant un temps très court, dix à treize secondes environ qui correspondent à un parcours d'une centaine de mètres pour un adulte.

Dans ces courses de vitesse, en effet, le coureur ne peut presque pas respirer et l'effort permanent qu'il exécute ne peut être prolongé sans danger.

La plus grande qualité du coureur est de suffire à une respiration active sans essoufflement ni troubles de la circulation. Il arrive à cet état par l'entraînement progressif et aussi par la régularisation volontaire de ses mouvements respiratoires.

Il faut veiller surtout à ce que l'amour-propre et l'émulation exagérés ne mènent pas à des excès qui feraient dégénérer un excellent exercice en un surmenage dangereux.

Dans tous les cas, les jeunes enfants ne devront jamais se livrer à la course soutenue et il ne faudra pas faire courir les élèves sans les avoir soumis préalablement à un examen médical dans lequel on éliminera ceux qui présentent quelques troubles cardiaques.

La longueur du pas de course dépend surtout du degré et de l'intensité d'extension de la jambe active.

Cependant la longueur du pas dépend aussi de la manière dont on pose le pied à terre. Si l'on pose par la pointe, le pas est forcément raccourci; si l'on pose par le talon, le pas est très allongé, il est vrai, mais il y a des inconvénients sérieux à procéder de cette façon.

Le choc au moment du poser du pied, est alors très considérable, et comme la jambe n'a d'action propulsive que lorsqu'elle a dépassé la verticale, pendant toute la phase de déroulement qui précède cette position, la jambe à l'appui ne fait que ralentir la vitesse de progression.

Au contraire, si le coureur pose le pied à plat, la jambe est alors verticale, fléchie légèrement sur la cuisse et le choc est amorti par les muscles extenseurs.

Le corps reste presque vertical pendant la course; ce n'est qu'au début qu'il est incliné en avant et seulement pendant quelques pas.

Inversement, le coureur qui veut s'arrêter doit se pencher en arrière, afin de faire agir le poids du corps pour ralentir sa vitesse.

En résumé, il y a une distinction à établir entre la course de fond et la vélocité :

La première, destinée à franchir une longue distance, doit se faire à un rythme modéré et non à une allure sautillée.

Dans la course de fond, le pied pose à plat, le corps incliné légèrement en avant se détache peu de terre, les membres sont souples et un peu fléchis, la respiration est cadencée avec le pas. On doit éviter les torsions exagérées du tronc et l'écartement excessif des pieds.

Les combinaisons de marches, de courses de fond et de haltes sont un moyen pratique excellent de parcourir une distance maximum dans un temps donné.

Ainsi 40 minutes de marche, 10 minutes de course de fond et 10 minutes de repos permettent de franchir rapidement et sans grande fatigue une étape que l'on aurait dû faire à un rythme trop accéléré, si on l'avait exécutée uniquement au pas de marche.

Ces marches et courses mélangées peuvent être soutenues longtemps.

La course de vélocité doit être limitée dans son parcours; 80 ou 100 mètres sont un maximum qu'il ne faut pas dépasser.

Au départ, le corps est penché en avant, puis il se redresse et le pas s'accélère en s'allongeant au maximum.

La course de vélocité doit être faite très modérément et seulement par les élèves des classes supérieures.

458. — Courses de vitesse graduées.

Filles : 30 mètres maximum.
Garçons : 60 mètres maximum.

* **459.** — Courses de fond graduées.

3 minutes maximum.

Élèves de 16 ans et au-dessus.

* **460.** — Courses de fond graduées : 5 minutes maximum.

* **461.** — Courses de vitesse graduées : 80 mètres maximum.

* **462.** — Rallyes. Courses au clocher.

Ces exercices de grand fond ne seront exécutés qu'après un entraînement préalable; ils se feront avant les grandes chaleurs avec l'autorisation du médecin de l'établissement.

2e GROUPE

SAUTILLEMENTS

Élèves de 13 à 16 ans.

Reprendre les exercices décrits pour les élèves de 9 à 13 ans.

3e GROUPE

DANSES

Jeunes filles de 13 ans et au-dessus.

A. — Danses de salon.

Reprendre les danses indiquées pour les élèves de 11 à 13 ans.

B. — Danses gymnastiques.

463. — Danses gymnastiques avec attitudes[1].

Voir dans les traités spéciaux.

4e GROUPE

JEUX IMPLIQUANT L'ACTION DE COURIR

Élèves de 13 à 16 ans.

Reprendre les jeux décrits pour les élèves de 6 à 13 ans.

1. Demeny et Sandoz. *Danses gymnastiques* (Vuibert et Nony, édit.).

EXERCICES
DE LA CINQUIÈME SÉRIE

Mouvements du tronc : flexion, extension, mouvements latéraux et torsion.

1er GROUPE : **Mouvements du tronc.**
A. Mouvements simples.
B. Mouvements avec attitudes des bras.
C. Fentes fléchies avec attitudes des bras et fentes à fond.
D. Mouvements avec aide.
E. Exercices préparatoires à la natation.
F. Mouvements à terre.

2e GROUPE : **Exercices avec barres.**
A. Flexion, extension du tronc.
B. Mouvements combinés avec fentes.

*3e GROUPE : **Exercices avec haltères.**

4e GROUPE : **Mouvements du tronc avec point d'appui.**
A. Mouvements de flexion et d'extension.
B. Exercices de flexion latérale.
C. Exercices de torsion.

1er GROUPE
MOUVEMENTS DU TRONC

Élèves de 13 à 16 ans

A. — Mouvements simples.

B. — Mouvements avec attitudes des bras.

Reprendre les exercices décrits pour les élèves de 6 à 13 ans.

C. — *Fentes fléchies avec attitudes des bras et fentes à fond.*

Reprendre les exercices décrits pour les élèves de 11 à 13 ans.

Dans toutes les fentes ne pas maintenir l'attitude plus de 2 ou 3 secondes au maximum.

464. — Fente latérale a fond (ou fente d'escrime) avec élévation d'un bras.

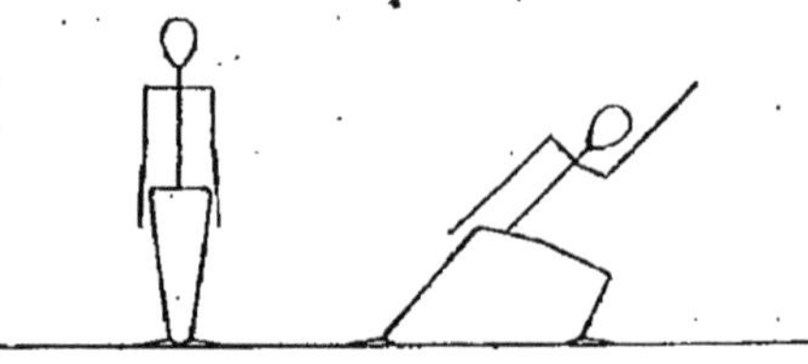

Mains aux épaules. — En position!

Se fait également en partant de la station droite, bras dans le rang.

1. Se fendre latéralement de la jambe gauche, genou ouvert, corps incliné (les pieds à plat) avec extension des bras, le gauche en haut dans le prolongement du tronc, le droit en bas, la main à 10 centimètres de la cuisse droite, les paumes des mains face en avant.

2. Rassembler en ramenant les bras à leur position initiale.

3 et 4. De même à droite.

Ce mouvement se fait très énergiquement à une cadence plus vive que les autres fentes, vu son caractère de mouvement vif. Il peut se faire en fente en avant, avec un demi à droite en portant la jambe gauche en avant.

(*Cadence* 90.)

465. — Fente latérale fléchie, les bras étendus latéralement.

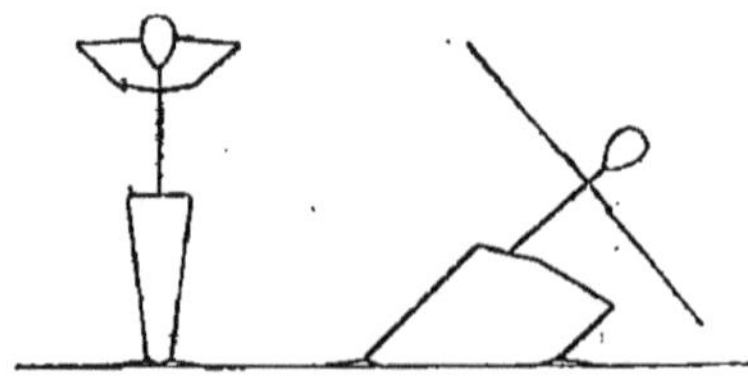

Mains à la nuque. — En position!

1. Se fendre latéralement de la jambe gauche fléchie, corps incliné en étendant les bras de côté, perpendiculairement à l'axe du corps, le droit oblique en haut, le gauche oblique en bas.

2. Rassembler contre la jambe droite, en ramenant les bras à leur position initiale.

(*Cadence* 60.)

466. — FENTE EN ARRIÈRE A FOND AVEC ÉLÉVATION D'UN BRAS.

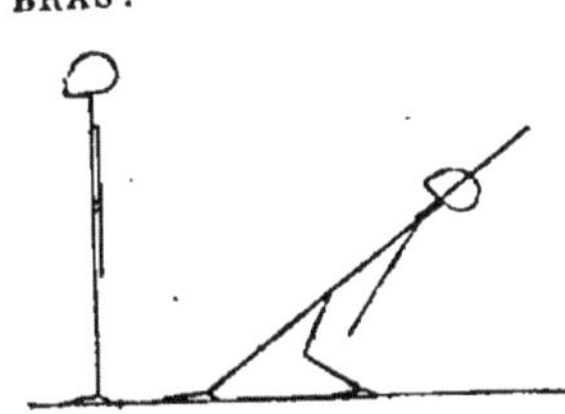

1. Se fendre en arrière de la jambe gauche fléchie, corps incliné en arrière en ligne avec la jambe étendue, en élevant le bras gauche en haut et en arrière dans le prolongement du corps.

2. Rassembler en avant en abaissant le bras gauche.

3 et 4. De même à droite.

Bien effacer le ventre dans cette fente; la tête ne doit pas avancer ni se renverser, elle doit rester fixée comme en station droite.

467. — FENTE EN AVANT A FOND (TALON LEVÉ), AVEC EXTENSION DES BRAS A LA POSITION LATÉRALE.

Mains à la poitrine. — En position!

1. Se fendre en avant de la jambe gauche, le corps fortement incliné, le talon droit levé; étendre en même temps les avant-bras, sans bouger les coudes (rester dans l'attitude).

Les paumes des mains doivent rester tournées vers le sol; l'élève a tendance à les placer vers le corps et par suite à avancer l'épaule et à déplacer les coudes.

2. Rassembler en arrière en ramenant les bras à leur position initiale sans déranger les coudes.

3 et 4. Même mouvement de la jambe droite.

468. — FENTE EN AVANT A FOND (TALON LEVÉ), AVEC ÉLÉVATION DES BRAS ÉTENDUS.

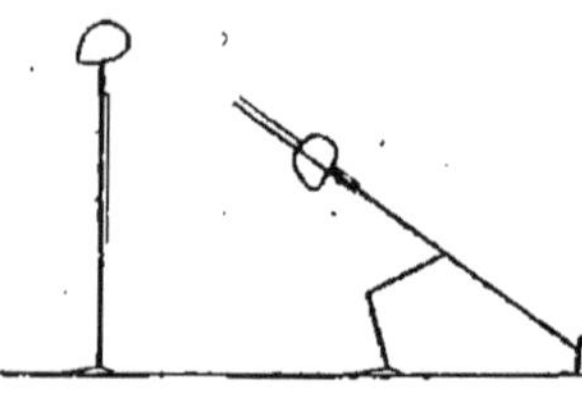

1. Se fendre en avant de la jambe gauche, le corps fortement incliné, le talon droit levé, en élevant les bras étendus dans le prolongement du tronc; jambe de derrière, corps et bras en ligne (rester dans l'attitude).

2. Rassembler en arrière en abaissant les bras.

3 et 4. Même mouvement de la jambe droite.

469. — FENTE EN AVANT A FOND (TALON LEVÉ), AVEC ÉLÉVATION DU BRAS CÔTÉ OPPOSÉ.

1. Se fendre en avant de la jambe gauche, le corps fortement incliné, le talon droit levé, en élevant le bras droit le plus haut possible et en portant le bras gauche en arrière; jambe droite, corps et bras droit en ligne (rester dans l'attitude).

2. Rassembler en arrière en abaissant les bras.

3 et 4. Même mouvement de la jambe droite.

Ces trois exercices (n°s 467, 468 et 469) *peuvent s'exécuter au début sans déplacer le corps en avant, c'est-à-dire en fléchissant la jambe droite et en portant l'autre jambe en arrière, talon levé, puis en rassemblant en avant; ils sont alors à la portée des enfants de 11 à 13 ans.*

Les exercices n°s 467, 468 et 469 *peuvent se faire en progressant en avant, soit en rassemblant, soit sans rassembler en avant à chaque fois; après un demi-tour on fait un exercice de même genre ou un des deux ci-après pour revenir à sa place primitive.*

470. — FENTE EN AVANT A FOND EN PROGRESSANT (TALON LEVÉ), AVEC ÉLÉVATION DU BRAS CÔTÉ OPPOSÉ A LA FENTE.

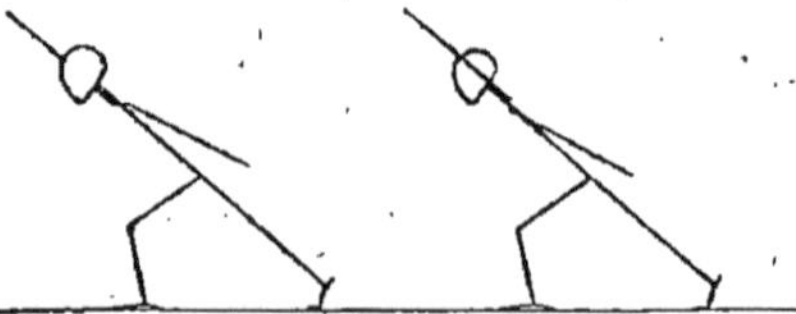

1. Se fendre en avant de la jambe gauche, le corps for-

tement incliné, le talon droit soulevé, en élevant le bras droit le plus haut possible et en portant le bras gauche en arrière; jambe droite, corps et bras droit en ligne (rester dans l'attitude).

2. Se fendre en avant de la jambe droite sans se redresser, le corps fortement incliné, le talon gauche soulevé, en élevant le bras gauche le plus haut possible et en portant le droit en arrière; jambe gauche, corps et bras gauche en ligne (rester dans l'attitude).

3. Comme au temps 1.

4. Comme au temps 2.

On peut rassembler face en arrière sur le pied en avant et recommencer pour revenir à sa place primitive.

471. — FENTE EN AVANT A FOND AVEC CIRCUMDUCTION DES BRAS EN PROGRESSANT.

1. Se fendre en avant de la jambe gauche fléchie, le corps fortement incliné, le talon droit soulevé, et circumduction lente des bras en les portant en avant, en haut, en arrière.

2. Se fendre en avant de la jambe droite fléchie, et mouvement des bras comme ci-dessus.

Peut se continuer plusieurs fois pour les sujets vigoureux de plus de 15 ans.

472. — ÉLÉVATION EN ARRIÈRE D'UNE JAMBE ÉTENDUE, EN PENCHANT LE CORPS EN AVANT, BRAS DE CÔTÉ.

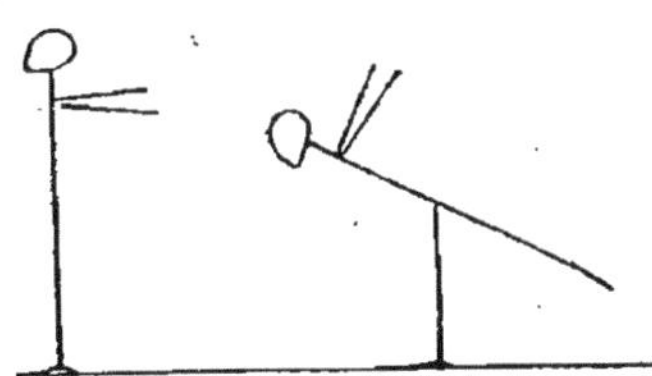

Bras étendus à la position latérale. — En position!

1. Incliner lentement le corps en avant, en élevant en arrière la jambe gauche étendue dans le prolongement du tronc, sans déranger la position des bras.

2. Redresser le corps en remplaçant la jambe gauche contre la droite.

3 et 4. Même mouvement avec la jambe droite.

473. — Élévation en arrière d'une jambe étendue, en penchant le corps en avant, bras étendus en haut.

Bras étendus à la position verticale. — En position !

1. Incliner lentement le corps en avant en élevant en arrière la jambe gauche étendue dans le prolongement du tronc, sans déranger la position des bras.

2. Redresser le corps en replaçant la jambe gauche contre la droite.

3 et 4. Même mouvement avec la jambe droite.

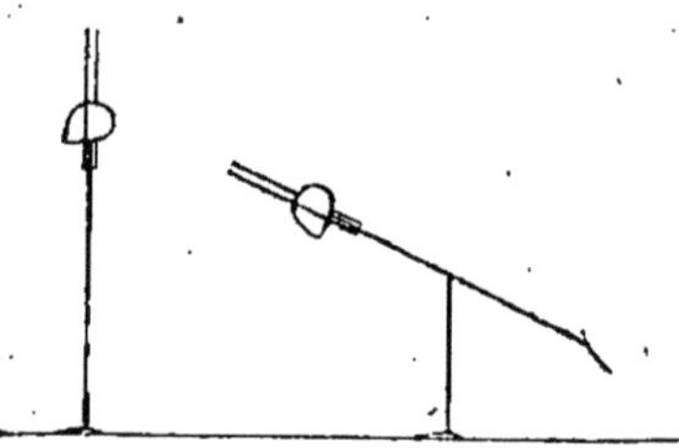

474. — Élévation latérale d'une jambe étendue, en penchant le corps de côté, bras de côté.

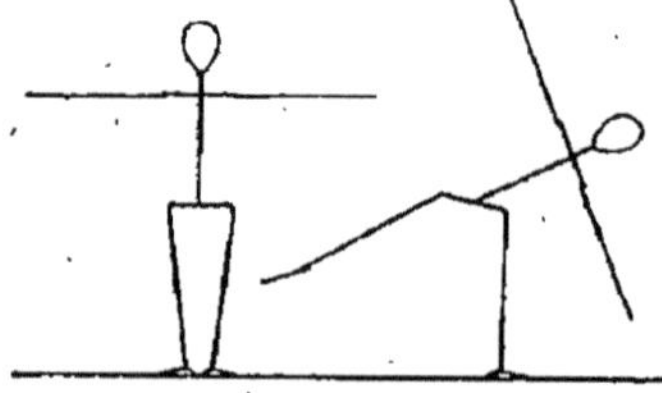

Bras étendus à la position latérale. — En position !

1. Incliner lentement le corps à droite en élevant de côté la jambe gauche étendue dans le prolongement du tronc, sans déranger la position des bras.

2. Redresser le corps en replaçant la jambe gauche contre la droite.

3 et 4. Même mouvement du côté opposé.

475. — Élévation latérale d'une jambe étendue, en penchant le corps de côté, bras étendus en haut.

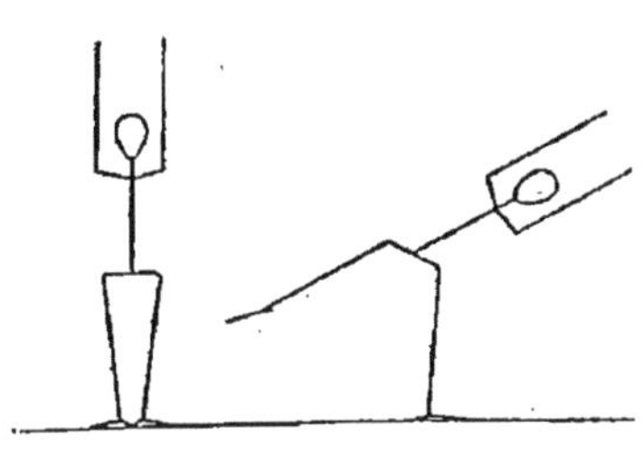

Bras étendus à la position verticale. — En position!

1. Incliner légèrement le corps en élevant de côté la jambe gauche étendue dans le prolongement du tronc, sans déranger la position des bras.

2. Redresser le corps en replaçant la jambe gauche contre la droite.

3 et 4. Même mouvement côté opposé.

476. — Élévation en avant d'une jambe étendue, en penchant le corps en arrière, mains à la nuque.

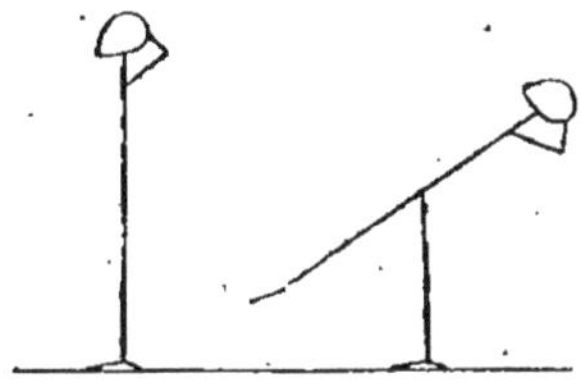

Mains à la nuque. En position!

1. Incliner le corps en arrière, en élevant en avant la jambe gauche étendue en ligne avec le tronc, sans déranger la position des bras.

2. Redresser le corps en replaçant la jambe gauche contre la droite.

Même mouvement avec la jambe droite.

Dans ces cinq exercices la jambe à terre doit être complètement étendue; au commandement préparatoire de « Attention! », *porter le poids du corps sur le pied qui ne se déplace pas et tendre la jambe de façon à ne pas être surpris au commandement d'exécution* « Commencez! »

D. — *Mouvements avec aide.*

Reprendre les exercices décrits pour les élèves de 9 à 13 ans.

477. — Extension et flexion du tronc les pieds maintenus et les bras étendus.

Voir les exercices 251 et 277.

478. — Flexion et extension du tronc un pied maintenu et les bras étendus.

Comme au nº 253 mais avec les bras étendus dans le prolongement du tronc.

479. — Extension et flexion du tronc un pied maintenu et les bras étendus.

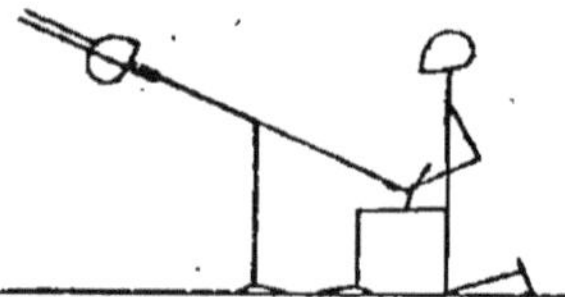

Comme au nº 254 mais avec les bras étendus dans le prolongement du tronc.

480. — Flexion latérale du tronc un pied maintenu et les bras étendus.

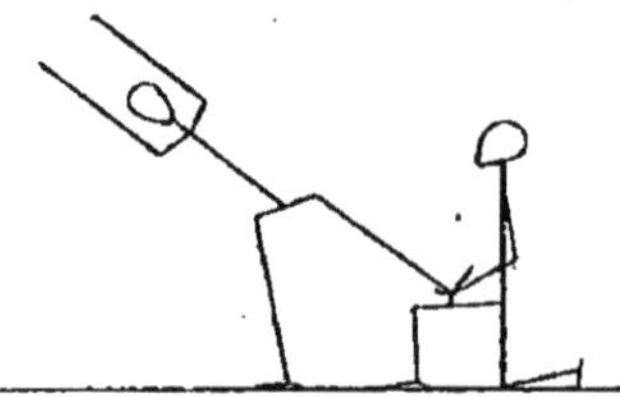

Comme au nº 255 mais avec les bras étendus dans le prolongement du tronc.

E. — *Exercices préparatoires à la natation.*

Reprendre les exercices décrits pour les élèves de 11 à 13 ans.

F. — *Mouvements à terre.*

481. — Appui sur les pieds et les mains (face au sol) avec flexion des bras.

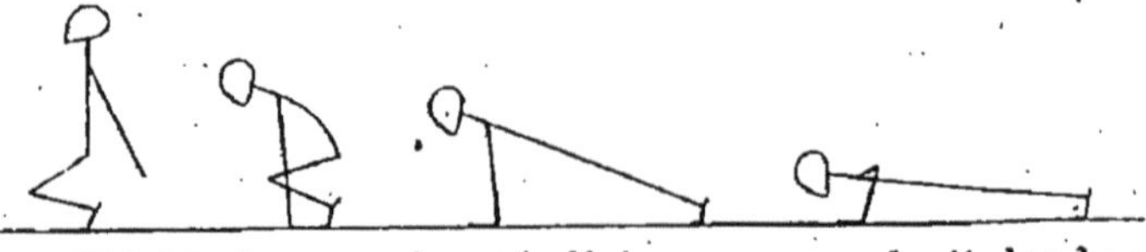

1. Fléchir les membres inférieurs, corps droit, les bras abaissés.

2. Poser les mains sur le sol, en dehors et contre les pieds.

3. Étendre le corps et les membres inférieurs, appui sur les mains et les pieds, le corps bien droit.

4. Fléchir les bras, corps étendu.

5. Étendre les bras, corps étendu.

6. Retour à la position accroupie, jambes entre les bras.

7. Station droite.

482. — Appui latéral sur un pied et une main.

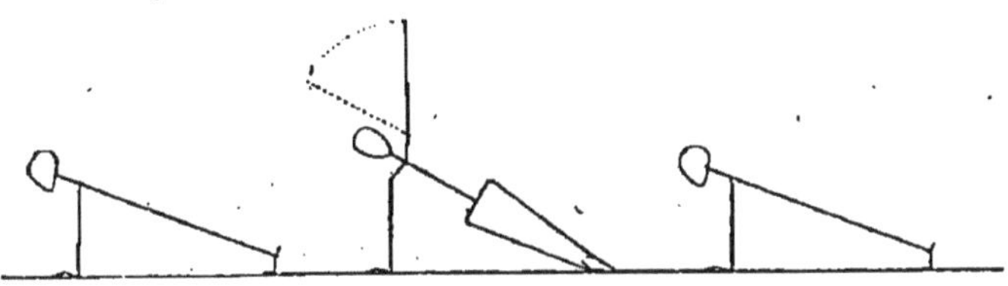

1. Fléchir les membres inférieurs, corps droit, bras abaissés, en avant ou de côté.

2. Poser les mains sur le sol, en dehors et contre les pieds.

3. Étendre le corps et les membres inférieurs, appui sur les mains et les pieds, le corps bien droit.

4. Appui latéral droit, corps étendu (pivoter sur la pointe du pied droit), bord externe du pied contre le sol avec élévation du bras gauche oblique en haut, en ligne avec le corps.

5. Abaisser le bras gauche, appui sur les mains, comme au temps 3.

6. Comme au temps 4, mais face à droite.

7. Abaisser le bras droit, appui sur les mains, comme au temps 3.

8. Retour à la position accroupie, jambes entre les bras.

9. Station droite.

Au temps 4 on peut au début prendre appui avec les deux pieds, la pointe de l'un contre le talon de l'autre.

483. — Appui sur les pieds et les mains, dos tourné vers le sol.

1, 2, 3. Comme à l'exercice n° 481.

4. Pivoter sur le bras droit et le pied droit pour se trouver à l'appui sur les pieds et les mains, dos tourné vers le sol, corps bien étendu, le bras gauche décrivant un demi-cercle.

5. Élever la jambe gauche étendue.

6. Replacer le pied à terre.

7. Élever la jambe droite étendue.

8. Replacer le pied à terre.

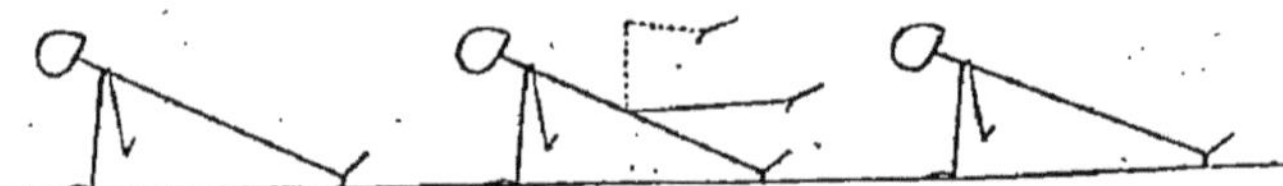

9. Pivoter sur le bras gauche et le pied gauche pour se trouver à l'appui face à terre, corps étendu, le bras droit décrivant un demi-cercle.

10. Retour à la position accroupie.

11. Station droite.

484. — Appui sur les pieds et les mains face au sol, avec élévation d'un bras.

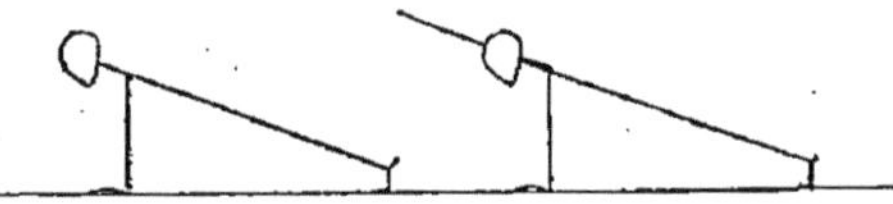

1, 2, 3. Comme à l'exercice nº 481.

4. Élévation à l'horizontale du bras gauche étendu en avant.

5. Main à terre.

6. Élévation à l'horizontale du bras droit étendu en avant.

7. Main à terre.

8. Retour à la position accroupie.

9. Station droite.

485. — Appui sur les pieds et les mains avec l'élévation d'un bras, dos vers le sol.

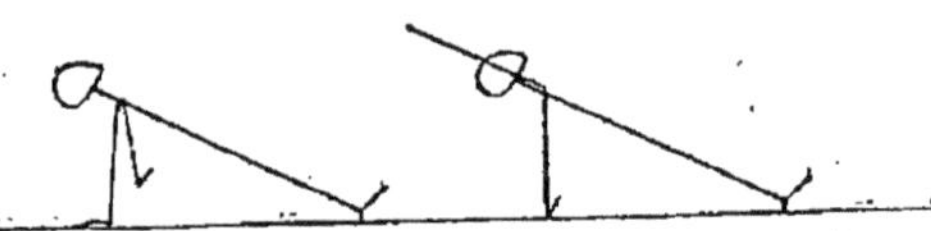

1, 2, 3. Comme à l'exercice nº 481.

4. Pivoter sur le pied droit en déplaçant le pied gauche de 0 m. 50 à gauche, jambes étendues et écartées, pour se trouver à l'appui dos vers le sol sur la main droite et les talons, le bras gauche étendu sur le prolongement du tronc, corps droit.

5. Pivoter sur le pied droit pour revenir à l'appui étendu sur les mains et les pieds face vers le sol.

6. Comme au temps 4, côté contraire.

7. Pivoter sur le pied gauche pour revenir à l'appui sur les mains et les pieds comme au temps 5.

8. Retour à la position accroupie.

9. Station droite.

2e GROUPE

EXERCICES AVEC BARRES

Élèves de 13 à 16 ans.

A. — *Flexion, extension du tronc.*

Reprendre les exercices décrits pour les élèves de 11 à 13 ans.

B. — *Mouvements combinés avec fentes.*

Reprendre les exercices décrits pour les élèves de 6 à 13 ans.

486. — FENTE LATÉRALE GAUCHE A FOND, CORPS INCLINÉ A DROITE : EXTENSION ET FLEXION DES BRAS.

1. Se fendre latéralement à fond de la jambe gauche fléchie, en passant la barre derrière le cou, coudes au corps, fléchir lentement le corps à droite.

2. Étendre les bras dans le prolongement du tronc.

3. Fléchir les bras, barre derrière les épaules, coudes au corps.

4. Redresser lentement le corps dans le prolongement de la jambe droite et rassembler le pied gauche contre le droit en ramenant la barre devant le corps.

5 à 8. Même mouvement inversement.

487. — EXTENSION ET FLEXION DES BRAS, CORPS PENCHÉ DE CÔTÉ, GENOU A TERRE.

1. Glisser le pied gauche en arrière en posant le genou gauche à terre, en fléchissant les bras, barre devant les épaules; étendre la jambe droite de côté, le pied à plat, pencher le corps à gauche dans le prolongement de la jambe étendue.

2. Étendre les bras dans le prolongement du tronc.

3. Fléchir les bras, barre devant les épaules.

4. Redresser le corps; replacer le pied droit en avant du genou gauche, debout à la station droite la barre en bas.

5 à 8. Mouvement inverse.

488. — Extension des bras dans le prolongement du tronc, dans la fente en arrière fléchie.

1. Se fendre en arrière de la jambe gauche fléchie, bras fléchis, barre devant les épaules.

2. Étendre les bras dans le prolongement du tronc et de la jambe étendue.

3. Fléchir les bras, barre devant les épaules.

4. Rassembler le pied gauche contre le droit, barre en bas.

5 à 8. Mouvement inverse.

489. — Extension et flexion des bras, corps penché en arrière, genou a terre.

1. Glisser le pied gauche en arrière en posant le genou gauche à terre, en fléchissant les bras, barre à hauteur des épaules; étendre la jambe droite en avant le talon seul à terre, pencher le corps en arrière dans le prolongement de la jambe étendue.

2. Étendre les bras dans le prolongement du tronc.

3. Fléchir les bras, barre devant les épaules.

4. Fléchir la jambe droite, pied à plat en redressant le tronc, rassembler le pied gauche contre le droit en abaissant les bras.

5 à 8. Mouvement inverse.

Les divers mouvements avec barres de la deuxième et de la cinquième séries peuvent se combiner et former ainsi des exercices sur 2 ou 4 faces.

*3e GROUPE

EXERCICES AVEC HALTÈRES

(*Cadence* 30 *à* 60.)

Élèves de 13 à 16 ans.

(Voir aux exercices de la 2e série (page 48) les recommandations spéciales aux exercices avec haltères.)

Les exercices purement correctifs de flexion du tronc ou de fentes avec bras étendus dans le prolongement du tronc et attitudes maintenues, ne seront pas pratiqués dans la leçon avec les haltères.

490. — FENTES EN PROGRESSANT AVEC ÉLÉVATION VERTICALE ET ABAISSEMENT DES BRAS.

1. Se fendre en avant de la jambe gauche fléchie en élevant les bras à la position verticale.

2. Abaisser les bras en avant et les balancer en arrière.

3. Se fendre en avant de la jambe droite fléchie en élevant les bras à la position verticale.

4. Abaisser les bras en avant et les balancer en arrière.

Répéter plusieurs fois l'exercice.

491. — FENTES EN PROGRESSANT AVEC CIRCUMDUCTION DES BRAS D'AVANT EN ARRIÈRE.

1. Se fendre en avant, de la jambe gauche fléchie, en élevant les bras à la position verticale, puis les abaisser en les portant en arrière le plus possible.

2. Au moment où les bras sont en bas, se fendre en avant de la jambe droite fléchie, avec mouvement des bras comme ci-dessus.

Répéter plusieurs fois l'exercice.

492. — FENTE LATÉRALE AVEC CIRCUMDUCTION DES BRAS DE DEDANS AU DEHORS.

1. Se fendre latéralement de la jambe gauche fléchie, en croisant les bras en bas devant le corps, en les croisant en haut et en les descendant à la position latérale, paumes en avant.

2. Rassembler en abaissant les bras.

3 et 4. De même à droite.

Le mouvement peut se faire ensuite avec circumduction d'un seul bras, les deux haltères dans la main.

4e GROUPE

MOUVEMENTS DU TRONC AVEC POINTS D'APPUI

A. — *Mouvements de flexion et d'extension.*

Élèves de 13 à 16 ans.

Reprendre les exercices décrits pour les élèves de 11 à 13 ans.

Barre à hauteur des cuisses.

493. — Face a la barre et appuyé contre elle, flexion du tronc, mains a la nuque.

Comme il est indiqué au 270e exercice.

Progression. — Exécuter cet exercice, les mains à la poitrine et extension latérale des bras.

Barre à 0 m. 30 du sol.

494. — Prendre la position un pied accroché sur la barre en arrière, mains a la nuque, le corps incliné en avant dans la direction de la jambe accrochée.

Comme il est indiqué au 271e exercice.

Progression. — Exécuter cet exercice, les mains à la poitrine et extension latérale des bras.

Barre abaissée ou sur un banc.

495. — Appui facial, flexion et extension du tronc, mains aux épaules.

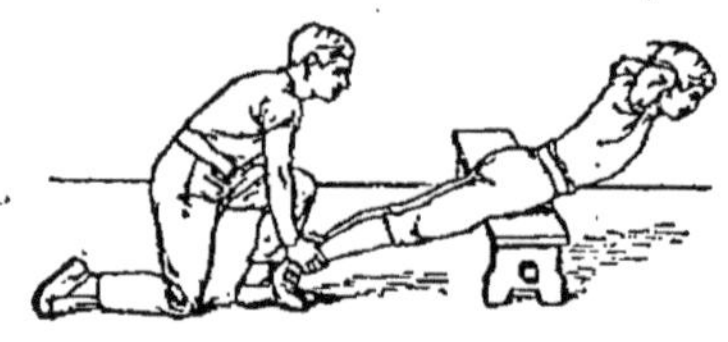

Comme il est indiqué au 269e exercice.

Progression. — Exécuter cet exercice : 1° les mains à la nuque; 2° les mains à la poitrine, extension et flexion latérale des bras.

Barre à hauteur des reins.

496. — Dos tourné a la barre. Extension du tronc, mains aux épaules et extension des bras.

Comme il est indiqué au 272e exercice. — Le tronc étant en extension :

1. Étendre les bras dans le prolongement du tronc.
2. Fléchir les bras, les mains aux épaules.

Progression. — Exécuter cet exercice en étendant les bras verticalement avant l'extension du tronc.

Barre à hauteur des genoux.

497. — EXTENSION DU TRONC, MAINS AUX ÉPAULES ET EXTENSION DES BRAS.

Face à la barre, un pied accroché.

Comme il est indiqué au 274e exercice, et mouvement des bras comme à l'exercice précédent.

Progression. — Exécuter cet exercice en étendant les bras verticalement avant l'extension du tronc.

498. — INCLINER LE TRONC EN ARRIÈRE ET REVENIR ASSIS, MAINS AUX ÉPAULES ET EXTENSION DES BRAS.

Assis sur une barre, un banc ou sur le sol, les pieds fixés.

1. Comme il est indiqué au 276e exercice.
2. Extension des bras dans le prolongement du tronc.
3. Flexion des bras, mains aux épaules.
4. Reprendre la position initiale.

Progression. — Exécuter cet exercice en étendant les bras verticalement avant l'extension du tronc.

Les exercices d'appui avec mouvements de jambes 392 à 395 de la 3e série, doivent être considérés comme exercices s'adressant aux muscles de l'abdomen et peuvent prendre place ici.

Élèves de 16 ans et au-dessus.

Barre à hauteur des cuisses.

499. — FACE A LA BARRE ET APPUYÉ SUR ELLE : FLEXION DU TRONC, MAINS AUX ÉPAULES ; EXTENSION ET FLEXION DES BRAS.

1. Flexion du tronc.
2. Extension des bras.
3. Flexion des bras.
4. Revenir à la position initiale.

Barre à 0 m. 30 du sol.

500. — PRENDRE LA POSITION UN PIED ACCROCHÉ SUR LA BARRE EN ARRIÈRE, MAINS AUX ÉPAULES, LE CORPS INCLINÉ EN AVANT DANS LA DIRECTION DE LA JAMBE ACCROCHÉE : EXTENSION ET FLEXION DES BRAS.

1. Flexion du tronc.

2. Extension des bras.

3. Flexion des bras.

4. Reprendre la position initiale.

Progression. — Exécuter cet exercice : 1° les bras placés verticalement ; grande flexion du corps en avant ; 2° élever progressivement la barre jusqu'à la hauteur du genou ; * 3° les mains chargées d'haltères légers ; 4° le tronc fléchi horizontalement, avec oscillation des bras étendus.

Barre abaissée ou sur un banc.

501. — APPUI FACIAL : FLEXION ET EXTENSION DU TRONC, LES BRAS ÉLEVÉS.

Comme il est indiqué au 269° exercice.

Progression. — Exécuter cet exercice, les mains aux épaules avec extension et flexion des bras.

Barre à hauteur des reins.

502. — DOS TOURNÉ A LA BARRE : EXTENSION DU TRONC, LES BRAS ÉTENDUS ; OSCILLATION DES BRAS.

Le tronc étant en extension, les bras étendus dans la direction du tronc :

1. Amener les mains près de la barre, contre le corps, les bras restant étendus et parallèles.

2. Reprendre la position initiale, sans fléchir les bras et en conservant leur parallélisme.

Progression. — Exécuter cet exercice, ainsi que le 496e les mains chargées d'haltères légers.

Barre à hauteur des genoux.

503. — EXTENSION DU TRONC, BRAS ÉTENDUS : OSCILLATION DES BRAS.

Face à la barre, un pied accroché.

Comme il est indiqué à l'exercice précédent.

Progression. — Exécuter cet exercice : * 1° les mains chargées d'haltères légers ; 2° en élevant progressivement la barre, sans dépasser la hauteur des hanches ; 3° barre placée à 0 m. 20 du sol ; appui des mains sur le sol, bras étendus, les cous-de-pied posés sur la barre : flexion et extension des bras.

504. — INCLINER LE TRONC EN ARRIÈRE ET REVENIR ASSIS, BRAS ÉTENDUS.

Assis sur une barre, un banc ou sur le sol, les pieds fixés.

Le tronc étant étendu : oscillation des bras.

Comme il est indiqué au 502e exercice.

* *Progression.* — Exécuter cet exercice, les mains chargées d'haltères légers (maximum 1 kilogramme la paire).

Nota. — Les exercices d'appui avec mouvements de jambes, exercices 413 à 415 de la 3e série, doivent être considérés surtout comme exercices s'adressant aux muscles du tronc et peuvent prendre place ici.

B. — *Exercices de flexion latérale.*

Élèves de 13 à 16 ans.

Reprendre les exercices décrits pour les élèves de 11 à 13 ans.

Barre à hauteur des hanches.

505. — FLEXION LATÉRALE DU TRONC DU CÔTÉ APPUYÉ, MAINS AUX ÉPAULES ET EXTENSION DES BRAS.

1. Comme il est indiqué au 278e exercice.
2. Extension des bras.
3. Flexion des bras, mains aux épaules.
4. Revenir à la position initiale.

Progression. — Exécuter cet exercice les bras étendus verticalement avant la flexion du tronc.

506. — ABDUCTION LATÉRALE DE LA CUISSE, JAMBE ÉTENDUE.

En appui, les pieds et une main sur le sol, l'autre à la barre.

1. Écarter lentement, et autant que possible, la jambe gauche dans le plan latéral du corps, sans déplacer la position du corps et de la tête.
2. Revenir lentement à la position initiale.

Progression. — Exécuter cet exercice en élevant et abaissant la jambe avec vivacité.

Cet exercice peut être exécuté une main tenue par un aide : dans ce cas, celui-ci se place en face et à un pas de l'élève, et prend la position de la garde à droite, la main gauche sur la hanche, le bras droit demi-fléchi, la main soutenant le poignet de l'élève.

Barre à hauteur des genoux.

507. — ACCROCHÉ PAR UN PIED A LA BARRE, LES BRAS ÉTENDUS VERTICALEMENT : FLEXION LATÉRALE DU TRONC, DU CÔTÉ OPPOSÉ A LA BARRE, PUIS REVENIR A LA POSITION.

Comme il est indiqué au 279e exercice, les bras élevés.

Progression. — Exécuter cet exercice : 1° en élevant la barre progressivement jusqu'à la hauteur des hanches ; 2° étant en flexion latérale du tronc, mains aux épaules, extension et flexion des bras ; 3° en se plaçant en appui latéral des mains à deux barres, tronc fléchi latéralement, un pied à terre.

Oscillation latérale de la jambe, comme il est indiqué à la progression de l'exercice précédent.

Élèves de 16 ans et au-dessus.

***508.** — ACCROCHÉ PAR UN PIED A LA BARRE, BRAS ÉTENDUS VERTICALEMENT : FLEXION LATÉRALE DU TRONC, DU CÔTÉ OPPOSÉ A LA BARRE, PUIS REVENIR A LA POSITION.

Comme il est indiqué au 279e exercice, les bras élevés.

Progression. — Exécuter cet exercice les mains chargées d'haltères légers.

C. — *Exercices de torsion.*

Élèves de 13 à 16 ans.

Reprendre les exercices décrits pour les élèves de 11 à 13 ans.

Barre placée à 0 m. 30 du sol.

509. — UN PIED ACCROCHÉ SUR LA BARRE EN ARRIÈRE, MAINS AUX ÉPAULES : FLEXION DU TRONC, PUIS TORSION.

Comme il est indiqué au 281e exercice.

Progression. — Exécuter cet exercice les mains à la nuque.

510. — FACE A LA BARRE UN PIED ACCROCHÉ : EXTENSION DU TRONC, MAINS AUX ÉPAULES, PUIS TORSION.

Comme il est indiqué au 282e exercice.

Progression. — Exécuter cet exercice les mains à la nuque.

Élèves de 16 ans et au-dessus.

511. — UN PIED ACCROCHÉ SUR LA BARRE EN ARRIÈRE, MAINS AUX ÉPAULES : FLEXION DU TRONC, PUIS TORSION ; EXTENSION ET FLEXION DES BRAS.

Le corps étant placé en flexion et torsion, exécuter l'extension et la flexion des bras.

Progression. — Exécuter cet exercice : 1° les bras placés verticalement, avant d'exécuter la flexion et la torsion ; 2° en élevant progressivement la barre, sans dépasser la hauteur des hanches.

512. — FACE A LA BARRE UN PIED ACCROCHÉ ; EXTENSION DU TRONC, MAINS AUX ÉPAULES, PUIS TORSION : EXTENSION ET FLEXION DES BRAS.

Comme il est indiqué à l'exercice précédent.

Même progression qu'à l'exercice précédent.

EXERCICES

DE LA SIXIÈME SÉRIE

Sauts variés de pied ferme et avec élan.
Jeux gymnastiques impliquant le saut.

1er GROUPE : **Sauts successifs sur place.**

2e GROUPE : **Sauts de pied ferme.**

3e GROUPE : **Sauts avec élan.**

4e GROUPE : **Sauts avec appui des mains.**

A. Sauts de barrières.

B. Tabouret à sauter avec arçons.

C. Cheval en long.

* *D*. Sauts à la perche.

5e GROUPE : **Vindas.**

* 6e GROUPE : **Jeux impliquant le saut.**

Sauts.

Les sauts diffèrent suivant que le corps est en repos ou animé de vitesse au moment de l'impulsion.

Il y a les *sauts de pied ferme* ou sans élan et les *sauts précédés d'une course* ou avec élan.

Dans les sauts on distingue en général quatre périodes principales :

La période de *préparation ;*
La période d'*impulsion ;*
La période de *suspension ;*
La période de *chute.*

Dans la période de *préparation,* on fléchit les segments du membre inférieur et on abaisse les bras de façon à donner au corps l'attitude la plus favorable aux actes qui vont suivre et qui constituent l'impulsion.

La période d'*impulsion* commence avec la détente des membres inférieurs et l'élévation vive des bras qui en augmente l'intensité; elle finit au moment où le corps se détache de terre.

Le but de l'impulsion est de communiquer à la masse du corps une vitesse favorable au genre de saut que l'on veut exécuter.

La période de *suspension* commence au moment où le corps est détaché du sol et finit au moment où il touche la terre de nouveau.

Entre ces deux appuis, le corps se meut dans l'espace absolument comme un projectile.

La période de *chute* commence au moment où le corps touche terre après la suspension; elle se composé des actes musculaires les plus favorables à détruire la vitesse que possède le corps après le saut proprement dit, de façon à amortir le choc et à en éviter les dangers.

1er GROUPE

SAUTS SUCCESSIFS SUR PLACE

Élèves de 13 à 16 ans.

Reprendre les exercices décrits pour les élèves de 6 à 13 ans.

2e GROUPE

SAUTS DE PIED FERME

Élèves de 13 à 16 ans.

Reprendre les exercices décrits pour les élèves de 6 à 13 ans.

513. — Saut en profondeur.

Se placer sur le bord de l'obstacle, mur, estrade, etc.; fléchir les jambes pour abaisser le plus possible le corps et diminuer ainsi la hauteur de la chute.

Abandonner l'obstacle sans se relever, étendre les jambes pendant la suspension.

Faire la chute sur la pointe des pieds et résister par un effort d'extension à une flexion exagérée.

Assurer l'équilibre final par un mouvement convenable d'élévation des bras.

On peut aussi sauter en profondeur étant assis jambes pendantes. (Voir saut à la poutre, au cheval.)

La progression dans la hauteur du saut devra être très douce, car la chute en profondeur est dangereuse.

Pour les jeunes filles ne pas dépasser 1 mètre en profondeur.

3e GROUPE

SAUTS AVEC ÉLAN

Élèves de 13 à 16 ans.

Reprendre les exercices décrits pour les élèves de 11 à 13 ans.

Élèves de 16 ans et au-dessus.

514. — Sauts successifs.

Après une course de 10 mètres environ, prendre l'appel près de la raie tracée à terre et en 3 enjambées franchir la plus grande distance possible.

515. — Saut de haies.

Après une course de 10 mètres environ, franchir une

suite de haies ou barrières légères (depuis 3 jusqu'à 10) espacées de 10 mètres et hautes de 0 m. 80, 0 m. 90 ou 1 mètre.

4e GROUPE

SAUTS AVEC APPUI DES MAINS

Ces sauts s'exécutent au-dessus d'une barre, d'une poutre, d'une barrière, etc.

Dans les sauts avec appui des mains, la suspension proprement dite est de beaucoup réduite : tantôt il y a appui simultané des pieds sur le sol et des mains sur l'obstacle et l'effort d'adduction des bras ajoute son effet à l'extension des jambes; tantôt l'appui sur les mains est effectué après le saut, ce qui permet une obliquité extrême du corps pendant la suspension et une grande longueur de saut. Il y a alors deux chutes, l'une sur les poignets, l'autre finale sur les pieds. Dans ces sauts, lorsque les jambes passent au-dessus de l'obstacle, elles sont fléchies entre les bras ou allongées latéralement pendant que le corps est à l'appui sur un seul bras étendu; le poids du corps doit toujours être porté par le bras à l'appui, ce qui exige que l'on se tienne auprès de l'obstacle au moment du saut.

A. — *Sauts de barrières.*

Élèves de 13 à 16 ans.

Barre placée à hauteur des hanches.

516. — SAUT PRÉPARATOIRE EN PRENANT APPUI D'UNE MAIN SANS FRANCHIR LA BARRE.

Se placer en station, fente en avant à droite, le côté gauche contre la barre; la main gauche sur la barre.

Balancer la jambe gauche étendue et la lancer un peu plus haut que la barre; profiter de ce mouvement pour donner une détente de la jambe droite de façon à élever le corps au-dessus de l'engin en s'aidant du bras gauche.

Exécuter plusieurs fois cet exercice à gauche et à droite sans franchir la barre.

517. — Une main a l'appui, franchir une barre latéralement en passant successivement les jambes.

Comme il est indiqué à l'exercice précédent et franchir la barre en chassant le corps de l'autre côté; à ce moment abandonner la prise de la main gauche et placer la main droite sur l'engin, un peu en avant de l'endroit où se trouvait la main gauche. Exécuter la chute comme il est décrit au saut en profondeur.

Progression. — Exécuter cet exercice : 1° successivement à gauche et à droite; 2° successivement à gauche et à droite en progressant vers l'avant et sans arrêt.

518. — Saut de côté préparatoire. Poser un pied sur la barre, puis, en prenant appui sur le pied, franchir la barre.

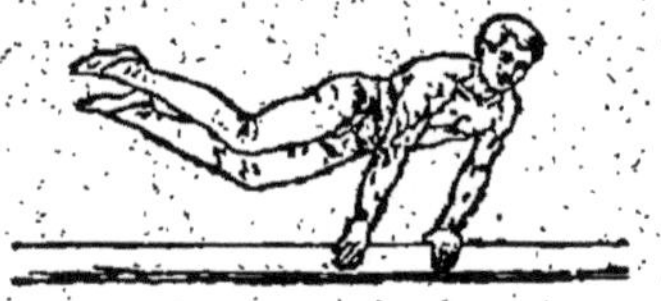

Placer les deux mains sur la barre les doigts en avant.

Sauter en appui tendu et lancer les jambes réunies vers la gauche près de l'engin.

Après plusieurs sauts exécutés de plus en plus haut, poser un pied sur la barre et la franchir; retomber à terre face à droite, une main sur l'engin.

Franchir la barre, les jambes de côté, comme il est indiqué à l'exercice précédent; puis franchir la barre sans poser de pieds dessus.

Progression. — Franchir la barre : 1° d'abord avec pose des mains transversale; 2° avec pose des mains doigts en avant; 3° en retombant à terre, face en avant.

Barres placées l'une au-dessus de l'autre.

519. — Saut latéral en profondeur, étant en suspension latérale d'un bras et appui d'un pied.

Se suspendre latéralement par la main gauche à la barre supérieure et placer le pied gauche en appui sur la barre inférieure; les membres opposés sont étendus obliquement sur le côté, le corps droit.

Ramener les membres opposés à l'engin contre le corps, les écarter vivement en donnant une détente du pied à l'appui, et sauter de côté le plus loin possible des barres.

520. — SUSPENSION A UNE BARRE, LES REINS APPUYÉS SUR L'AUTRE BARRE : SAUT EN PROFONDEUR EN LANÇANT LES JAMBES EN AVANT.

Se suspendre à la barre supérieure, les reins appuyés contre la barre inférieure, les paumes des mains tournées vers l'avant, les bras étendus ainsi que le corps et les jambes.

Porter les jambes en arrière et les lancer vivement en avant en appuyant vigoureusement les reins contre la barre et sauter à terre en avant aussi loin que possible.

521. — SUSPENSION A UNE BARRE, LE VENTRE APPUYÉ SUR L'AUTRE BARRE : FRANCHIR LA BARRE LES JAMBES PASSANT DE CÔTÉ.

Étant en suspension le ventre appuyé, porter les jambes en avant, puis en arrière, fléchir vivement les bras et grouper les jambes en faisant une torsion du tronc à gauche pour passer les jambes de côté, au-dessus de la barre inférieure; sauter à terre en avant, en donnant une vigoureuse détente du tronc et des bras.

Progression. — Exécuter cet exercice en passant les jambes groupées en avant.

522. — SAUTER DE COTÉ ENTRE DEUX BARRES, UNE MAIN EN SUSPENSION, L'AUTRE EN APPUI.

Les barres sont espacées un peu moins que la longueur des bras, la barre inférieure étant placée à la hauteur de la ceinture.

Se placer le flanc gauche contre la barre. Saisir la barre supérieure de la main droite, paume en dedans, et la barre inférieure de la main gauche, pouce en dedans. Fléchir et étendre vigoureusement les jambes et les passer étendues et jointes par-dessus la barre inférieure en s'aidant des bras; lâcher la barre de la main droite et retomber sur le sol en abandonnant la barre inférieure; la main droite se plaçant sur la barre inférieure au moment de la chute.

Élèves de 16 ans et au-dessus.

Exécuter les exercices 516 à 522 en élevant progressivement la barre.

Barres à hauteur des hanches.

523. — SAUTS PRÉPARATOIRES AU SAUT ENTRE LES BRAS.

Sauter en élevant le corps le plus haut possible en s'aidant des bras, les jambes réunies et fléchies, le corps légèrement incliné vers l'avant.

Progression. — Exécuter cet exercice :

1° En élevant de plus en plus les pieds, de façon à les placer sur la barre entre les bras.

2° En posant les pieds sur la barre entre les bras, se redresser sur l'engin et sauter à terre.

524. — FRANCHIR LA BARRE, LES JAMBES PASSANT ENTRE LES BRAS.

Comme il est indiqué dans l'exercice précédent, mais sans toucher la barre et en effectuant une énergique extension des bras vers le haut. Retomber sur le sol aussi loin que possible.

Progression. — Exécuter l'exercice : 1° avec un élan de 1 à 3 pas ; 2° en cambrant le corps après avoir passé au-dessus de l'engin ; 3° en élevant progressivement la barre.

***525.** — FRANCHIR DEUX BARRES PLACÉES A HAUTEUR DES HANCHES, APRÈS UN ÉLAN DE CÔTÉ.

Se placer sur le côté des barres à 5 ou 6 pas de distance. Prendre un élan, placer une main sur chaque barre en exécutant un saut à pieds joints et prendre l'appui tendu en passant le corps étendu, à droite au-dessus des barres ; retomber à terre, la main gauche sur la deuxième barre.

Progression. — Exécuter cet exercice en élevant progressivement les barres.

***526.** — FRANCHIR DEUX BARRES, EN PLAÇANT LES MAINS SUR LA PREMIÈRE BARRE.

Comme il est décrit à l'exercice précédent, mais en plaçant les deux mains sur la première barre, les doigts en avant.

Barres placées l'une au-dessus de l'autre.

527. — SAUT LATÉRAL EN PROFONDEUR ÉTANT EN SUSPENSION LATÉRALE D'UN BRAS ET APPUI D'UN PIED.

Comme il est indiqué au 519e exercice, mais en élevant progressivement la hauteur des barres, la barre en bas, ne dépassant pas la hauteur des hanches.

Exécuter les exercices 520 et 521, en élevant progressivement les barres.

528. — SAUTER ENTRE LES BARRES, LES JAMBES EN AVANT.

Étant placé le côté gauche contre la barre : Saisir la

barre supérieure de la main gauche et la barre inférieure de la main droite, les doigts en dedans, le bras derrière le corps ; lancer les jambes en avant, tendues et jointes, entre les barres, le dos vers le sol. Lâcher la barre supérieure et sauter à terre.

529. — Franchir les deux barres avec appui des pieds sur la barre inférieure.

Placer les deux mains sur la barre supérieure ; par une extension vive des jambes et en s'aidant des bras, placer les pieds sur la barre inférieure : se redresser et faire tourner le corps autour de la barre supérieure, la main gauche tenant cette barre, la main droite s'appuyant sur la barre inférieure.

Lancer les jambes par-dessus les barres et sauter à terre.

B. — *Tabouret à sauter avec arçons.*

Élèves de 13 à 16 ans.

530. — Les mains sur les arçons : sauter a l'appui tendu puis a terre plusieurs fois.

Placer les mains sur les arçons, les bras étendus. Exécuter un saut à pieds joints et prendre l'appui tendu comme il est indiqué à l'exercice 390.

Revenir à terre.

531. — Passer alternativement les jambes fléchies entre les arçons.

Passer la jambe gauche fléchie entre les arçons et l'étendre de l'autre côté de l'engin, la tête et le corps droits.

Revenir à la position initiale par les moyens inverses.

532. — Passer alternativement les jambes étendues par-dessus l'arçon, revenir contre le tabouret et sauter en arrière.

Étant à l'appui tendu sur les arçons, porter le poids du corps sur le bras droit et passer la jambe gauche tendue par-dessus l'arçon gauche en retirant la main gauche de dessus l'arçon, pour la replacer aussitôt le passage de la jambe.

Revenir à l'appui contre l'engin par les moyens inverses.

Sauter en arrière.

Progression. — Exécuter cet exercice et s'asseoir entre les arçons. Sauter à terre en avant.

Élèves de 16 ans et au-dessus.

533. — SE METTRE A CHEVAL ENTRE LES ARÇONS EN PASSANT UNE JAMBE ÉTENDUE PAR-DESSUS UN ARÇON : SAUTER A TERRE A GAUCHE.

Passer une jambe étendue par-dessus un arçon, comme il est indiqué, et se mettre à cheval. Placer les deux mains sur l'arçon placé devant soi. Lancer les jambes en arrière en inclinant le corps en avant sur l'arçon, et par une extension énergique des bras sauter à terre à gauche en abandonnant l'arçon de la main gauche.

534. — ÉTANT A CHEVAL ENTRE LES ARÇONS : SAUTER A TERRE ET SE REMETTRE A CHEVAL.

Comme il est indiqué à l'exercice précédent, mais sans lâcher l'arçon ; profiter de la flexion des jambes au moment de la chute, pour les étendre aussitôt et sauter à cheval.

Progression. — Exécuter l'exercice précédent en sautant alternativement à gauche et à droite après chaque saut à cheval.

***535.** — ÉTANT A L'APPUI TENDU, PASSER LES JAMBES RÉUNIES PAR-DESSUS UN ARÇON, S'ASSEOIR ET SAUTER A TERRE EN AVANT.

Passer les deux jambes par-dessus un arçon comme il est indiqué pour une jambe. Sauter à terre en avant.

536. — FRANCHIR L'ENGIN AVEC 1 A 3 PAS D'ÉLAN, LES JAMBES PASSANT GROUPÉES ENTRE LES ARÇONS, ET RETOMBER AUSSI LOIN QUE POSSIBLE DE L'ENGIN.

Franchir l'engin en inclinant le corps en avant ; les jambes complètement fléchies passent entre les arçons et, par une vigoureuse extension des bras et des jambes en avant, s'élancer pour retomber aussi loin que possible, d'après les principes indiqués.

C. — *Cheval en long.*

Élèves de 16 ans et au-dessus.

537. — Sauter a califourchon par la croupe avec élan. Sauter a terre a gauche.

Sauter en appui tendu sur les bras, les mains placées en selle; écarter les jambes et se mettre à califourchon, le corps droit, les bras contre le corps.

Placer les mains en avant sur le cheval en faisant basculer le corps en avant; lancer les jambes en arrière et sauter à terre à gauche.

538. — Exécuter l'exercice précédent et sauter a terre en avant du cheval, avec appui des mains sur la tête.

Étant à califourchon en selle, élever les jambes en avant, en inclinant le corps en arrière; prendre élan en abaissant rapidement les jambes et les porter en arrière, le corps incliné en avant porté sur les bras un peu fléchis, les mains placées sur la tête du cheval; profiter de cet élan pour sauter en avant du cheval, en donnant une vigoureuse impulsion des bras, et sauter à terre.

539. — Sauter a cheval. Ciseaux en arrière.

Étant à califourchon en selle, incliner le corps en avant sur les mains, les bras fléchis; lever les jambes en arrière au-dessus du cheval en soulevant le corps sur les bras, croiser les jambes et retomber à cheval en faisant face en arrière. Sauter à terre à gauche.

540. — Franchir le cheval latéralement avec appui d'une main sur la croupe. Chute face en avant.

Comme il est indiqué au 517e exercice, mais en se plaçant face à la croupe du cheval.

541. — Prendre un élan, sauter debout sur la croupe. Sauter a terre les mains sur la tête du cheval, les jambes écartées.

Sauter debout sur le cheval comme il est indiqué au saut en hauteur.

Sauter à terre : incliner le corps en avant et donner une impulsion des jambes pour retomber sur les mains, celles-ci en appui sur la tête du cheval, les bras demi-fléchis ; donner une forte détente des bras, écarter les jambes en passant dessus la tête du cheval et tomber comme il est indiqué.

542. — Prendre un élan, sauter debout sur la croupe. Sauter a terre en avant du cheval, le corps cambré.

Étant debout sur la croupe, donner une énergique extension des jambes pour franchir le cheval, les jambes jointes, portées en arrière, le corps cambré, les bras élevés verticalement, la tête haute. Retomber sur le sol, aussi loin que possible.

543. — Prendre un élan, sauter debout sur la tête du cheval. Sauter a terre en avant.

Comme il est indiqué à l'exercice 541, mais en s'enlevant davantage, de façon à retomber debout, en équilibre sur la tête du cheval. Sauter à terre comme à l'exercice précédent.

***544.** — Franchir le cheval en longueur en posant les mains sur la tête, jambes écartées.

Comme l'indique l'exercice précédent en étendant le corps horizontalement au-dessus du cheval ; placer les mains sur la tête, et, par une énergique extension des bras, augmenter l'impulsion du saut pour retomber à terre en avant du cheval.

***545.** — Franchir le cheval en longueur en posant les mains sur la tête, les pieds réunis.

Comme il est indiqué à l'exercice précédent, mais en réunissant les jambes et en les fléchissant, au moment de leur passage au-dessus de la tête du cheval.

***546.** — Franchir le cheval en posant les mains sur la croupe, les jambes écartées, le corps cambré.

Comme il est indiqué, en posant les mains sur la croupe et en donnant une énergique extension des bras, les jambes écartées, le corps cambré.

**D. — Sauts à la perche.*

Élèves de 16 ans et au-dessus.

Les perches employées auront des dimensions en rapport avec l'âge et la force des élèves ; ceux-ci seront exercés à sauter tantôt à droite tantôt à gauche.

Dans le saut à la perche, la hauteur du saut est augmentée par une vigoureuse traction des bras effectuée pendant la période de suspension alors que la perche appuie sur le sol. On substitue ainsi à l'appui du pied l'appui de la perche et à l'effort des extenseurs celui des fléchisseurs et adducteurs des bras. Le corps est hissé à l'extrémité de la perche, tandis que celle-ci oscille autour de son point d'appui. Il résulte de ces circonstances une hauteur et une longueur de saut plus grandes que dans les sauts ordinaires.

547. — SAUT PRÉPARATOIRE.

L'élève tient la perche horizontalement, les deux mains en supination. Il fait deux ou trois pas de course, appuie à terre le bout inférieur de la perche droit devant lui, donne l'appel du pied qui est en avant, soulève le corps en s'aidant des mains sans laisser glisser, lance les jambes à gauche si la main droite est en bas ou inversement, franchit un certain espace en maintenant les jambes dans la position horizontale, tombe face à la perche en fléchissant les membres inférieurs et relève le bout inférieur de la perche en se redressant.

548. — SAUT EN PROFONDEUR.

Étant placé sur le bord de l'obstacle : tenir la perche dans les deux mains aussi bas que possible, la pointe sur le sol, dirigée devant soi, les jambes écartées et fléchies. Se conformer ensuite aux indications de l'exercice précédent, les jambes passant du côté de la main la plus élevée.

Si la profondeur est très grande, se laisser glisser le long de la perche pendant la trajectoire du saut.

549. — SAUT EN LONGUEUR AVEC ÉLAN.

Ce saut s'exécute comme il est indiqué au 547e exercice, mais avec un élan et un appel plus énergiques.

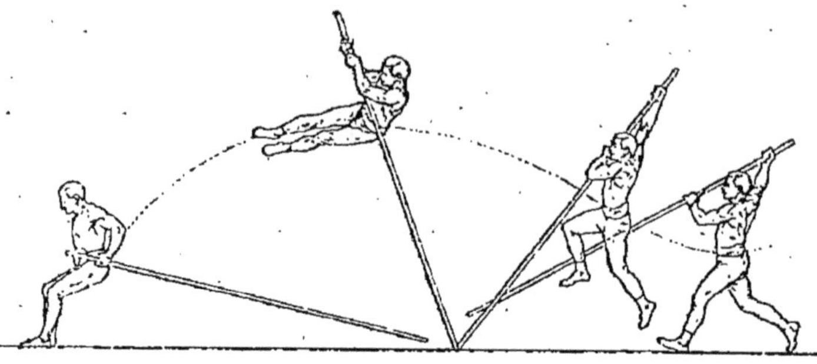

La main placée en avant est tournée en pronation, et, au moment où le corps vient d'être lancé en avant, cette main vient se placer contre l'autre et au-dessous ; exécuter ensuite une énergique traction des bras en lançant les jambes en avant.

Progression. — Franchir des distances de plus en plus grandes en augmentant le nombre de pas d'élan et en saisissant la perche de plus en plus haut.

550. — SAUT EN HAUTEUR AVEC ÉLAN.

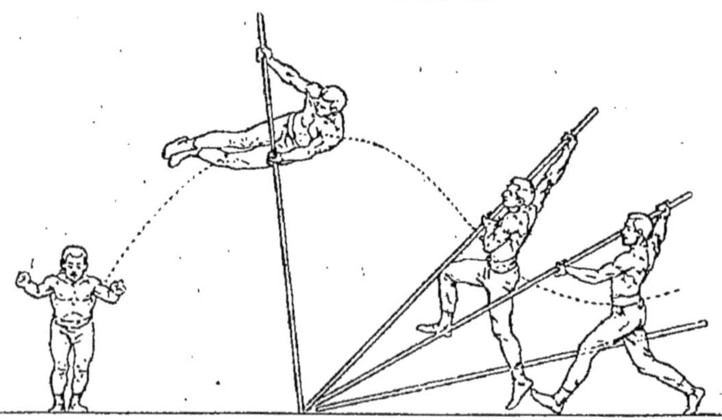

Dans le saut en hauteur l'impulsion doit permettre de porter les pieds à la hauteur de la tête. On poussera sur la perche au moyen du bras inférieur pendant qu'on tirera sur l'autre. Abandonner la perche en la repoussant en arrière des deux mains, dès que l'obstacle est franchi et retomber sur le sol face à gauche.

Pour franchir une hauteur supérieure à 2 m. 50, se servir d'une perche de 3 m. 50 à 4 mètres, munie à son extrémité d'une forte pointe en fer enchâssée dans le bois. La perche sera assez résistante pour ne pas avoir à craindre une rupture qui pourrait entraîner de graves accidents. La perche est généralement en bois de frêne, mais on peut se servir de perches en bambou, avec ligature en ruban de fil sur toute la longueur.

551. — Exécuter, d'après les principes indiqués, les sauts en hauteur et longueur ; longueur, hauteur et profondeur ; longueur et profondeur.

5e GROUPE

VINDAS

Élèves de 13 à 16 ans.

Reprendre les exercices décrits pour les élèves de 11 à 13 ans.

552. — Course vers la droite, une seule main sur la poignée.

Saisir la poignée de la main droite ; s'éloigner du mât et tendre la corde et le bras droit, le côté droit tourné vers le mât.

Se lancer au pas de course en conservant le bras tendu ; le gauche oscille naturellement, le corps droit et la tête haute.

553. — Se lancer a toute volée, une main sur la poignée, l'autre a la corde. Continuer de tourner par la vitesse acquise, sans que les pieds touchent le sol, les bras restant fléchis.

Comme il est indiqué au 297e exercice, mais en augmentant la vitesse, de façon qu'au deuxième tour les élèves puissent continuer de tourner sans que les pieds touchent le sol.

554. — Course a gauche la main droite sur la poignée derrière le dos, main gauche sur la corde.

Comme il est indiqué au 297e exercice.

555. — Course avec circumduction des jambes.

Les mains étant placées comme au 297e exercice, faire deux pas d'élan, quitter les pieds du sol, réunir les jambes et leur faire décrire un mouvement de circumduction de droite à gauche en s'aidant des bras ; replacer les pieds successivement sur le sol pour refaire deux pas d'élan, puis une circumduction et ainsi de suite sans aucun temps d'arrêt.

556. — Courir et franchir un obstacle.

Les mains étant placées comme au 297e exercice, partir en course et franchir une corde placée perpendiculairement au mât.

Au moment de l'appel du pied, lancer le corps du côté opposé au mât en exécutant une énergique traction des bras ; passer au-dessus de la corde et retomber sur un pied pour repartir aussitôt.

Progression. — Élever progressivement la corde.

* 6e GROUPE

JEUX IMPLIQUANT LE SAUT

Élèves de 13 à 16 ans.

Reprendre les jeux décrits pour les élèves de 6 à 13 ans.

557. — Balle cavalière.

558. — Saut de mouton sur place.

559. — Saut de mouton en progressant.

560. — Lutte sur un pied.

561. — L'ours.

Ces jeux se font à la place du saut pour varier la leçon.

EXERCICES

DE LA SEPTIÈME SÉRIE

Élèves de 13 à 16 ans.

Exercices respiratoires. Marches lentes.

1er GROUPE : **Exercices respiratoires.**

2e GROUPE : **Marches lentes.**

Reprendre les exercices décrits pour les élèves de 6 à 13 ans.

EXEMPLES DE LEÇONS[1]

LEÇON POUR COURS SUPÉRIEUR

(*Jeunes filles de 15 ans et au-dessus.*)
Durée de la leçon : 1 heure.

1re Série. — Marches en cercle ;
— en étoile.

2e Série. — Massues : Moulinets des poignets, d'avant en arrière ;
— Grands cercles d'avant en arrière, des deux bras en ligne ;
— Moulinets simultanés derrière la tête en croisant les massues.

Mains à la nuque : flexion des membres inférieurs.

Cordes à poignées, les deux opposants se faisant face :
Flexion et extension alternatives des bras ;
Résistance à l'écartement latéral des bras ;
Résistance à l'élévation des bras en avant.

3e Série. — Poutre : Marcher en arrière ;
— Equilibre avec attitudes des bras.

Échelle horizontale : progressions avec balancements.

Barres horizontales : balancer à l'appui tendu en avant et en arrière, s'asseoir derrière la main, jambes en dehors et sauter à terre.

Échelles jumelles : circumduction des membres inférieurs pendant la suspension allongée.

4e Série. — Jeu de la poursuite traversée ;

Danses gymnastiques.

5e Série. — Barre à hauteur des genoux, dos tourné vers

1. Voir à la fin des exercices de la 1re partie, les exemples de leçons se rapportant aux élèves de 6 à 13 ans, pages 126 à 133.

la barre, un pied accroché sur elle, mains aux épaules : fléchir le tronc avec extension et flexion des bras ;

Face vers la barre, un pied accroché dessous, mains aux hanches : étendre le tronc, mains à la nuque, mains aux hanches.

Placé d'un côté de la barre, un pied accroché dessous, mains aux épaules : fléchir le tronc latéralement ; extension et flexion des bras.

6e Série. — Saut en hauteur avec élan au-dessus de la corde par 4, 5 ou 6 élèves à la fois.

7e Série. — Exercices respiratoires ;

Marches lentes ;

Formation des rangs.

LEÇON POUR COURS SUPÉRIEUR

(*Jeunes gens de 16 ans et au-dessus.*)

Durée de la leçon : 1 heure.

1re Série. — Marches diverses ;

Formations.

2e Série. — Élévation des bras à la position horizontale, verticale et latérale en marchant, rassembler en faisant face en arrière pour recommencer l'exercice ;

Mains à la poitrine : extension et flexion des avant-bras en marchant comme précédemment ;

Barres en fer, barre élevée au-dessus de la tête, bras étendus : descendre la barre derrière l'épaule gauche en se fendant à gauche, et en abaissant le bras gauche revenir à la position initiale et exécuter l'exercice à droite ;

Ecarter les bras : passer la barre autour du corps.

Station accroupie : étendre les bras horizontalement ;

Fente oblique à gauche : élever le bras gauche étendu, la barre contre le bras, la main droite à hauteur de l'épaule gauche, revenir à la position initiale et exécuter l'exercice à droite ;

Poser les barres à terre.

Boxe. — Coup de pied de flanc et parade du coup de pied de flanc ;

Coups chassés jambe avant, jambe arrière et parades.

3e Série. — Barre de suspension : établissement au moyen d'une jambe ;

Échelle oblique : monter et descendre avec les bras ;

Barre à hauteur de ceinture : étant à l'appui sur les mains, passer alternativement les jambes au-dessus de la barre et s'asseoir ;

Échelle horizontale : progresser par saccades quand le corps oscille en avant.

4e Série. — Course de résistance de 4 minutes ;
Jeu de barres de 10 minutes.

5e Série. — Mains à la poitrine : fente en avant à fond avec extension des avant-bras ;
Mains aux épaules : fente en avant à fond avec extension verticale des bras ;
Mains aux hanches : fente en arrière fléchie en portant les mains à la nuque ;
Mains à la poitrine : fente latérale tendue, torsion du tronc avec extension des avant-bras.

6e Série. — Saut de barrière avec appui des mains ;
Saut de mouton ou la balle cavalière.

7e Série. — Exercices respiratoires ;

Marches lentes ;

Formation des rangs.

LEÇON POUR COURS SUPÉRIEUR

(Jeunes gens de 18 à 19 ans, temps un peu froid.)

Durée de la leçon : 1 heure.

1re Série. — Marches et évolutions (tirées du règlement des manœuvres de l'Infanterie).

2e Série. — Exercices avec haltères de 2 à 3 kilogrammes.
Mains en supination : flexion et extension lentes de l'avant-bras.
Bras fléchis, mains à hauteur des épaules : extension verticale des bras et flexion ;
Élévation verticale et abaissement latéral des bras.

Exercices de canne :
Attaques, parades et ripostes des coups de tête, de figure, de flanc et de jambe, les deux rangs se faisant face.

Les élèves du 1er rang donnent le coup de tête, les élèves du 2e rang parent et ripostent par un coup de jambe. Les coups exécutés d'abord au commandement du maître, s'exécutent ensuite à volonté le plus rapidement possible.

3e Série. — Barre de suspension : établissement à l'appui tendu, par un renversement.

Barres doubles : à l'appui tendu entre les barres, fléchir et étendre les bras, puis fléchir et étendre les jambes.

Corde lisse : grimper à la corde avec rapidité.

Échelle horizontale : grimper à l'aide des bras aux montants de l'échelle.

4e Série. — 5 minutes de course de résistance ;
Jeu : se chasser du rond.

5e Série. — Bras étendus latéralement, le corps en équilibre sur une jambe : s'incliner en avant ;
Bras étendus verticalement, le corps en équilibre sur une jambe : s'incliner en avant ;
Bras étendus verticalement, le corps en équilibre sur une jambe : s'incliner latéralement ;
Mains à la nuque, le corps en équilibre sur une jambe, s'incliner en arrière ;
Progresser en se fendant en avant à fond et en élevant le bras du côté opposé à la jambe portée en avant.
Les mains peuvent être chargées d'haltères légers.

6e Série. — Sauts de haies ;
Saut du cheval, ou saut à la perche.

7e Série. — Exercices respiratoires ;

Marches lentes.

ANNEXES

NATATION, PROMENADES ET EXCURSIONS SCOLAIRES, JEUX SCOLAIRES

LA NATATION

La natation consiste à associer harmonieusement les mouvements des membres dans le but de se soutenir et de progresser, la tête émergeant hors de l'eau afin de pouvoir respirer.

L'enseignement de la natation comprend deux ordres d'exercices :

1° Les mouvements élémentaires à sec, déjà décrits;
2° Les mouvements dans l'eau.

Mouvements dans l'eau.

Au début, quand un élève se met à l'eau, le professeur le soutient en plaçant la main sous l'estomac ou avec une corde attachée à la ceinture, il lui fait exécuter les mouvements qu'il a enseignés sur le chevalet.

L'élève les exécute de mieux en mieux au fur et à mesure qu'il reprend dans l'eau son assurance.

Plus tard, le professeur cesse de soutenir son élève quand il a acquis la certitude qu'il n'a plus d'appréhension.

Les élèves ne seront conduits au bain que lorsqu'ils sauront parfaitement exécuter les exercices préparatoires. Il sera bon de les grouper par trois ou quatre et de faire exécuter dans l'eau avec l'aide d'un des élèves comme soutien et à tour de rôle les exercices qui auront été exécutés à sec sur le chevalet.

Dès que les élèves sauront régulièrement nager, ils pourront essayer de nager sur le dos, sur le côté, en quadrupède, sans le secours des bras; ils pourront aussi s'exercer à se retourner, à nager entre deux eaux, à plonger, à faire la planche, la coupe, etc.

Avant de faire plonger les élèves, on les habitue pendant quelque temps à remplir leurs poumons d'air et à l'y retenir le plus longtemps possible. On les exerce ensuite à cacher leur tête sous l'eau pendant quelques secondes, les yeux ouverts, afin de les familiariser avec cet élément; puis, ils devront nager avec les jambes seules, les bras étendus en avant, la tête et le corps entièrement sous l'eau.

Respiration. — Dans la brasse, l'expiration se fait au moment où l'élève lance ses bras en avant; il chasse l'air en soufflant sur l'eau; l'inspiration se fait au moment où les bras sont dirigés vers le fond; on profite ainsi du court instant où la tête se dégage de l'eau.

Pour plonger. — Pour plonger, l'élève s'élance la tête la première, les bras étendus et dirigés vers l'endroit où il veut piquer. Il ne faut jamais se jeter à l'eau à plat ventre.

Pour revenir à la surface, il se place verticalement la tête en haut et nage dans cette position.

On habitue aussi les nageurs à sauter debout dans l'eau; dans ce cas, ils prennent un vigoureux élan et se jettent les pieds en avant, les jambes jointes, les bras étendus le long des cuisses, la tête et le haut du corps légèrement inclinés en arrière.

Quand on se lance de très haut, il est important de garantir avec une main les parties génitales qui, sans cette précaution, pourraient recevoir un choc violent à la surface de l'eau.

Les élèves plongeurs sont toujours munis de la ceinture ou sangle reliée à une corde suffisamment longue, tenue par le surveillant.

Conseils. — Les bains se prennent avant le repas, ou au moins trois heures après; l'heure la plus convenable semble être celle qui suit la sortie des classes du soir; la température de l'eau doit atteindre 20° C. au minimum. Un exercice léger, sans être poussé jusqu'à la transpiration, doit précéder le bain. L'élève se place sur le bord de l'eau, se mouille la tête, la poitrine et le ventre, puis se jette franchement à l'eau, de façon à immerger tout le corps à la fois. La durée moyenne du bain ne doit pas dépasser un quart d'heure; cette durée doit être abrégée si le froid que le corps éprouve au contact de l'eau persiste.

Au sortir du bain, l'élève doit s'essuyer le corps et la réaction doit être favorisée par un exercice ou par une marche rapide.

La crampe est une contraction douloureuse se produisant par accès dans un ou plusieurs muscles, accompagnée de raideur et d'immobilité de la partie affectée.

Elle se produit généralement dans les jambes, parfois dans les bras; rarement dans les bras et les jambes simultanément.

Si la crampe se produit dans les jambes, le nageur doit se mettre sur le dos et chercher à fléchir le pied en contractant la jambe, pour étirer les muscles du mollet.

Si la crampe se produit dans les bras, le nageur cherchera à les élever de côté en les raidissant, de façon à contracter fortement les muscles extenseurs des doigts.

Si la crampe se produit simultanément dans les bras et dans les jambes, le nageur doit sortir de l'eau aussi rapidement qu'il le pourra. Dans les trois cas, il devra appeler au secours.

Pour se dégager d'un tourbillon ou de l'étreinte de plantes aquatiques, il ne faut pas chercher à résister, mais au contraire rester immobile et passif.

Dans le cas d'asphyxie par submersion, on exécutera les manœuvres de la respiration artificielle comme il a été prescrit dans les circulaires préfectorales.

Cas où quelqu'un se trouve en danger de se noyer.

Dans ce cas, il faut d'abord tendre une perche ou lancer une corde, s'il se peut. Dans le cas contraire, se jeter à l'eau, s'approcher du noyé par derrière et le saisir brusquement sous les aisselles, les bras fortement tendus en avant, et le redresser de manière que la tête sorte de l'eau, puis le pousser vers le rivage en nageant des pieds avec vigueur. En cas de fatigue excessive, l'abandonner immédiatement, reprendre haleine sans le perdre de vue et le ressaisir de nouveau.

Si le nageur est saisi par celui qui se noie, il ne pourra se dégager qu'en gardant tout son sang-froid. Du moment qu'il est étreint et qu'il se sent près de couler, il doit prendre haleine, engager vivement les doigts de ses deux mains sous l'extrémité de ceux qui les serrent, les ouvrir par un effort violent et brusque, puis au même instant se dégager par une secousse, s'échapper rapidement et aller attendre à l'écart le moment opportun pour ressaisir convenablement le noyé. Dans le cas où celui-ci serait très robuste, il serait bon parfois d'attendre qu'il ait perdu connaissance avant de l'aborder de nouveau.

PROMENADES ET EXCURSIONS
SCOLAIRES

La journée du jeudi semble pouvoir être employée pour l'exécution de marches promenades, pendant lesquelles on donnera aux élèves des notions élémentaires de topographie, d'orientation et d'appréciation des distances.

Ces marches pourront être exécutées vers la fin de la deuxième et pendant la troisième période scolaire. Elles comporteront, progressivement pour les élèves de plus de 11 ans, un trajet de 8 à 16 kilomètres. En général, l'heure de départ doit être fixée de manière que la plus grande partie de la marche soit faite avant la grande chaleur.

Suivant la nature et la largeur des chemins, les groupes scolaires marchent en colonnes de route, par escouades, ou par le flanc sur quatre rangs, ou enfin, dans certains cas, des deux côtés de la route, en laissant le milieu de la chaussée libre.

La vitesse de la marche doit être généralement uniforme; les arrêts et les brusques variations de vitesse doivent être évités.

On commence toujours la route d'un pas modéré; on accélère progressivement la vitesse lorsque l'ordre de marche est bien établi et que les élèves sont en haleine. La tête de la colonne doit marcher à un pas aussi bien réglé que possible. La vitesse de la marche se ralentissant naturellement dans les montées, la tête de la colonne ne reprend l'allure ordinaire que lorsque la queue de la colonne est arrivée au sommet de la côte.

L'ordre et la discipline étant des éléments essentiels de la régularité de la marche, l'instructeur et les gradés conservent rigoureusement leurs places respectives ; dans le cas où l'on marche des deux côtés de la route, l'instructeur se tient entre les deux rangs doublés, et les chefs de section à la queue de leur section, du côté du premier rang doublé ; ils veillent à ce que les élèves marchent régulièrement et à leur distance. Il est défendu de s'arrêter individuellement aux ruisseaux, puits ou fontaines, de quitter les rangs dans la traversée des villages.

Lorsqu'un élève a un besoin absolu de s'arrêter, il en demande la permission à l'instructeur ou au chef de section ou d'escouade.

Les exercices en ordre dispersé sont conduits de façon à développer l'initiative individuelle, tout en la maintenant dans des limites telles que la cohésion ne soit pas compromise.

La fréquence des haltes et leur durée sont déterminées d'après la distance à parcourir.

Une première halte doit être faite environ trois quarts d'heure après le départ. Les petites haltes sont faites généralement d'heure en heure, en dehors des villages; elles durent dix minutes : elles ont lieu de préférence près des endroits abrités du soleil, du vent, de la poussière. Au commandement de *Halte!* la troupe s'arrête, serre les rangs, et les élèves peuvent ensuite se reposer.

Au cours de la marche, on habitue les élèves à se rendre compte des formes du terrain ; on leur en fait connaître le nom et on leur apprend à s'orienter et à se diriger en toute espèce de pays.

A cet effet, l'instructeur conduit sa troupe sur un point assez élevé pour dominer les environs et il signale aux élèves les objets qui se trouvent à la surface du sol, ainsi que les divers accidents du terrain, et il leur en fait connaître la dénomination ordinaire, ainsi que celle qu'on leur donne habituellement dans le langage militaire :

Terrains. — Pays couvert, découvert, uni, accidenté, plaines, hauteurs, vallées, ravins, bas-fonds, cultures, etc.

Eaux. — Fleuves, rivières, rive droite, rive gauche, canaux, fossés d'irrigation, courants, bords, mares, étangs, sources, fontaines, ponts, gués, moulins, etc.

Routes. — Chemins, sentiers, nature des routes (ferrées, en déblai, en remblai, de niveau) ; voies ferrées, tunnels, viaducs, talus, largeur, pente, bordures, fils télégraphiques, stations, gares, etc.

Bois. — Forêts, bois, bosquets, taillis, broussailles, vergers, rangées d'arbres, etc.

Lieux habités. — Villes, villages, hameaux, fermes, châteaux, murs, haies, jardins, etc.

Objets saillants. — Clochers, tours, châteaux, moulins à vent, arbres isolés, cultures diverses.

L'instructeur donne ensuite aux élèves quelques notions sur la manière de s'orienter de jour et de nuit dans un pays inconnu : détermination des points cardinaux au moyen du lever et du coucher du soleil, de la longueur de l'ombre et de la position du soleil aux différentes heures de la journée ; recherche du Nord au moyen de l'étoile polaire ; quartiers de lune et leur position aux différentes heures de la nuit ; observations sur l'écorce des arbres, sur les surfaces battues le plus ordinairement par la pluie et le vent, sur la mousse, sur le côté où les fourmilières s'abritent du mauvais temps.

L'instructeur apprend aux élèves la manière de se porter sûrement et rapidement dans une direction donnée, sur un point indiqué par un objet saillant, soit en suivant le chemin le plus court ou des chemins de traverse désignés, soit en passant par des points de repère marqués dans la campagne.

L'instructeur avant de faire apprécier les distances à la vue par les élèves, commence par leur apprendre à les mesurer au pas.

L'étalonnage du pas fait connaître à chaque élève le nombre de pas qu'il doit faire pour mesurer 100 mètres.

A cet effet, on marque une longueur de 100 mètres ainsi que les divisions de 10 en 10 mètres, ou tout au moins l'une extrême de ces divisions. Les élèves parcourent à tour de rôle le terrain mesuré, deux, trois ou quatre fois, en comptant le nombre de pas faits dans la longueur de 100 mètres. On établit la moyenne pour chacun d'eux et l'on en déduit le nombre de pas qu'il doit faire pour mesurer 100 mètres et 10 mètres. L'exactitude de l'opération est vérifiée sur le terrain même.

On procède ensuite à l'évaluation d'une distance mesurée à la chaîne en la parcourant au pas.

Lorsque chaque élève a compté le nombre de pas qui, pour lui, représente 100 mètres, il lève un doigt et recommence ainsi la numération jusqu'à ce qu'il soit arrivé au but.

Une distance est considérée comme ayant été bien mesurée lorsque l'erreur commise n'est pas supérieure à 2 mètres pour 100 mètres.

La mesure des distances au pas ne donne des résultats exacts que sur des terrains plats ou faiblement ondulés. Elle est suivie des exercices d'appréciation à la vue.

L'appréciation à la vue est basée sur le degré de visibilité du but, sur sa hauteur apparente lorsqu'on connaît ses dimensions ou sur la comparaison de son éloignement avec une distance connue que l'élève a devant les yeux, ou qu'il a pu, par de nombreux exercices, se graver dans la mémoire. Ces divers procédés sont employés simultanément et ont lieu par tous les temps et dans toutes les saisons.

L'instructeur fait remarquer aux élèves comment l'apparence des objets se modifie d'après la couleur du fond sur lequel ils se détachent, suivant qu'ils sont bien éclairés ou dans l'ombre, qu'ils sont sur un terrain uni ou sur un terrain accidenté.

Cette instruction est donnée conformément aux indications suivantes :

L'instructeur fait porter en avant quatre élèves, qui se placent deux par deux à 200 et 400 mètres en lui faisant face. Ces distances sont mesurées au pas. Un des élèves reste debout et immobile, l'autre se tient à cinq ou six pas sur le flanc du premier et fait différents mouvements.

L'instructeur fait remarquer que les différentes parties du corps et de l'habillement se distinguent moins nettement à 400 mètres qu'à 200 mètres. Il explique que c'est par les différences observées qu'on peut acquérir une certaine notion des distances. Il recommande de ne pas faire d'observations trop minutieuses, d'examiner de préférence les parties supérieures du corps, les parties inférieures étant souvent masquées. Ces observations sont tout à fait personnelles et varient avec la vue de chacun. L'instructeur fait remarquer aux élèves que la hauteur apparente des hommes et des objets diminue à mesure que leur éloignement augmente.

En résumé, au cours des marches promenades, l'instructeur s'efforce de donner aux élèves, par la variété des exercices, le goût des marches d'entraînement qui préparent le citoyen aux rudes fatigues de la guerre.

La gymnastique militaire apprend à l'homme à subordonner à la volonté d'un autre la force acquise par un grand nombre, au moyen d'exercices dirigés dans le but de l'attaque et de la défense. Elle cherche à établir l'unité entre le corps et l'arme, dans leurs rapports avec le corps et l'arme de l'adversaire. Dans ses principes élémentaires, elle se confond avec la gymnastique pédagogique, mais elle s'en sépare par suite des nombreuses applications des exercices appropriés au combat.

Mais, au point de vue de l'éducation de la jeunesse, il faut se garder de confondre ces deux gymnastiques, et de se laisser entraîner par patriotisme à trop mélanger ces deux branches dans l'éducation primaire.

Vouloir faire des soldats avec des enfants de sept à quatorze ans, c'est préparer des illusions dangereuses dans l'esprit du public, qui croira, à tort, que l'on aura préparé pour l'avenir des armées nationales.

L'apprentissage militaire est une chose excellente en elle-même lorsqu'il se borne aux mouvements de l'école du soldat sans arme. Cette partie de l'instruction est essentiellement d'ordre, c'est-à-dire de discipline, et il est salutaire d'y habituer l'enfance.

Il ne faut pas oublier que cette préparation à la vie militaire n'a rien de commun avec la vie du soldat ; que son but véritable, but éminemment utile, consiste à faciliter aux jeunes conscrits les arides débuts des premiers exercices de la caserne, et à les préparer à la solidité, à l'énergie qui forment le fonds précieux des grandes qualités du soldat.

C'est dans cet ordre d'idées que l'école du soldat présente, tant dans l'ordre serré que dans l'ordre dispersé, une application de la marche et de la course, et qu'elle doit être comprise dans l'éducation physique complète de la majorité des enfants en France.

Cette instruction militaire a donc une importance capitale, parce qu'elle touche à la vie même de la nation, et les instituteurs s'inspireront du rôle considérable qui leur est dévolu, pour y apporter le soin, l'intelligence, le dévouement et le zèle qu'ils puiseront dans leurs sentiments patriotiques.

JEUX SCOLAIRES

Les jeux représentent une forme de la gymnastique qui répond à deux exigences hygiéniques également urgentes chez l'écolier, savoir : le besoin d'exercice et le besoin de plaisir.

Dans tous les jeux se retrouvent ces deux éléments, récréation et exercice, mais combinés dans des proportions très diverses. Certains jeux sont surtout amusants et n'exigent pas une notable dépense de force; on peut, pour cette raison, les appeler plus spécialement des *jeux récréatifs*. Certains autres jeux, tout en restant plus ou moins récréatifs, nécessitent des efforts musculaires d'une intensité suffisante pour qu'on puisse les assimiler, au point de vue de la dépense de force, aux autres exercices du gymnase; ils méritent ainsi le nom de *jeux gymnastiques*.

Outre cette classification, basée sur le caractère même du jeu, il en est une autre plus artificielle, qui s'appuie sur leur mode d'application; certains jeux exigent un vaste espace, et ne peuvent s'exécuter ni dans un local couvert, ni dans une enceinte de moyenne étendue, telle qu'une cour de récréation; ils ne peuvent être pratiqués qu'en plein air, et le nom de *jeux de plein air* qui leur est généralement donné, leur convient pour cette raison. Pour certains autres jeux, un espace moindre est suffisant et leur exécution est possible soit dans une cour, soit dans une salle couverte; il convient de les grouper sous la désignation de *jeux d'intérieur*, parce qu'on peut les exécuter sans sortir de l'école.

Enfin, il faut tenir compte, pour classer les jeux, du sexe des enfants, et distinguer les jeux des garçons des jeux des filles. Les jeux des filles auront naturellement pour caractère de demander des efforts musculaires moins violents et d'être mieux adaptés, dans leur forme, aux habitudes féminines et à certaines convenances sociales.

Ces classifications n'ont rien d'absolu. Beaucoup d'exercices ont un caractère mixte et peuvent se ranger tantôt dans une catégorie, tantôt dans une autre, suivant la force, l'âge ou le degré d'entraînement des joueurs. Tel jeu qui serait simplement récréatif pour les grands jeunes gens représentera peut-être une somme de mouvement musculaire suffisante pour être classé parmi les jeux gymnastiques, quand il s'agira de très jeunes enfants ou de jeunes filles. Il pourra se faire aussi qu'à l'aide de quelques modifications peu importantes, un jeu de plein air s'adapte sans trop de difficulté à l'emplacement d'une cour un peu grande, et devienne ainsi accidentellement un jeu d'intérieur.

Toutes ces réserves étant faites, les tableaux ci-dessous seront suffisants pour guider le choix du maître suivant les indications auxquelles il s'agira de satisfaire.

Les jeux, quoique plus faciles, en général, que les autres exercices de gymnastique, exigent un apprentissage méthodique, sans lequel ils ne pourront avoir toute leur efficacité, aussi bien au point de vue hygiénique qu'au point de vue éducatif.

Il faut qu'un maître les enseigne, les dirige et les surveille, au même titre que les autres exercices collectifs; avec cette différence, toutefois, que, dans les exercices d'ensemble, tous les mouvements s'exécutent au commandement, tandis que, dans les autres jeux, l'écolier conserve une certaine part d'initiative individuelle et de responsabilité, dont la sanction sera le gain ou la perte de la partie.

Dans les grands jeux le maître prendra le rôle d'arbitre, qui lui permettra, tout en réglant les contestations entre joueurs, de signaler à chacun, après la partie, les fautes commises.

JEUX RÉCRÉATIFS

Ces jeux peuvent tous se pratiquer soit dans une cour, soit même dans une salle couverte aussi bien, du reste, qu'au grand air[1].

Pour les garçons.

Cache-tampon.
Les osselets.
Les billes.
La main chaude.
La toupie.
Le bilboquet.
Le palet.
Les quilles.
La balançoire.
Colin-maillard.
Le chat perché.
Le bâtonnet ou ténet.

Pour les filles.

Pigeon-vole.
Les osselets.
Le furet.
Cache-tampon.
La main chaude.
Colin-maillard.
Le bilboquet.

Il existe une multitude d'autres jeux récréatifs qu'il serait trop long d'énumérer, et parmi lesquels le maître

[1] Ces jeux sont énumérés par ordre, en tenant compte du plus ou moins de dépense de force qu'ils nécessitent; de telle sorte que les premiers sont purement récréatifs, tandis que ceux qui terminent la série se rapprochent des jeux gymnastiques. Le choix du maître se guidera d'après cette indication selon l'âge et la force des enfants qu'il dirige.

pourra faire choix, en recherchant de préférence ceux qui sont dans les coutumes locales du pays où est située son école; on évitera ainsi de laisser perdre beaucoup de jeux nationaux dont la disparition serait très regrettable.

Ces jeux exigent tous une certaine dépense de force; mais il existe de très grandes différences entre eux, au point de vue de la plus ou moins grande somme d'énergie musculaire qu'il faut déployer pour les mettre en pratique. Aussi ne doit-on pas les appliquer indifféremment à tous les enfants. Les grands écoliers pourront s'exercer à tous les jeux; pour les petits il faudra tenir compte des divisions ci-dessous indiquées.

JEUX GYMNASTIQUES

1° *Jeux d'intérieur.*

Pour les garçons.

1° AU-DESSOUS DE 6 ANS

Les rondes.
Le sabot.
Le cerceau.
La poursuite.
Le saut à la corde.
Les quatre coins.

2° DE 6 A 11 ANS

La poursuite traversée.
Les barres.
Le cochonnet.
Pigeon-vole modifié.
Les jeux du jongleur.
La course au fardeau.
Les échasses.
Les prisonniers.
Chat et souris.
Le loup ou la queue leu leu.
La mère Garuche.
L'épervier ou la passe.
La balle en posture.
La balle aux pots.

3° DE 11 A 13 ANS

La balle cavalière.
Le gouret ou la truie.
La crosse au but.
La balle au mur.

4° 16 ANS ET AU-DESSUS

Le javelot.
Le tir à l'arc.

Pour les filles.

1° AU-DESSOUS DE 6 ANS

Les rondes.
Le sabot.
Le cerceau.
La poursuite.
Le saut à la corde.
Les quatre coins.

2° DE 6 A 11 ANS

La poursuite traversée.
Les barres.
Pigeon-vole modifié.
La marelle.
Le jeu de volant.
Les grâces.
Les jeux du jongleur.
Chat et souris.
Le loup ou la queue leu leu.
La mère Garuche.
L'épervier ou la passe.
La balle en posture.
La balle aux pots.

3° DE 11 A 13 ANS

La balle au mur.
La course au fardeau.
Le crocket.

4° 15 ANS ET AU-DESSUS

Le javelot.
Le tir à l'arc.

La plupart de ces jeux sont populaires en France et trop connus pour qu'il soit nécessaire d'en donner une description détaillée. Quelques-uns sont tombés en désuétude, ou bien sont particuliers à certaines régions, et ont besoin qu'on en rappelle les règles et qu'on les fasse connaître dans les départements où ils n'ont pas coutume d'être pratiqués.

Voici la description des principaux de ces jeux :

Le cochonnet.

Le cochonnet ou la petite boule ne ressemble au jeu de boule proprement dit que par les règles à observer et le but à atteindre. On se sert non pas de boules aplaties sous forme de disque, mais de pierres sphériques de différentes grosseurs.

Tous les terrains conviennent, alors même qu'ils sont légèrement accidentés, pourvu que l'espace soit suffisant.

Les élèves ont chacun deux ou trois boules (simples pierres plus ou moins arrondies ou cailloux roulés); ils sont divisés en deux camps. Après le tirage au sort, par lequel est désigné le camp qui commence, le premier joueur, qui a reçu une boule plus petite que les autres, la roule à une certaine distance; c'est cette boule qui sert de but et s'appelle « cochonnet ».

Le premier joueur de la partie adverse lance à son tour une boule, puis une seconde et une troisième, s'il n'est pas parvenu à atteindre le but; s'il y parvient avant de les avoir employées toutes, il réserve les autres pour le moment où son tour de jouer reviendra.

Les élèves jouent à tour de rôle et alternativement un de chaque camp; ils cherchent à placer leurs boules le plus près possible du but ou à chasser les boules qui gêneraient les joueurs de leur camp.

Lorsque toutes les boules ont été jouées, les points sont comptés au camp qui a placé le plus de boules près du but. Si, par exemple, l'un des partis adverses a mis deux boules près de ce but, mais qu'entre la seconde et la troisième, l'autre parti en ait placé trois, c'est celui-ci qui compte les trois points.

Pigeon-vole modifié.

Seize ou vingt enfants se forment en cercle. Un chef se place au centre et prend le commandement.

Il lève les bras en disant : *Pigeon-vole*, et saute en l'air. Tous les autres doivent l'imiter chaque fois qu'il nomme un animal pourvu d'ailes, et rester en place, s'il nomme un animal qui ne vole pas ou bien un objet inanimé.

L'esprit du jeu est absolument le même que dans le *pigeon-vole* ordinaire, avec cette différence qu'au lieu de lever le doigt au nom d'un animal qui vole, les joueurs font un bond sur place. En outre, pour ceux qui ont sauté mal à propos, la punition consiste, pendant toute la durée de la partie, à fléchir sur les jarrets et à se baisser jusqu'à terre chaque fois qu'on nommera un animal pourvu d'ailes, et à *voler*, c'est-à-dire à sauter en l'air quand on nommera un objet inanimé ou un animal qui ne vole pas.

De là résultent une série de mouvements énergiques de flexion et d'extension des jambes qui font de pigeon-vole modifié un excellent exercice, en même temps qu'un jeu très amusant.

Les jeux du jongleur.

Ces jeux ont pour but de développer l'adresse de l'enfant en donnant à la fois de la précision à son coup d'œil et de l'aisance à ses mouvements.

Ils consistent : 1° à rattraper successivement sans leur laisser toucher terre, plusieurs objets lancés en l'air à de très courts intervalles ; 2° à tenir verticalement en équilibre sur diverses parties du corps, la main, le bras, le front, etc., un objet de forme allongée tel qu'un bâton.

L'effet hygiénique de ces jeux est d'obliger le corps de l'enfant à passer rapidement par une série d'attitudes variées pour s'accommoder aux déplacements de l'objet avec lequel il jongle. De là, pour les articulations de la colonne vertébrale, une gymnastique d'assouplissement, et, pour les muscles qui meuvent les vertèbres, un travail de coordination très favorable à la régularité de la taille.

La course au fardeau.

Ce jeu, comme les précédents, a pour but d'enseigner à l'enfant à bien coordonner les mouvements des diverses pièces osseuses qui composent la colonne vertébrale.

Il consiste à placer sur la tête un objet léger, tel qu'un sachet rempli de sable pesant de 1 à 2 kilogrammes, et à courir aussi vite que possible sans le déplacer. Avant d'arriver à courir à toute vitesse en conservant son léger fardeau, il va de soi que l'enfant devra s'exercer souvent à garder en marchant une tenue telle que ce fardeau demeure parfaitement d'aplomb. Pour obtenir ce résultat, il devra s'habituer à donner à la colonne vertébrale une attitude droite et verticale. Cet exercice si simple pourra devenir ainsi un utile correctif des attitudes vicieuses auxquelles l'enfant a tant d'occasions de se laisser aller pendant son séjour à l'école.

Les prisonniers.

On forme un cercle d'au moins vingt élèves; un ou plusieurs d'entre eux sont placés au centre. Ceux qui forment le cercle se donnent les mains en les élevant pour engager les prisonniers à sortir du cercle; mais, dès que ces derniers tentent de franchir le cercle, les bras et les jambes fléchissent : il y a *barrière*. L'élève sous le bras droit duquel sort un prisonnier cède sa place à ce dernier et devient prisonnier à son tour.

Chat et souris.

Les élèves sont placés en cercle sur un rang, à la petite distance. Deux d'entre eux sont désignés pour être l'un *le chat* et l'autre *la souris*; cette dernière court à l'intérieur du cercle en décrivant des sinuosités ou en serpentant autour des autres élèves. Le *chat* la suit en courant exactement sur ses traces. S'il la touche, il désigne les deux nouveaux joueurs, tandis que ce droit est réservé à la souris, si elle parvient à dépister le chat.

Le loup ou la queue leu leu.

Un élève se détache de la bande et simule le *loup* ; les autres se placent sur une file, le plus grand marchant en tête et représentant le berger ; les suivants figurent son troupeau. Celui-ci s'avance en chantant; à son approche, le *loup* s'élance pour saisir le dernier mouton : mais tous sont défendus par le berger qui, courant en serpentant, se place en face du loup. Au fur et à mesure que celui-ci saisit un mouton, il se place derrière lui en une file, et le jeu continue jusqu'à ce que tous les moutons soient enlevés au berger.

La mère Garuche.

Un élève remplissant le rôle de *mère Garuche* s'établit dans un camp tracé à l'extrémité de la cour ; tous les autres se dispersent et se garent des atteintes de la mère, qui annonce sa première sortie par ces mots : « La mère Garuche sort du camp ». Tenant les doigts croisés, à peine d'être chassée dans son camp et obligée de recommencer, elle se précipite à la poursuite des joueurs et fait tous ses efforts pour en atteindre un. Sitôt qu'elle y a réussi, elle fuit avec son prisonnier vers le camp, en tâchant de se soustraire aux persécutions de tous les autres élèves qui se placent sur son passage pour lui appliquer de petits coups de mouchoir ou du plat de la main sur le dos ; elle n'est en sécurité que lorsqu'elle est entrée dans le camp. La mère et le prisonnier sortent de nouveau en se donnant la main et continuent la chasse. Chaque nouveau prisonnier vient se joindre à eux. Dans leurs poursuites, ils doivent avoir bien soin de ne point se désunir, ce qui, parfois, est très difficile à cause des à-coups et des fluctuations qui se produisent dans la course. Une fois désunis, ils sont exposés aux coups des joueurs tant qu'ils ne sont pas rentrés au camp. Cette chasse ne se termine que lorsque tous les élèves sont pris. Si l'un des joueurs pénètre dans le camp sans avoir été touché, il est chassé par *mère Garuche* et ses aides de la manière indiquée plus haut.

L'épervier (ou la passe).

Comme tous les jeux de course, l'épervier est un excellent exercice qui développe à la fois la vigueur musculaire et l'aptitude à bien respirer.

Il n'exige de *matériel* d'aucune espèce.

Le *terrain* est une grande cour, une place, une esplanade ou une prairie quelconque.

On y trace deux camps, limités par des lignes parallèles et séparés par un intervalle proportionné à l'âge des joueurs, de 30 à 60 mètres.

Tous les joueurs, à l'exception de deux, désignés par le sort ou par le choix de leurs camarades, et qui prennent le titre d'*éperviers*, se groupent dans l'un des camps.

Il s'agit pour cette armée de passer d'un camp à l'autre sans tomber aux mains des éperviers.

I. Les éperviers crient : *En chasse !*

Aussitôt, chaque joueur doit quitter son camp pour courir vers l'autre, sous peine d'être considéré comme *pris*.

II. Quiconque est touché par un des éperviers est *pris*.

III. Dès qu'ils sont au nombre de quatre, les prisonniers deviennent des auxiliaires pour les éperviers.

A cet effet, ils se prennent par la main, deux à deux, et cherchent à saisir les joueurs, qui passent en courant d'un camp à l'autre.

IV. Tout nouveau prisonnier s'ajoute à la *chaîne* qui l'a pris. S'il a été touché par l'un des éperviers, il s'ajoute à la chaîne la moins nombreuse.

V. Quand les prisonniers sont au nombre de vingt, ils forment une seule chaîne qui se déploie sur la largeur du terrain pour arrêter les coureurs au passage; les éperviers, postés derrière la chaîne, cherchent à saisir ceux qui ont pu passer entre les mailles de ce filet humain.

VI. Il est permis aux coureurs de rompre la chaîne pour passer, mais sans user de violence.

VII. Les sorties d'un camp à l'autre doivent toujours être précédées du cri de : *En chasse!* poussé par les éperviers.

VIII. Les deux bouts de la chaîne ont seuls le droit de faire des prisonniers avec les éperviers. Deux prisonniers formant la chaîne et obligés de se séparer pour une raison quelconque, par exemple par la rencontre d'un arbre ou de tout autre obstacle, ne peuvent prendre personne pendant leur séparation.

IX. On est *pris* quand on est *touché* par la main de l'ennemi ailleurs qu'à la tête, à la main ou au pied.

X. Quand il ne reste plus personne à prendre, la partie est finie.

Pour la recommencer, on choisit comme éperviers les deux coureurs les plus agiles, ou, s'il n'y a pas unanimité sur le mérite des candidats, on s'en remet au sort.

La balle en posture.

Dans ce jeu, les élèves, rangés en cercle, se jettent successivement la balle. Celui qui la laisse tomber est obligé de garder la posture qu'il avait à l'instant où la balle lui a échappé. Lorsque tous les élèves, à l'exception d'un seul, sont en posture, ce dernier les fait « revivre ». A cet effet, il se place au centre du cercle et lance dix fois la balle en l'air en la recevant chaque fois dans les mains; ou bien il touche les postures l'une après l'autre avec la balle.

Les poses variées que doivent prendre les élèves qui laissent échapper la balle rendent ce jeu des plus amusants. Les demoiselles s'y adonnent avec beaucoup de plaisir.

La balle aux pots

Le *matériel* se réduit à une balle ordinaire, en cuir ou en caoutchouc, demi-plein.

Le *nombre* des joueurs ne doit pas dépasser neuf, mais peut être inférieur à ce chiffre.

I. On commence par creuser, au pied d'un mur ou d'une haie, d'une barrière quelconque, neuf trous assez larges et profonds pour contenir la balle et qu'on appelle les *pots*.

Ces trous sont disposés sur trois lignes parallèles à la distance de 0 m. 30 l'un de l'autre, de manière à former un carré d'environ un mètre de côté.

Ce carré est entouré, à la distance de 2 à 3 mètres, d'une ligne tracée sur le sol et qui l'enferme dans le *camp*.

A 1 mètre en avant du camp, une ligne horizontale marque le but.

Un coup de balai sur le camp, de manière à en enlever la poussière, complète les préparatifs.

II. On tire au sort les pots. Chaque joueur en a un, qu'il doit reconnaître pour sien pendant toute la partie. Le joueur qui a le dernier trou resté disponible est par le fait même désigné comme *rouleur*.

III. Les autres joueurs se postent autour du camp, un pied sur la limite. Le rouleur se place au but et fait rouler la balle vers les trous.

IV. Si la balle tombe dans un des pots et s'y arrête, tout le monde s'enfuit à l'exception du joueur à qui appartient ce pot et s'empresse de la ramasser pour en frapper, s'il peut, un des fugitifs (le *caler*, comme on dit.)

V. Le coup a-t-il porté juste, aussitôt le joueur calé devient rouleur, et de plus il est marqué d'un point, qu'on indique en déposant un petit caillou dans son pot.

VI. Le coup a-t-il manqué, c'est le caleur qui prend un caillou dans son pot et devient rouleur.

VII. Tout le monde est tenu de quitter le camp, au moment où la balle s'est arrêtée dans un pot. Si, par un motif quelconque, un des joueurs s'est mis en retard, il doit sortir à ses risques, mais il a le droit de faire trois pas hors du camp avant que le caleur puisse essayer de le frapper.

VIII. Le caleur n'est pas tenu de lancer la balle, quand il juge que le coup présente trop peu de chances de succès. Il peut la garder en main pour attendre une occasion favorable, et même chercher à faire naître cette occasion en s'avançant à trois pas hors du camp.

IX. Quand il tarde trop à lancer la balle, ses adversaires ne manquent guère de se rapprocher pour le narguer. L'un vient danser à quelques pas de lui : un autre passe en courant à sa portée ; un troisième le défie directement en criant : *Homme de bois !* ce qui implique l'engagement de rester immobile jusqu'à ce que le caleur ait tiré.

Enfin il se décide, et la partie reprend son cours.

X. Le rouleur qui a roulé trois fois de suite la balle vers les pots sans arriver à la placer est marqué d'un point, c'est-à-dire d'un caillou, comme le joueur calé et le caleur maladroit.

XI. Quand un joueur a ainsi pris trois marques, il « sort », et jusqu'à la fin de la partie reste simple spectateur.

(L'usage de certaines provinces est, dans ce cas, de boucher son pot avec de la terre ou du gazon pour indiquer qu'il ne sert plus.)

XII. Le gagnant est celui qui reste le dernier avec deux marques au plus. Il a le droit de *fusiller* tous les perdants.

Chacun des vaincus à son tour va se placer au mur, en présentant le dos, et jette la balle derrière lui, aussi loin qu'il peut. Le vainqueur la ramasse et du point où il l'a relevée, il la lance trois fois de suite contre le dos du condamné. S'il atteint toute autre partie du corps, à son tour il est voué à la fusillade et il subit la peine du talion.

Remarque. — On convient souvent qu'il n'y aura qu'un seul *fusillé*, le premier « sorti ». Parfois aussi, pour varier le supplice, on convient que la balle du fusilleur devra frapper le bras du perdant, étendu contre le mur, ou sa jambe. En ce cas, la peine est la même pour le fusilleur, s'il manque la partie désignée.

La balle cavalière.

Les élèves, assortis par couple de même taille, sont placés sur deux rangs en un grand cercle. Le sort décide quel est celui des deux élèves, dans chaque file, qui, pour commencer le jeu, remplira le rôle de « cheval ». Les autres élèves sautent à califourchon et le cavalier, muni de la balle, la lance à son voisin de droite; celui-ci l'ayant attrapée sans mettre pied à terre, la lance à son tour au cavalier voisin et la balle fait ainsi le tour du cercle.

Si elle vient à tomber, tous les chevaux abandonnent leurs cavaliers et ceux-ci se sauvent rapidement; le cheval le plus près de la balle la saisit, la lance vers les cavaliers et, s'il parvient à en atteindre un, tous changent de rôle.

Le gouret (ou la truie, ou la crosse-au-pot).

Le nombre de joueurs, sans être limité, ne doit pas dépasser 10 à 12 pour que l'intérêt soit maintenu et aussi pour la commodité des mouvements.

Le matériel du jeu se compose d'une balle en bois de la grosseur d'une pomme, qui sera le *gouret* ou la *truie*, et d'autant de *crosses* (bâtons recourbés et renflés par le bout) qu'il y a de joueurs.

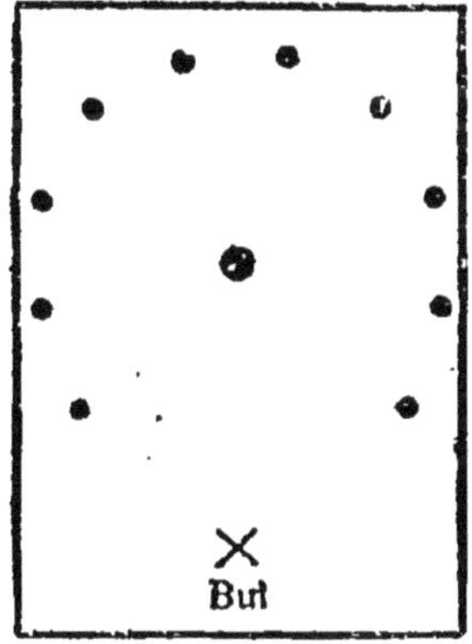

On creuse dans le sol autant de trous ou pots qu'il y a de joueurs moins un. Ces pots sont disposés en fer à cheval et distants d'environ 1 m. 50 les uns des autres. Au centre du fer à cheval est, en outre, creusé le pot commun que l'on fait ordinairement plus grand que les autres.

On marque ensuite le *but* à 6 mètres en avant de l'ouverture du fer à cheval.

Pour déterminer l'ordre dans lequel les joueurs choisiront leur pot et aussi pour savoir celui qui roulera la truie, les joueurs étant placés au pot commun lancent alternativement leur crosse vers le but. Le plus éloigné est celui qui *y est.*

Le jeu commence. Chaque joueur tient son pot avec sa crosse. Le rouleur, étant au but, prend la truie avec la main et la lance près du pot commun, dedans s'il le peut. Pendant qu'elle est encore en mouvement, les joueurs ont le droit de la renvoyer à coups de crosse. Après, ils ne le peuvent, sous peine d'être pris, qu'autant qu'elle a été touchée par la crosse du rouleur.

L'intérêt consiste pour les joueurs à chasser aussi loin et aussi fréquemment que possible la truie, lorsqu'elle se trouve à leur portée, et cela sans se laisser prendre.

Pour le rouleur, il s'agit de s'emparer du pot de l'un de ses adversaires. Deux moyens s'offrent à lui :

1° Mettre sa crosse dans le pot laissé vide par le joueur au moment rapide où il frappe la truie ;

2° Provoquer un *retourne-pot,* c'est-à-dire un changement général. Il y a retourne-pot, quand la crosse est introduite dans le pot commun, ou lorsqu'elle pénètre dans le pot d'un joueur ; dans ce cas, tous les joueurs portent vivement leur crosse dans le pot commun : le dernier arrivé *y est.* Dans le retourne-pot du premier cas, celui qui, à la suite du changement, se trouve sans pot, devient le *rouleur.*

Ces coups sont difficiles, parce qu'il est de l'intérêt de tous les joueurs de les empêcher en chassant la truie à coups redoublés. Il faut au rouleur de la vigilance pour menacer les pots de ses adversaires et imposer la prudence, et de l'adresse pour parer, au moyen de sa crosse, les coups portés à la truie.

A noter, une règle que l'on n'observe pas partout, mais dont on reconnaît l'avantage par la pratique. Pour la défense de son pot, un joueur peut sans craindre d'être pris, frapper la truie qui le *brûle,* c'est-à-dire qui en est distante de la longueur *du pied au genou.* En cas de contestation, le rouleur met le joueur en demeure de « faire son genou ». Celui-ci met la pointe du pied dans le pot et le genou à terre. Ainsi se mesure cette longueur dont l'unité bizarre ne fait partie d'aucun système de poids et mesures ancien ou nouveau.

La crosse au but.

C'est un jeu très français, très répandu dans la région du Nord et qui donne lieu tous les ans à des concours très importants :

Le matériel se compose d'une planche haute de 1 m. 50, large de 0 m. 20 à 0 m. 25, d'une crosse et d'une série de six balles faites de bois dur, ou plutôt d'un nœud de sauvageon.

1. La planche est dressée contre un mur ou contre tout autre obstacle.

II. Les joueurs se placent à une distance de 6, 8, 10 mètres, selon les conventions, face à la planche.

III. Le premier joueur armé de la crosse lance la série de six balles, le deuxième fait de même et ainsi jusqu'au dernier.

IV. Celui qui met le plus de balles dans la planche a gagné la partie.

V. On peut sectionner les joueurs en plusieurs jeux.

En résumé, toutes les règles prescrites dans les concours de tir peuvent être appliquées à ce jeu.

La crosse vaut 2 francs ou 2 fr. 50 au plus. Elle est formée d'une trique garnie à son extrémité inférieure d'un porte-balle en acier.

Ce jeu est très simple et très propre à développer l'adresse avec la justesse du coup d'œil.

Il présente l'avantage d'être praticable dans toutes les cours de collège ou même dans un préau, les jours de pluie.

La balle au mur.

Ce jeu de balle se pratique contre un mur qui doit avoir au moins 5 mètres de hauteur, et n'être percé d'aucune baie ou fenêtre à l'emplacement du jeu. On trace sur ce mur, à environ 1 m. 50 de la base, une ligne horizontale qui prend le nom de ligne des « outre » ; on en trace une seconde, sur le sol, à 2 ou 3 mètres du mur et parallèlement à celui-ci ; c'est la ligne des « courtes ». Deux autres lignes, placées à 4 mètres de distance, vont perpendiculairement au mur, jusqu'à la ligne des courtes et de là se continuent obliquement en s'écartant, sur une longueur de 8 à 12 mètres selon la force des joueurs ; ce sont les « cordes ». Une dernière ligne transversale, appelée aussi ligne des « outre », les réunit et détermine avec les cordes et la ligne des courtes un trapèze dont cette dernière forme la petite base.

Les joueurs, en nombre pair, sont partagés en deux camps ; le sort désigne lequel des deux « livrera » la balle pour commencer la partie.

La balle au mur se joue de deux façons : aux « chasses », ou aux « outre ». Avant d'en exposer les règles, nous croyons utile de donner le sens de quelques expressions fréquemment employées.

Livrer, c'est lancer la balle légèrement en avant et la frapper immédiatement avec force de la paume de la main pour l'envoyer contre le mur et la faire rebondir le plus loin possible.

Chasser, c'est frapper la balle livrée avant qu'elle n'ait touché le sol, c'est-à-dire *à la volée*, ou à son *premier bond*.

Faute se dit d'une balle qui tombe hors des cordes ; un tel coup vaut quinze points au parti adverse.

Une balle livrée est *courte*, lorsqu'elle ne tombe pas au delà de la ligne des courtes; les adversaires du livreur comptent alors quinze points.

Chasser outre, c'est lancer la balle au-dessus ou au delà de l'une des lignes des « outre ».

Une *chasse* est une marque tracée à l'endroit où la balle a été ou s'est arrêtée, lorsqu'elle n'a pas été chassée outre.

Les joueurs doivent s'exercer à envoyer la balle tantôt de la main droite, tantôt de la main gauche. Ils peuvent se servir de la main nue, ou bien, si la balle est très dure, garantir la main à l'aide d'un gant spécial, ou bien encore chasser la balle à l'aide d'un battoir en bois. L'exercice devient alors une très bonne préparation au jeu plus difficile de la longue paume.

2° Jeux de plein air[1].

Pour les garçons.

DE 11 A 16 ANS

La paume au tambourin.
La grande thèque (ou balle au camp).
Le mail (ou balle à la crosse).

16 ANS ET AU-DESSUS

La longue paume.
La barette (ou foot-ball).
Le ballon français.
La paume au filet (ou lawn-tennis).
Le rallye-paper.

Pour les filles.

DE 11 A 15 ANS

La paume au tambourin.
Le mail (ou balle à la crosse).
Le crocket.

15 ANS ET AU-DESSUS

La paume au filet (ou lawn-tennis).

La balle au tambourin.

Ce jeu est une excellente préparation à la paume au filet, et à ce titre convient parfaitement aux jeunes filles, surtout si elles s'exercent à la pratique alternativement des deux mains.

Le *matériel* se compose : 1° d'un tambourin servant de raquette et formé d'une peau tendue sur un large anneau de bois; 2° de petites balles de caoutchouc qu'on choisit plus ou moins pesantes, selon l'âge et la force des joueurs. Ce matériel est peu coûteux, car on peut avoir un bon tambourin pour 2 ou 3 francs et des balles à tous

[1] Cette liste ne comprend que les jeux dont l'installation demande un très grand espace. Il va de soi qu'on peut installer aussi *en plein air*, chaque fois que l'occasion s'en présente, tous les autres jeux qui ont été décrits comme jeux d'*intérieur*.

Pour les grands jeux de plein air et pour les matches, consulter les règles officielles de l'Union des Sociétés Françaises de Sports Athlétiques.

prix ; il suffit parfaitement pour jouer tous les jeux de paume.

Le *terrain* est une cour, une esplanade quelconque, ou mieux encore une pelouse. Dans le dernier cas, il est bon de chausser des souliers de toile à semelles de caoutchouc.

Au début les joueuses se contenteront de se grouper deux par deux et de se renvoyer la balle en la frappant du tambourin, tantôt de la main droite, tantôt de la main gauche ; quand elles auront acquis une certaine adresse à cet exercice, elles aborderont une difficulté plus grande, celle qui consiste, par exemple, à laisser bondir la balle à terre, en deçà ou au delà d'une ligne tracée sur le sol (à la chaux s'il s'agit d'une pelouse) avant de la frapper du tambourin pour la renvoyer.

Il est déjà possible et même avantageux, à cette phase, de se grouper par camps de deux ou trois joueuses, chacun d'un côté de la ligne-limite, afin de barrer plus aisément le passage à la balle, quelle qu'en soit la direction.

On a là le rudiment des jeux de paume proprement dits. Il n'y a plus de raison dès lors pour ne pas en adopter les règles, telles qu'on les a données précédemment ici même et jouer au tambourin soit la paume au filet, soit la longue paume.

N. B. — Pour éviter les accidents, on fera bien de se servir exclusivement de balles creuses en caoutchouc.

L'exercice de la balle au tambourin étant beaucoup plus violent qu'il n'en a l'air, surtout au début, on fera bien aussi de le pratiquer modérément par reprises d'un quart d'heure tous les jours au plus, et toujours des deux mains alternativement.

La grande thèque (ou balle au camp).

La *grande thèque* est un vieux jeu français qui nous a été emprunté par les Anglais, comme la plupart de leurs exercices de plein air : mais nous l'avons laissé dépérir, alors qu'ils le conservaient et le perfectionnaient avec soin. On le jouait encore à Chartres et en Normandie, sous son nom français, il y a une cinquantaine d'années.

On décrit quelquefois séparément la grande thèque et la balle au camp, mais malgré quelques différences assez marquées pour autoriser théoriquement cette distinction, il n'y a pas grand intérêt, dans la pratique, à en faire deux jeux distincts.

I. Le *nombre* de joueurs varie de douze à dix-huit, mais doit toujours être pair, afin de se prêter à la division en deux camps (que nous appellerons les *bleus* et les *rouges*), chacun sous le commandement d'un capitaine.

II. Le *matériel* est des plus simples et des moins coûteux : quatre ou cinq chevilles de bois, un bâton (thèque) de 0 m. 60 à 0 m. 80 pour servir de batte, et une balle de cuir ordinaire.

III. Le *terrain* de jeu doit avoir 300 à 400 mètres carrés au minimum. Une cour de collège, sans arbres, convient parfaitement. (Il suffit de griller en fil de fer les fenêtres inférieures pour prévenir les bris de vitres.)

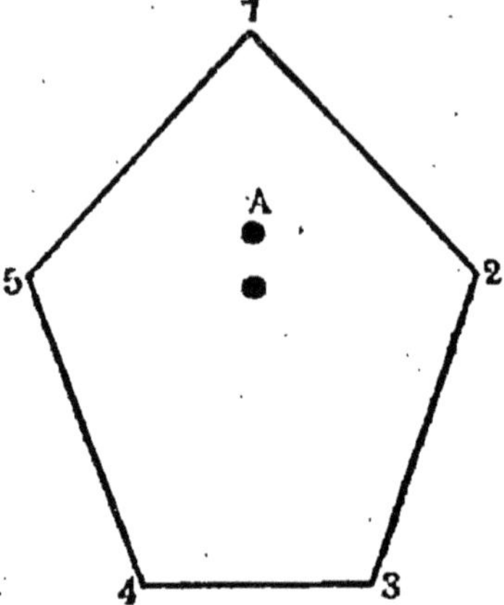

IV. Au milieu de ce terrain, on dessine au cordeau un pentagone régulier de 5 à 6 mètres de côté. A chacun des angles de la figure, on plante une cheville, marquant ce qu'on appelle les *bases*, 1, 2, 3, 4 et 5 ; l'intérieur de la figure prend le nom de *chambre* : vers le milieu de cette chambre, une sixième cheville plantée en terre au point A, marque le *poste*.

V. Les choses ainsi disposées, on tire à pile ou face pour désigner le parti qui doit ouvrir le jeu. Supposons que ce soit celui des *bleus*.

Il se place dans la chambre du pentagone, tandis que les *rouges* s'espacent autour de la figure, à des distances variables.

VI. Un des *bleus* se place avec le bâton à la base 1 ; un autre se met au poste A, en avant de ses camarades, pour lancer la balle au batteur.

Il doit envoyer la balle de manière que le batteur puisse normalement la recevoir sur son bâton et la frapper, s'il n'est pas d'une maladresse insigne. Celui-ci a le droit de « refuser » deux fois la balle, mais s'il la manque ou la « refuse » une troisième fois, il « sort ».

VII. L'a-t-il frappée, il lâche le bâton, court à la base 2, puis s'il en a le temps, touche successivement la base 3, la base 4 et la base 5, pour revenir ensuite à la chambre. Réussit-il à faire cette « ronde » ? Son parti marque cinq points. Mais ses adversaires, postés autour du pentagone, se sont hâtés de saisir ou de ramasser la balle pour le surprendre en flagrant délit de déplacement d'un piquet, à l'autre, et lui jeter la balle. S'il est touché entre deux bases, il « sort » et un autre joueur de son camp prend le bâton.

VIII. Il est permis aux *rouges* de saisir la balle, soit à la volée, c'est-à-dire avant son premier bond, soit après ; et, tout joueur surpris par le retour de cette balle, alors qu'il se trouve entre deux piquets, « sort » aussitôt.

IX. On ne doit jamais être deux au même piquet, ni se dépasser.

X. Quand il ne reste plus que deux joueurs dans la chambre, l'un d'eux a le droit de demander « trois coups pour une ronde » : c'est-à-dire qu'après avoir frappé la balle, s'il arrive à faire le tour des piquets sans être touché, tout son camp rentre et recommence à tenir le bâton. Il importe donc de réserver les deux plus agiles coureurs pour l'arrière-garde.

XI. Tout batteur qui envoie la balle derrière lui « sort » du coup.

XII. Un camp entier « sort » quand tous ceux qui en font partie se trouvent aux piquets. L'usage est alors, pour réclamer cette sortie en masse, de déposer la balle dans la chambre.

XIII. La thèque se joue habituellement en deux manches de quarante points, avec une « belle » s'il y a lieu.

Le mail (ou balle à la crosse).

Ce jeu se joue sur une pelouse ou sur un terrain uni quelconque mesurant 95 mètres sur 45.

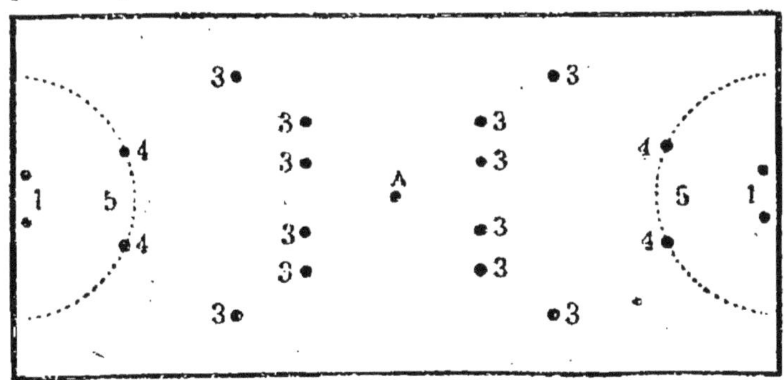

DISPOSITION DES JOUEURS AU DÉBUT DE LA PARTIE

Les joueurs sont au nombre de 11 dans chaque camp, et chacun d'eux est armé d'une crosse ou fort bâton recourbé à l'un de ses bouts. Autrefois l'on se servait d'une sorte de marteau en bois à long manche ou *maillet*, d'où le nom de *mail* donné à ce jeu. La crosse sert à chasser la balle faite de bois dur.

Pour commencer la partie, la balle est placée au *centre du terrain*, et deux joueurs, un de chaque camp, l'attaquent de la façon suivante pour éviter toute surprise : chaque joueur frappe une fois le sol du bout de sa crosse, puis trois fois la crosse de son adversaire ; alors ils attaquent la balle pour l'envoyer chacun du côté du camp opposé. Pendant ce temps les autres joueurs attendent aux postes qui leur ont été assignés par leurs capitaines, et aussitôt que la balle est en jeu ils cherchent à l'attraper en courant pour lui donner un nouvel élan vers le but ennemi ou la détourner de leur propre but. Il faut d'abord faire entrer la balle dans les demi-cercles qui entourent les buts, puis de là l'envoyer d'un seul coup entre les deux piquets. Le camp qui a envoyé le plus de fois (dans un temps limité à l'avance) sa balle dans le but du camp adverse a gagné la partie.

Le réglement interdit de lever la crosse au-dessus de l'épaule ; en s'y conformant on évite tout accident.

La paume au filet (ou lawn-tennis).

Ce jeu consiste à lancer d'après certaines règles et au moyen de raquettes des balles en caoutchouc par-dessus un filet tendu verticalement en travers d'un emplacement uni qu'on nomme *cours*. Les cours peuvent s'établir sur l'herbe ou sur la terre battue ; on joue aussi sur de l'asphalte spécialement préparé à cet effet.

Les dimensions d'un cours pour 4 joueurs sont de 23 m. 80 sur 11. Les raies sont indiquées avec du blanc d'Espagne ou bien avec des rubans de fil. Pour 2 joueurs les dimensions sont habituellement de 23 m. 80 sur 8 m. 26.

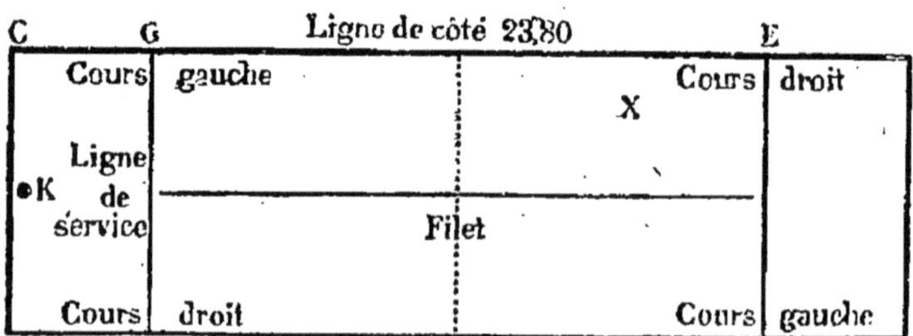

PARTIE A DEUX JOUEURS

Les joueurs se tiennent des deux côtés du filet. Celui qui commence la partie s'appelle le *servant*. La priorité du service au commencement de chaque partie se décide par le sort ; le gagnant du choix du côté abandonne le droit de service et *vice versa*. Le servant doit avoir un pied sur la ligne de base, et l'autre en dehors. Chaque joueur se place dans un des carrés de chaque côté du filet. Le servant lance la balle par-dessus le filet du carré droit au carré gauche. La balle partie de la ligne K D, par exemple, doit tomber dans le carré X; le joueur de ce carré la relève après qu'elle a touché terre une seule fois. A partir de ce moment il ne s'agit plus pour chaque camp que de faire franchir le filet à la balle et de ne pas

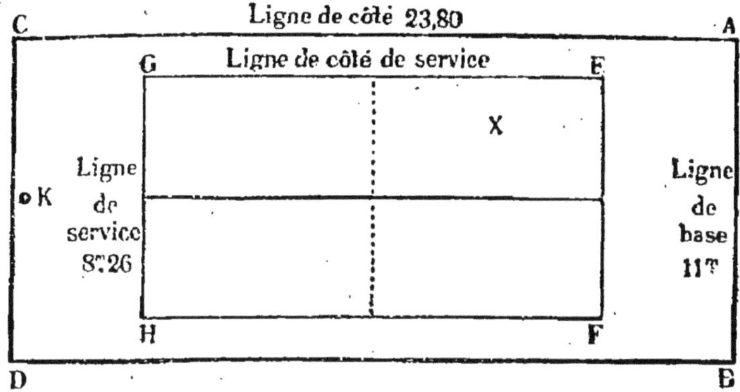

PARTIE A QUATRE JOUEURS

l'envoyer hors des limites du jeu. Il est permis de rattraper la balle *de volée* avant qu'elle ait touché terre, si ce n'est pour le premier coup. Il n'est jamais permis de la relancer quand elle a rebondi deux fois. Chaque faute compte *quinze* à l'adversaire. On peut gagner en quatre coups : *quinze*, *trente*, *quarante-cinq*, *jeu*, comme à la paume. Quand les deux camps se trouvent avoir quarante-cinq, il faut deux points *de suite* pour gagner; le premier se nomme *avantage*, le second *jeu*. Une partie se compose ordinairement de six jeux gagnés par le même camp.

Accessoires. — Les balles réglementaires sont en caoutchouc, creuses et recouvertes de feutre. Ce sont les meilleures et les plus durables et il est préférable de se procurer, même pour commencer, des articles de bonne qualité.

Prix : de 9 à 21 francs la douzaine.

Le poids des raquettes variera de 340 à 400 grammes, selon l'âge et la vigueur de l'enfant. Le prix varie depuis 10 fr. 50 jusqu'à 28 francs. (Pour enfants, de 4 fr. 50 à 7 fr. 50.)

Le filet doit avoir 12 m. 60 environ (10 à 20 francs). On peut également se procurer des marqueurs et des rubans de fil tout préparés. Le jeu complet (filet, 4 raquettes, 12 balles, montants, piquets, règles, le tout dans une caisse) vaut de 90 à 120 francs.

La longue paume.

C D

7	4	1	1	4	7
Camp A 6		3	Camp B 3		6
8	5	2	2	5	8

Limite

E F

1° *Emplacement du jeu.* — Le terrain réservé aux joueurs est uni, sans herbe : c'est la *place*. La longueur en est de 70 à 80 mètres ; la largeur ordinairement de 12 à 15 mètres ; c'est-à-dire environ le cinquième de la longueur. La place est limitée à chaque extrémité et de chaque côté par une bande de gazon ou par une rigole. La surface est divisée en deux parties inégales dont l'une est le double de l'autre. Elles sont séparées par un cordon de couleur ou par une rigole que l'on appelle *corde*. A chacun des coins du terrain CDEF se trouvent des poteaux que l'on a désignés sous le nom de *rapports*. Ces poteaux, qui peuvent avoir de 6 à 8 mètres, comprennent donc entre eux les limites du jeu.

2° *Position des joueurs.* — Les joueurs sont divisés en deux camps A et B. Chacun d'eux compte huit hommes placés de la manière suivante : ceux du camp A, qui occupent les numéros 1 et 2, sont placés de chaque côté et assez près de la corde ; le numéro 1 a soin de serrer d'assez près la limite CD afin de ne pas laisser un intervalle qui permettrait à la balle de passer facilement. Au contraire, le n° 2 rentre davantage dans le jeu. Cette disposition s'explique par la tendance naturelle du livreur à lancer la balle à sa droite, c'est-à-dire vers la gauche du camp A. Ces deux joueurs sont ordinairement les plus faibles, les apprentis ; ils ont reçu le nom de *cordiers* (voir figure), c'est-à-dire « hommes se tenant près de la corde ».

Le n° 3 se trouve au milieu du jeu et un peu en arrière des deux cordiers ; il porte le nom de *milieu de corde*. Ce joueur doit être un homme agile, capable de renvoyer les coups que son adversaire lui lance dans les jambes et d'arrêter la balle lorsqu'elle roule à terre. En arrière et sur le prolongement des deux cordiers se trouvent deux autres joueurs qui composent la *basse volée*. Celui qui tient le n° 4 sur la figure occupe la plus belle place du jeu ; c'est là qu'arrivent le plus de coups et les plus difficiles; aussi l'homme qui s'y trouve est choisi parmi les plus habiles et les plus adroits. Enfin le chef du camp, le *fort du jeu* ou encore *foncier* comme on le désigne vulgairement dans nos provinces, se place au n° 6 sur le prolongement du *milieu de corde* ; c'est ordinairement le plus adroit des joueurs, et c'est de lui et du n° 5 que dépend généralement le succès. Le foncier a derrière lui deux autres hommes, 7 et 8, qui composent la *haute volée* ; il ne leur vient le plus souvent que les coups perdus, ceux que les autres joueurs n'ont pu arrêter.

De l'autre côté, dans le camp B, les joueurs sont placés absolument de la même manière; cependant il y a une remarque à faire : celui qui lance la balle et que l'on appelle *tireur* ou *livreur* occupe la place correspondante au foncier du camp opposé (voir figure).

Il est un homme dont nous n'avons pas encore parlé, c'est le marqueur. Il est chargé de planter une flèche sur l'alignement, vis-à-vis de l'endroit où la balle s'arrête : en d'autres termes, c'est lui qui indique les chasses établies dont nous parlerons plus loin. Il se sert de deux fiches de 1 m. 50 environ, percées à la partie supérieure d'un certain nombre de trous destinés à marquer les jeux à l'aide d'une cheville. Dans beaucoup d'endroits, on se sert de petites tiges en fer de 0 m. 20 tout au plus, portant l'une une houppe de laine rouge et l'autre une houppe de laine blanche ou bleue. Mais avec ces sortes de fiches, on ne peut pas indiquer le nombre de jeux gagnés par chacun des camps. D'un autre côté, elles présentent un avantage sur les fiches en bois. Avec celles-ci on est forcé, vu leur longueur, de les planter perpendiculairement au sol, le long de la limite du jeu et en face de l'endroit où s'est arrêtée la balle; aussi le marqueur qui n'y prend pas garde peut mettre la chasse tantôt trop haute, tantôt trop basse, ce qui occasionne des discussions. Au contraire, avec les autres, on marque les chasses à l'endroit même où la balle s'est arrêtée; on ne gêne pas les joueurs et il ne peut pas y avoir d'erreur.

3° *Matériel nécessaire.* — Le matériel nécessaire est différent suivant les jeux. Pour le jeu de balle, on se sert simplement d'une pelote de 0 m. 07 de diamètre faite en laine et recouverte d'une enveloppe de cuir. Le jeu de tamis comporte un tamis en soie, des balles très dures qui coûtent assez cher et des gants de cuir dur dont le prix varie de 6 à 8 francs. Pour le jeu de ballon, on se sert d'une vessie recouverte d'une enveloppe de cuir que l'on gonfle au moment de jouer. Dans le jeu de paume ordinaire, la balle est en liège, ses dimensions sont un peu plus grandes que celles de la pelote. Les joueurs se servent d'une raquette pour lancer et renvoyer la balle. Cette raquette n'est autre chose qu'un cadre de bois à treillis de corde, de forme ovalaire, muni d'un long manche[1].

Tel est succinctement le matériel que comporte chacun des jeux de paume.

4° *Règles.* — Les règles du jeu sont sensiblement les mêmes pour tous les jeux de paume. Nous ne parlerons que du jeu de pelote qui se joue avec un matériel très simple et qui est le plus répandu.

I. Toute balle lancée par le tireur en deçà de la corde donne quinze points aux adversaires. Il en est de même d'une balle lancée en dehors des limites du jeu.

II. Tout joueur qui renvoie la balle hors des limites du jeu fait perdre quinze points à son camp. Il en est de même du cas où un joueur touche deux fois à la pelote pour la renvoyer, ou s'il en frappe un de ses partenaires.

III. Toute pelote qui dépasse les rapports donne quinze points au camp opposé à ses rapports.

Une partie se joue généralement en huit jeux; chaque jeu comprend soixante points; nous verrons plus loin que les jeux peuvent néanmoins dépasser cette limite. On compte toujours par quinze points.

Les joueurs de chaque camp sont à leurs places. Le sort a désigné le camp qui doit commencer à tirer ou livrer, B par exemple. Un des joueurs tire et quel que soit l'endroit où la balle s'arrête, le marqueur plante une fiche en face de la corde; c'est la première *chasse* ou « chasse à la corde ». On commence donc toujours une partie par établir une chasse, quand même le tireur lancerait la pelote au-dessous de la corde, ou en dehors du jeu. Le tireur lance alors une seconde fois sa pelote en prévenant les adversaires par un mouvement de bras ou par le mot *Balle*. Ceux-ci s'efforcent de la renvoyer et elle passe d'un camp dans un autre jusqu'au moment où un joueur n'arrive plus à temps pour la lancer avant qu'elle touche terre ou avant qu'elle fasse un second bond. La pelote est arrêtée par les joueurs de l'un ou l'autre camp, selon le cas; le marqueur s'empresse de se diriger vis-à-vis de l'endroit où la balle a été arrêtée et il plante une de ses fiches sur l'alignement. Il y a alors deux chasses, puisque la première a été placée par convention à la corde. Les joueurs changent de camp pour se les disputer. Un joueur de A tire à son tour; il envoie la balle, s'il est habile, dans les endroits les plus faibles ou les moins gardés : il y a tout intérêt à ce qu'elle ne revienne pas, car si après avoir été pelotée un certain

[1] On pourrait jouer sans autre matériel que la balle elle-même, et l'envoyer en la frappant avec la paume de la main. On joue souvent ainsi en Belgique. Mais il faut un certain courage pour frapper avec la main nue un projectile assez dur, et les joueurs se garantissent généralement du contact de la balle à l'aide d'un gant spécial.

nombre de fois, un joueur de B la renvoyait définitivement au delà de la première chasse établie, celui-ci ferait gagner quinze points à ses partenaires.

La première chasse étant jouée, on procède à la seconde de la même manière, puis on établit deux autres chasses.

Examinons les divers cas qui peuvent se présenter :

1° Le camp B a gagné les deux chasses : il possède trente points et le camp A n'en possède pas. Deux autres chasses sont établies : le même camp les gagne encore. Il a soixante points et le jeu est fini.

2° Chaque camp gagne une chasse au début; il se trouve donc en possession de quinze points; mais B remporte les deux chasses suivantes : il a alors quarante-cinq points et A quinze seulement. Dans ce cas, une seule chasse, appelée « chasse du jeu », est établie; B la gagne et le jeu est terminé.

3° Chaque camp possède trente points. On établit deux chasses; B les gagne et le jeu est fini.

4° L'un des camps, B par exemple, a quarante-cinq points et l'autre en a trente. Comme dans le deuxième cas, on établit une seule chasse; B la remporte et le jeu est fini.

5° Chaque camp a quarante-cinq points; alors on continue de jouer jusqu'à soixante-quinze points. Deux chasses sont donc établies. B les remporte et le jeu est fini.

6° Les camps ont, comme précédemment, quarante-cinq points; deux chasses sont encore établies et jouées; mais elles sont partagées et le jeu n'est pas plus avancé que précédemment : les camps ont encore quarante-cinq points : l'on continue d'établir et de jouer des chasses jusqu'au moment où l'un des camps arrive à posséder soixante-quinze points. C'est pourquoi certains jeux peuvent être disputés pendant une demi-heure et plus.

Nous avons supposé que la pelote tombait toujours dans les limites du jeu; il n'en est pas toujours ainsi, et il arrive quelquefois qu'un jeu tout entier se trouve fait sans qu'il ait été établi de chasses, soit parce que le tireur a mis au-dessous de la corde ou en dehors du jeu.

Le ballon français.

Les règles du jeu de ballon sont, dans leurs grandes lignes, identiques à celles du jeu de longue paume, et nous n'aurons à relever que des différences de détail, dérivant de la nature spéciale de l'engin employé. Nous rappellerons sommairement les principes du jeu; nous signalerons ensuite les règles particulières applicables au ballon, règles fort simples, d'ailleurs, et que des joueurs s'exerçant fréquemment auront vite fait de s'assimiler.

De même que pour la paume, il est indispensable d'avoir

un terrain d'environ 70 mètres de longueur et de 13 à 14 mètres de largeur, limité longitudinalement par une raie tracée dans le sol et divisé en deux parties égales par une lanière transversale fixée à plat et qui se nomme : *la corde.* Une autre lanière, parallèle à celle-ci et distante de 24 à 26 mètres, indique le tiré ; c'est de là que le camp désigné à cet effet par le sort engage la partie, en tirant ou servant le premier coup.

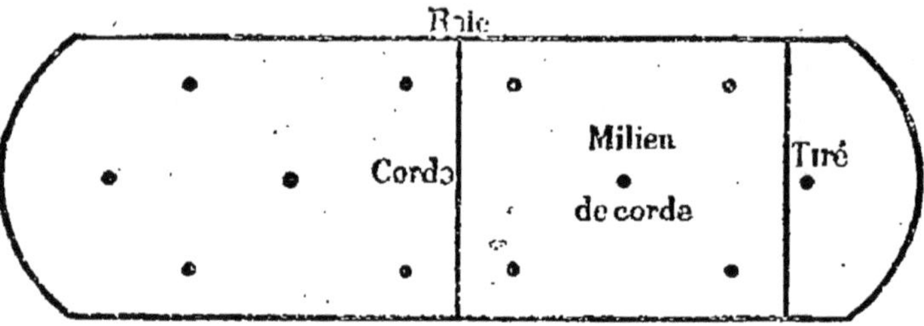

PLAN D'UN JEU DE BALLON

Chaque faute commise par un camp donne 15 à son adversaire. L'un des deux camps ayant 45, si l'autre commet une faute, le premier gagne le jeu. Toutefois, si les deux camps arrivent en même temps à 45, le marqueur annonce : « A deux », et le jeu n'est gagné que par le camp qui fait commettre deux fautes *successives* à son adversaire. A la première le marqueur annonce *avantage* au camp non fautif : mais si celui-ci faisait à son tour une faute, les deux camps reviendraient *à deux.* Un jeu peut ainsi durer longtemps, si les forces des joueurs sont bien équilibrées. La partie est gagnée par le camp qui réunit le premier le nombre de jeux convenu, habituellement six.

Il y a faute, comme au jeu de paume :

Lorsque le ballon tombe hors des limites latérales du jeu ;

Lorsque le joueur qui *sert* le premier coup ne lui fait pas franchir la *corde* ;

Lorsque le ballon ne dépasse pas la chasse ;

Et enfin dans certains cas spéciaux au ballon que nous verrons plus loin.

Le ballon, venant du camp adverse, se renvoie ou plus techniquement *se rechasse*, soit de *volée* (avant qu'il n'ait touché terre), soit après son premier bond. S'il ne peut être repris après ce premier bond, le joueur le plus rapproché l'arrête, et le marqueur vient enfoncer un piquet ou *chasse* à la hauteur du point où il a été arrêté.

Lorsqu'il y a deux chasses (une seule suffit lorsque l'un des deux camps a 45 ou davantage), les joueurs traversent et jouent la ou les chasses dans les mêmes conditions qu'au jeu de paume.

La partie se joue régulièrement 6 contre 6, ou, à la rigueur, 5 contre 5.

Le ballon se renvoie, soit avec le poing, soit avec le pied, soit même avec n'importe quelle partie du corps. Toutefois, il est interdit de le toucher *successivement* avec deux d'entre elles, et le joueur qui, par exemple, ayant reçu le ballon sur le bras, le renverrait avec la main ou le pied, ferait une *faute*, au même titre que si deux joueurs du même camp touchaient le ballon avant qu'il n'ait été renvoyé par l'autre camp.

On ne peut prendre le ballon avec les deux mains que pour s'arrêter, et faire une chasse après le deuxième bond. Tout joueur qui *présenterait* les deux mains et qui, *sans même toucher* le ballon de ses deux mains, le renverrait avec une seule ou avec toute autre partie du corps, ferait perdre 15 à son camp.

Les joueurs peuvent se trouver à tout moment, sans qu'il y ait faute, dans le camp de leurs adversaires. Mais il y aurait faute s'ils sortaient des limites du jeu ; ils n'y sont autorisés que dans le cas où le ballon, tombant dans les limites, mais faisant son bond au dehors, l'un des joueurs en sort pour le renvoyer.

Les bonds du ballon étant plus longs que ceux de la balle, les joueurs ne sont pas tout à fait placés comme ceux de longue paume. Spécialement, les cordiers se tiennent un peu plus éloignés de la corde et les demi-volées sont plus mobiles, se rapprochant du foncier ou des cordiers, selon les besoins.

Les joueurs s'enveloppent généralement le poing et une partie du bras avec une lisière large de deux doigts qui amortit le choc, parfois un peu rude, du ballon.

La crosse canadienne.

I. Le *nombre* des joueurs est ordinairement de vingt-quatre, et doit toujours être pair, afin de se prêter à la division en deux camps, chacun sous le commandement d'un capitaine.

II. Le *matériel* se compose : 1° de quatre guidons de 1 m. 80 de haut, pour marquer les deux *buts* ; 2° d'une *crosse*, par joueur, coûtant 9 à 10 francs ; d'une balle en éponge de caoutchouc.

La crosse est une combinaison du *Koumiou* breton et de la raquette française, constituée par une longue canne recourbée à sa partie inférieure et pourvue dans sa concavité d'un filet en cuir de bœuf qui forme une sorte de poche réticulée.

Cet outil se tient à deux mains. Il sert à rattraper la balle à terre, à l'arrêter à la volée, à l'emporter en courant, à la lancer vers le but adverse.

III. Le *terrain* est une esplanade quelconque, de préférence gazonnée, qui doit avoir au moins 80 mètres de long sur 30 mètres de large.

Aux quatre angles de l'aire mesurée au cordeau, on

plante un piquet. Les deux grands côtés du parallélogramme s'appellent *lignes de côté :* les deux autres sont les *lignes de but.*

Les *buts* sont deux espaces de 1 m. 80 de long, marqués au milieu de chacune des lignes de but par deux guidons de 1 m. 80 de haut.

Devant chaque ligne de but à la distance de 1 m. 80, en prenant pour centre le milieu des deux guidons, on trace un demi-cercle qui s'arrête à la ligne de but. L'espace ainsi délimité de chaque côté s'appelle *cercle de but.*

IV. Il s'agit pour chacun des deux camps de faire passer la balle, *en la lançant à l'aide de la crosse,* entre les guidons du but adverse.

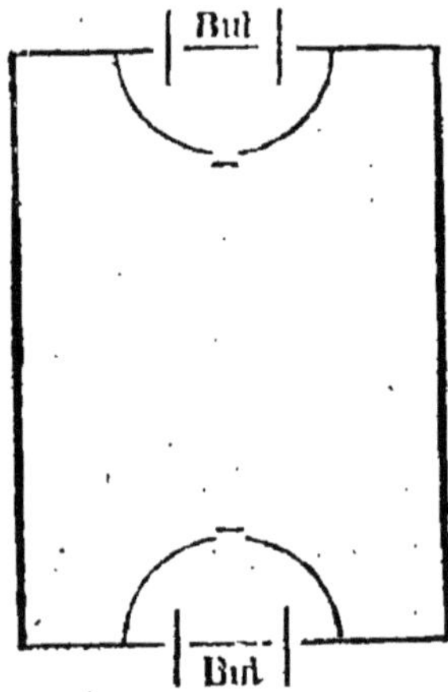

V. Une première règle, très importante à observer, est de ne jamais toucher la balle du pied ni de la main.

VI. Une autre règle essentielle est de manier la crosse avec adresse et courtoisie, en la tenant toujours au ras du sol, afin de profiter des occasions qui se présentent pour saisir la balle.

VII. Il est licite de frapper de sa crosse celle d'un adversaire qui emporte la balle dans le filet de la sienne ; mais non de le toucher lui-même de ladite crosse, en aucun point du corps.

VIII. Au début de la partie, les deux capitaines tirent à pile ou face pour choisir leur camp.

On ouvre la partie en plaçant la balle au milieu de l'aire de jeu. Les capitaines prennent position des deux côtés de la balle, chacun entre elle et son camp ; ils alignent leurs crosses parallèlement, de manière qu'elles soient couchées à terre sur le côté du bois (cette cérémonie s'appelle le *croisé*) ; puis, au signal d'un arbitre choisi d'un commun accord, ils les relèvent vivement et cherchent à s'emparer de la balle, pour l'envoyer dans le camp opposé.

Dès qu'elle a été touchée, tous les joueurs peuvent prendre part à la lutte et crosser, arrêter ou emporter la balle. Mais ils doivent, dans l'intérêt de leur camp, s'attacher à rester autant que possible au poste où les a placés leur capitaine.

IX. Cette règle devient un devoir absolu pour le joueur préposé de chaque côté à la garde du but.

Le gardien du but n'a pas plus que les autres le droit de saisir la balle pour la lancer. Mais il peut l'arrêter, soit de la main, soit autrement, pour l'empêcher de passer le but.

X. Quand deux joueurs se disputent la balle à terre, avec leurs crosses, la courtoisie exige que les autres évitent d'intervenir dans ce duel. Mais quand un joueur a réussi à prendre une balle dans le filet de sa crosse, et l'emporte en courant vers le but adverse, afin de la lancer quand il se trouvera à portée, tous ses adversaires ont le droit et même le devoir de courir après lui ou de lui barrer le passage, à condition de ne toucher que sa crosse, de la leur.

XI. Au cas où la balle se loge en quelque endroit inaccessible à la crosse (dans un buisson par exemple), ou bien franchit la ligne de côté, on a le droit de la prendre à la main ; et alors celui qui l'a relevée la dépose à terre dans l'aire de jeu, pour recommencer avec son adversaire le plus proche le *croisé* initial.

S'il arrive que la balle s'embarrasse dans le filet d'une crosse, on la déloge en frappant la crosse sur le sol.

XII. Une partie se gagne en marquant trois points sur cinq.

XIII. On ne peut marquer un point qu'en faisant passer entre les poteaux du but adverse la balle partie de l'aire de jeu. Une balle lancée de la main ou du pied entre les poteaux de but ne compte pas.

XIV. Tout joueur qui en frappe un autre de la crosse, même par mégarde, reçoit un premier avertissement ; en cas de récidive, il est mis hors du jeu.

XV. Il est d'usage que les camps changent de côté après chaque partie.

La barette ou foot-ball.

I. Le *nombre* des joueurs est variable de dix à quarante, mais doit toujours être pair, afin de se prêter à la division en deux camps égaux chacun sous le commandement d'un capitaine.

II. Le *matériel* se compose de quelques pieux, perches et guidons pour marquer les limites et le but, et d'un ballon ovoïde, de 0 m. 30 de diamètre sur 0 m. 38. Ce ballon doit être extrêmement solide pour résister aux coups de pieds qu'il reçoit. Il est ordinairement fait d'une vessie de caoutchouc enfermée dans une forte gaine de cuir. Les meilleurs sont ceux qu'on se fabrique soi-même avec une vessie de porc qu'on fait envelopper par un cordonnier d'une gaine de *quatre pièces* de gros cuir de veau, fortement cousues, bordées comme un soulier de chasse et pourvues d'une ouverture lacée.

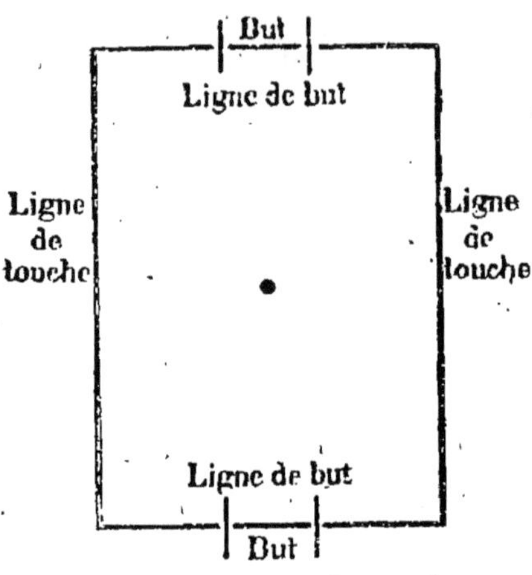

III. Le *terrain* est une esplanade quelconque, de préférence gazonnée. On y dessine avec des lignes, des pieux ou des guidons un parallélogramme de 150 mètres sur 65. Puis, on marque par une paire de poteaux plantés à 5 m. 50 l'un de l'autre, au milieu de chacun des petits côtés du rectangle, ce qu'on appelle les *buts*.

D'un poteau à l'autre, à 3 ou 4 mètres du sol, on tend une corde horizontale portant une banderolle en son milieu, et *par-dessus laquelle* doit passer la barette, pour que le coup soit bon. Cette corde est une complication que négligent beaucoup de joueurs sérieux, qui se contentent d'apprécier au jugé si la barette est passée à la hauteur voulue. On peut même, à l'occasion, se passer de toute espèce de poteaux et guidons, en traçant simplement la figure sur le sol.

Les lignes marquant les deux petits côtés du parallélogramme s'appellent *lignes de but*. Celles qui dessinent les deux grands côtés sont les *lignes de touche*. L'intervalle qu'elles délimitent est le *champ*.

IV. Les joueurs se divisent en deux camps. On tire à pile ou face pour le choix du côté (celui du vent est le meilleur), et, le choix arrêté, les deux partis prennent position en avant de leur *but* respectif pour le défendre et empêcher le ballon de le franchir. A cet effet, les deux armées se placent en ordre dispersé, chacune avec son avant-garde, son centre et son arrière-garde.

V. Il s'agit, pour chacun des deux camps, d'arriver à envoyer la barette entre les poteaux et sur la corde du but adverse et de marquer ainsi un point.

La partie se compose habituellement de plusieurs reprises de trois points, dans un temps ordinairement fixé d'avance.

VI. La barette *ne doit jamais être lancée avec les mains*, quoiqu'elle puisse être saisie, emportée et déposée au but.

Il y a trois manières de la lancer :

1° En la posant à terre sur un bout, dans un petit creux du sol, et prenant élan pour la frapper du pied ;

2° En la laissant tomber et la frappant du pied avant qu'elle ait touché terre ;

3° En la laissant tomber à terre et la frappant du pied après son premier bond.

VII. Les joueurs en place, le capitaine du parti qui n'a pas eu le choix du côté pose la barette au milieu du champ et d'un coup de pied l'envoie vers le but adverse.

Jusqu'à ce moment l'avant-garde des deux partis doit être restée à la distance de 10 mètres au moins du ballon. Mais dès qu'il a quitté le sol, les évolutions sont libres.

Quand le ballon, du premier coup, franchit la ligne de touche, le coup est nul et doit être recommencé si la partie adverse l'exige. Il en est de même si la barette est saisie par un adversaire derrière le but avant d'avoir touché terre.

IX. La barette une fois lancée correctement, c'est-à-dire dans les limites du champ, l'objet propre du jeu est pour chaque joueur d'arriver à la faire passer derrière les deux poteaux du but adverse, ou tout au moins derrière la ligne de but, et pour cela tous les moyens sont bons, c'est-à-dire qu'on peut soit lancer la barette d'un coup de pied, soit s'en saisir et l'emporter vers le but.

D'autre part, les adversaires poursuivent le ravisseur, cherchent à lui couper le chemin, à l'arrêter, en un mot à le mettre dans l'impuissance de réaliser son dessein. Mais les traditions de la courtoisie française exigent que cette poursuite ne dégénère pas en pugilat, en luttes corps à corps et en bagarres, comme cela arrive trop fréquemment dans les pays de mœurs brutales et grossières. Celui qui atteint le fugitif se contente donc d'effleurer la barette en criant : *Touché !*

Aussitôt chacun s'arrête ; la barette est posée à terre et l'avant-garde des deux partis se plaçant en rond autour d'elle, épaule contre épaule, la face vers le centre, forme le « cercle ».

X. Le cercle se resserre, chacun pousse de son mieux, mais il est interdit de frapper volontairement la barette avec le pied ou de la saisir avec les mains, jusqu'à ce qu'elle sorte en roulant de la masse compacte des joueurs.

XI. Dès qu'elle est sortie, s'en empare qui peut et tâche de l'envoyer au but.

XII. Les joueurs doivent toujours se tenir entre la barette et leur camp, faute de quoi, on crie : *En place !* et c'est encore un cas de « cercle ».

XIII. Un joueur qui court en emportant la barette, et qui se voit sur le point d'être pris, la lâche-t-il ou la lance-t-il autrement qu'avec le pied, on crie : *A faux !* et le camp adverse a droit au *coup franc*.

XIV. A cet effet, un des joueurs de ce camp prend la barette et la frappe du pied, debout sur le sol, tous les autres se tenant à 6 mètres de distance au moins.

XV. Pour *faire le but* d'emblée, en courant avec la barette, il faut l'envoyer d'un coup de pied entre les poteaux à la hauteur voulue ; ou bien il faut contourner le but et venir déposer la barette entre les poteaux.

Ordinairement, le coureur qui emporte la barette n'arrive d'abord qu'à lui faire toucher terre au delà de la ligne de but. C'est ce qu'on appelle gagner un *avantage*, parce qu'on acquiert ainsi le droit de frapper un *coup franc* vers le but.

XVI. Toutes les fois que la barette a passé la ligne de but, qui peut la saisit et lui fait toucher terre le premier, ce qui lui donne droit au *coup franc*.

Si celui qui l'a saisie appartient au camp de ce côté, il fait vingt-cinq pas vers le camp adverse et frappe son coup dans le même sens. Au cas contraire, on marque seulement quinze pas, et, naturellement, le coup est envoyé vers le but auquel on a tourné le dos en mesurant ces quinze pas.

XVII. S'il arrive que la barette soit lancée hors de la *ligne de touche*, qui peut la relève et se place au point où elle a franchi la limite. Tous les autres de son parti se rangent face à face devant lui, sur deux lignes, de manière à former une sorte de couloir vivant. Lui, saisissant bien son moment, fait toucher terre à la barette et vivement l'envoie à l'un des siens, ou bien, après une feinte, il l'emporte en courant vers le but, tandis que les adversaires surveillent les joueurs du couloir.

XVIII. Tout joueur qui saisit et arrête la barette à la volée a droit à un coup franc.

XIX. Pour marquer un point, il faut avoir fait passer correctement la barette dans le but adverse, selon les conventions arrêtées. Quand le but a été franchi incorrectement, c'est-à-dire quand la barette passe plus bas qu'il n'a été convenu, on compte seulement une *touche*, c'est-à-dire un quart de point.

XX. Les deux camps changent habituellement de côté au milieu du temps assigné à la partie.

Le rallye-paper (ou lièvres et lévriers).

C'est un jeu de vitesse et d'endurance à la course. Il faut donc s'y préparer par un entraînement graduel et régulier, si l'on veut se mettre en état d'y faire figure. La course est généralement de 7 à 8 kilomètres au moins, à travers champs.

I. Le *matériel* se compose exclusivement de trois ou quatre sacoches de rognures de papier préparées à l'avance. Il est donc aussi peu coûteux que possible. Mais une course de 7 à 8 kilomètres donne bien quelques droits à un goûter substantiel : c'est une dépense à peu près obligatoire à faire entrer en ligne de compte.

Le *terrain* qui convient le mieux est une plaine ou une vallée boisée et accidentée, coupée de ruisseaux ou de fossés, voire de murs et de haies, en tout cas d'obstacles qui augmentent la difficulté pour les coureurs et les exerçent au saut en même temps qu'à la vitesse.

Il est essentiel aussi que le point de départ puisse être regagné par plus d'un côté et serve de point d'arrivée. Un village, une place formée par un carrefour, à proximité d'une auberge, conviennent parfaitement.

II. Quatre ou cinq coureurs, choisis parmi les plus agiles, partent en avant avec les sacoches. Ce sont les *lièvres*,

Ils vont semer les morceaux de papier sur leur route, de manière à laisser une trace, trace qu'ils couperont de distance en distance par de « fausses pistes », des boucles, des retours en arrière, de manière à faire prendre le change, s'il est possible, à ceux qui les suivent. Toutefois, ces difficultés doivent être distribuées avec discernement et discrétion, et surtout avec loyauté, sous peine de rendre la course impossible ou par trop difficile et de gâter le jeu.

III. Un quart d'heure après le départ des *lièvres*, les *lévriers* se mettent à leur poursuite.

Il s'agit, pour chaque lévrier, de suivre intelligemment la piste, de la retrouver s'il l'a perdue, de corriger sans délai toute faute commise, et en même temps de conserver une bonne allure, de ménager son souffle, enfin d'arriver le premier au but, marqué par les sacoches vides.

Le drapeau.

On choisit deux emplacements qui seront les deux camps et on se partage en deux troupes égales, d'une vingtaine d'écoliers chacune. On tire ensuite au sort à quel camp sera réservée la garde du drapeau : ce camp sera celui des *défenseurs*, et l'autre s'appellera camp des *assaillants*. Le chef du camp des assaillants choisit alors parmi ses soldats un *cavalier* qui portera sur lui un signe distinctif bien apparent et dont le rôle sera très important dans la partie.

Le cavalier est investi du privilège de prendre les défenseurs sans pouvoir être pris lui-même. Son rôle est de protéger l'attaque du camp des assaillants auquel il appartient et, pour cela, il cherche à éloigner du drapeau qu'il s'agit d'enlever, les défenseurs sur lesquels il a droit de prise et dont il n'a rien à redouter.

Les défenseurs, de leur côté, ont droit de prise sur tous les assaillants, à l'exception du cavalier, tandis que les assaillants n'ont pas droit de prise et n'ont d'autre objectif que d'atteindre le drapeau sans se laisser toucher. Pour *prendre* un ennemi, il suffit de le toucher avec la main sur n'importe quelle partie du corps ou des vêtements.

Avant d'engager la lutte on désigne un troisième camp, sorte d'ambulance où devront se réfugier tous les prisonniers, et la partie commence.

Le chef du camp des défenseurs plante le drapeau à six ou huit pas en avant de son camp, et dispose six de ses hommes de façon à faire face de tous côtés aux assaillants, laissant le reste en réserve à l'intérieur du camp. C'est alors que le cavalier s'avance et, après avoir touché la hampe du drapeau, court sur les défenseurs et tâche de les éloigner, pendant que le chef du camp assaillant, combinant son attaque avec la tactique du cavalier, lance ses soldats à l'assaut du drapeau qu'il s'agit de prendre et d'emporter dans son camp.

Pour que la prise du drapeau soit valable, il faut que l'assaillant qui l'emporte arrive à son camp sans être touché par un défenseur.

Les assaillants peuvent faire parvenir le drapeau à leur camp en se le passant de l'un à l'autre, sans avoir toutefois le droit de le lancer de loin.

Les assaillants peuvent se réfugier dans le camp des défenseurs et tant qu'ils y restent ils ne peuvent pas être pris; mais, dès qu'ils le quittent, les défenseurs reprennent leur droit et peuvent les prendre à la sortie.

A mesure que les défenseurs du drapeau sont pris par le cavalier, leur chef les remplace par d'autres soldats : il remplace aussi, quand il le juge nécessaire, les défenseurs fatigués. Les assaillants se relèvent de même et changent souvent leur cavalier.

La partie est terminée soit quand le drapeau est enlevé, ce qui fait triompher le camp des assaillants, soit quand les assaillants ont perdu la moitié de leurs soldats, ce qui donne la victoire aux défenseurs.

APPENDICE

NOTE SUR L'INSTALLATION DES GYMNASES

INSTALLATION D'UN GYMNASE ET MINIMUM DE MATÉRIEL NÉCESSAIRE

La salle d'exercice sera rectangulaire; ses dimensions varieront suivant l'importance de l'établissement. Elle aura soit :

15 mètres sur 10;
18 mètres sur 12;
21 mètres sur 14;
24 mètres sur 16.

La hauteur en proportion, d'après le cube d'air nécessaire, sera de 8 à 10 mètres environ.

La lumière doit venir d'en haut et de côté.

L'aération doit pouvoir se faire rapidement au moyen de vasistas ménagés de préférence d'un côté de la salle.

Un tambour placé à la porte d'entrée empêchera les courants d'air.

La salle doit être planchéiée entièrement et ne contenir ni sciure de bois, ni tan, ni sable, les cabinets d'aisance seront situés de façon à n'avoir aucune voie ouverte sur cette salle.

Plusieurs escaliers conduiront à une galerie occupant un ou plusieurs des côtés de la salle; cette galerie élevée de 4 m. 80 du sol sera disposée pour y suspendre les appareils (perches, cordes, etc.).

Tous les appareils placés sur le plancher seront démontables et transportables; ils devront se graduer suivant la taille des élèves.

Des nattes en fibres de coco ou des paillassons épais serviront pour amortir les chutes.

Annexes. — Un grand couloir donnera accès aux cabinets d'aisance, aux vestiaires, à la salle de douche et aux lavabos.

Lycées, Collèges et Écoles normales primaires.

MATÉRIEL MOBILE

Cordes lisses par paires.
Perches mobiles verticales par paires.
Cordes de traction.
Echelle de corde, échelles jumelles.
Echelles verticales ou inclinées.
Poteaux de sautoir avec cordeau en fil de caoutchouc.
Perches à sauter.
Boulets, pierres, javelots, disques, balles.
Chevalet de natation.
Tabouret avec arçons.
Cheval de voltige.
Barres parallèles mobiles pouvant être transportées au besoin au dehors (facultatif).
Nattes en fibre d'aloès de 1 m. 50 sur 1 mètre.
Barres (bois, bois ferré ou fer) de 500 grammes, 1, 2, 3 kilos.
Haltères de 500 grammes, 1, 2, 3 kilos.
Massues de différentes grosseurs.
Cordes à poignées, cordes à sauter.
Cerceaux pour jeux et courses.
Barres à sphères de 15 à 30 kilos.
Cannes.

MATÉRIEL FIXE

Portique ou consoles portant les crochets de suspension des appareils.
Poutre mobile.
Barres parallèles doubles à section ovale à hauteur variable (pouvant s'abaisser jusqu'au sol et s'élever jusqu'à hauteur de suspension).
Echelle horizontale.
Mât vertical.
Cadre mobile (facultatif).
Corde en V et cordes lisses verticales.
Planche ou plate-forme à établissement.
Vindas.

MINIMUM DE MATÉRIEL POUR ÉCOLES PRIMAIRES

Une console fixée au mur et portant les crochets de suspension des appareils ;
3 paires d'échelles jumelles ;
3 paires de cordes lisses ou de perches mobiles.
1 échelle pouvant se fixer horizontalement ou obliquement.
1 paire barres parallèles à hauteur variable (s'abaissant près du sol et s'élevant à hauteur de suspension).
60 barres de bois ou bâtons.
1 corde de traction de 8 mètres de long.

CONTROLE DES RÉSULTATS OBTENUS AU MOYEN DES MENSURATIONS

Les résultats individuels de l'éducation physique doivent, en définitive, se manifester par des choses tangibles.

C'est un gain de force musculaire et une répartition économique de cette force. C'est une résistance plus grande à la fatigue qui se manifeste par un travail musculaire plus longtemps soutenu sans essoufflement ni troubles de la circulation.

Ce sont une marche et une course de résistance plus durables, une course de vélocité plus vive. Ce sont des sauts plus hauts et plus longs, des chutes plus assurées. C'est une habileté à grimper ou à franchir des obstacles; une adresse plus grande à lancer des projectiles; une aptitude meilleure à se mesurer avec un adversaire.

Ce sont enfin des modifications extérieures du corps; une harmonie et une élégance de formes, ainsi qu'une aisance parfaite dans les mouvements, même dans les mouvements respiratoires qui deviennent plus amples et moins fréquents.

Toutes ces modifications peuvent se préciser, quelques-unes peuvent se mesurer facilement.

Il serait très utile de réunir des documents exacts sur le perfectionnement physique des enfants pendant leur séjour à l'école.

L'éducation physique doit se perfectionner sans cesse; la tâche de ceux qui seront chargés de ce travail de révision sera singulièrement facilitée, si l'on a alors sur les résultats obtenus des données encore plus précises.

C'est dans ce but que l'on trouvera réunies dans le tableau ci-contre: les mensurations les plus simples et les plus utiles à prendre.

Commune *ou* ville de
Classe de
Le 19 .

1er TABLEAU

NUMÉROS D'ORDRE	NOMS	PRÉNOMS	ADRESSE	AGE	TAILLE	LONGUEUR DES MEMBRES INFÉR.	POIDS	CIR-CONFÉRENCE THORACIQUE INFÉRIEURE		CIRCONFÉRENCE ABDOMINALE	DIAMÈTRES MAXIMUMS DU THORAX				CAPACITÉ RESPIRATOIRE MAXIM.	OBSERVATIONS sur l'état de santé, la force, le développement musculaire. Nature des exercices auxquels s'adonne l'élève plus spécialement. S'il sait nager.
											ANT. POSTÉRIEUR		TRANSVERS.			
								Exp.	Insp.		Exp.	Insp.	Exp.	Insp.		

2e TABLEAU

NUMÉROS D'ORDRE	NOMS	COURSE [1]		VITESSE	SAUTS				OBSERVATIONS sur l'état des coureurs à l'arrivée et sur la stabilité au point de chute dans les sauts.
		LONGUEUR du parcours.	DURÉE du parcours.		DE PIED FERME		AVEC ÉLAN		
					Hauteur.	Longueur.	Hauteur.	Longueur.	

[1] Les courses de vélocité ne dépasseront pas 100 mètres.

Vu :

Le Directeur,

Signature :

INDICATIONS RELATIVES AUX MENSURATIONS

La taille et la longueur du membre inférieur se prennent du même coup, en notant sur la toise en même temps que la hauteur de la tête, celle du grand trochanter au-dessus du sol.

La circonférence du thorax se prend au moyen du ruban métrique dans un plan horizontal après une expiration et une inspiration profondes.

La circonférence abdominale se prend au moyen du ruban métrique dans un plan horizontal et au niveau de l'ombilic.

Les diamètres thoraciques se prennent au moyen d'un compas d'épaisseur spécial, à la hauteur de la pointe du sternum et dans un plan horizontal, après une expiration et une inspiration profondes.

La capacité respiratoire se prend au moyen du spiromètre, entre les phases extrêmes d'une inspiration et d'une expiration profondes.

Les mensurations pourront porter sur un groupe restreint d'élèves, à la condition que l'on conserve sensiblement dans ce groupe la proportion des éléments variés que présente l'ensemble.

TABLE DES MATIÈRES

Documents officiels.

Considérations générales sur l'éducation physique.

Programme général d'éducation physique.

PREMIÈRE PARTIE

EXERCICES POUR LES ÉLÈVES DE 6 A 13 ANS

DEUXIÈME PARTIE

EXERCICES POUR LES ÉLÈVES DE 13 ANS ET AU-DESSUS

ANNEXES

APPENDICE

ÉVREUX, IMPRIMERIE CH. HÉRISSEY, PAUL HÉRISSEY, SUCCr

www.ingramcontent.com/pod-product-compliance
Ingram Content Group UK Ltd.
Pitfield, Milton Keynes, MK11 3LW, UK
UKHW020311230726
13925UKWH00002B/351